文化哲学视域下大学道德教育理念的演进逻辑

The Evolving Logic of University Moral Education Idea from the Perspective of Cultural Philosophy

郑忠梅 著

人民出版社

国家社科基金后期资助项目
出版说明

后期资助项目是国家社科基金项目主要类别之一，旨在鼓励广大人文社会科学工作者潜心治学，扎实研究，多出优秀成果，进一步发挥国家社科基金在繁荣发展哲学社会科学中的示范引导作用。后期资助项目主要资助已基本完成且尚未出版的人文社会科学基础研究的优秀学术成果，以资助学术专著为主，也资助少量学术价值较高的资料汇编和学术含量较高的工具书。为扩大后期资助项目的学术影响，促进成果转化，全国哲学社会科学规划办公室按照"统一设计、统一标识、统一版式、形成系列"的总体要求，组织出版国家社科基金后期资助项目成果。

全国哲学社会科学规划办公室

2014 年 7 月

目　　录

序

一

最近 20 多年来,建设世界一流大学成为我国高等教育的时代宏愿和重大课题。从"985 工程"到"双一流"建设,再到建设教育强国,我们不仅开展了建设世界一流大学的热烈学术讨论,而且开展了如火如荼的实践探索。但是,我们应该建设什么样的世界一流大学,世界一流大学的意义和价值何在? 这绝不是一个明白无误的问题,也绝非是多余之问。它关系到我们从什么方面来认识世界一流大学的价值,从而影响我们的世界一流大学建设实践。

西方学者认为,中世纪大学是千年黑暗世纪里产生的人类文明绚丽之花。"千年黑暗世纪"与"文明绚丽之花"的强烈对比,凸显了大学对于人类文明和精神文化的价值和意义。在今日之智能时代,我国古代的书院教育模式之所以仍为我们所追忆和感怀,盖因其书院精神之故。中西方不约而同地从文化精神角度来认识大学的价值,说明大学总是与人类文明和精神生活密切关联的。

大学既是人类文明的产物,为文明的时代特征所塑造,又是推动时代进步和文化发展的关键性力量。但只有在时代变迁的转折点和关键点上,我们才能更清楚地看到大学与时代的相互成就关系,看到大学的文化价值和精神价值之所在。中世纪大学通过与文艺复兴和启蒙运动的互动,不仅促进了古希腊罗马文化复兴和人的解放,而且促进了大学的世俗化进程,产生了人文主义教育理念;科学的兴起及其在大学系统之外蓬勃发展,促使大学最终还是接纳了科学,科学也因为大学的拥抱而长上了翅膀;工业革命因大学的参与而不断深入,大学因此而进入大学与工业化社会相互激励的新发展阶段;当前的创新经济时代,不仅对大学提出了新的使命要求,而且催生了创业型大学理念,大学也以创新创业精神和实践来回应时代的要求。因此,对于大学的社会作用,西方学者用"轴心机构""动力站""引擎"等词汇来类比;而关于大学的文化价值,他们则用"灯塔""瞭望塔"等词汇来形容。

相较于西方大学的发生和发展,中国近现代大学不仅在时间上发生较晚,更重要的是发生在一个极为特殊的时期——鸦片战争之后的民族危难之际。因此,中国建设近现代大学就不是像西方中世纪大学那样,只是由志同道合的学者们结成学者行会来研究学术和传播知识,而是中华民族应对"三千年来未有之大变局"之现代化方案的有机组成部分,是为了民族复兴和国家自强。近现代大学之于近代中国的意义,固在于通过学习西方的坚船利炮之术来"师夷长技以制夷",但其特别意义和价值,在蔡元培执掌北大时期时所发生的"新文化运动"和"五四运动"中得到完美展现和诠释。特别是李大钊等将马克思主义引入中国,使得近代中国从此步入伟大的历史进程之中。这就是说,我国近现代大学之于国家现代化的意义和价值,最根本的是在思想和文化方面,特别是马克思主义新文化在中国的传播和实践。杜威曾经对蔡元培有过一个评价,他说:拿世界各国的大学校长来比较一下,牛津、剑桥、巴黎、柏林、哈佛、哥伦比亚等等,这些校长中,在某些学科上有卓越贡献的,固不乏其人。但以一个校长的身份,而能领导那所大学对一个民族、一个时代起转折作用的,除了蔡元培以外,恐怕找不到第二个。我想,杜威的这个评价用之于中国近代大学,也是非常贴切的。中国近现代大学之于民族和时代所起的转折作用,是西方中世纪大学所难以企及的。

中外大学与时代关系的历史回顾表明,大学之于人类文明和时代变迁,以及之于民族国家现代化的意义和价值,固然表现为促进科学发展和技术创新,然而更为本质的方面,在于通过文化传承和创新来增进人类福祉,在于用人类优秀文化成果来培养生活在未来并能开拓和创造未来的人。在全球化时代,人类面临的全球性挑战需要全球的大学携起手来,为建设人类命运共同体做出贡献。因此,我们需要建设什么样的世界一流大学,以及世界一流大学之于人类文明进步和国家现代化的意义和价值,当是十分明了了。建设中国特色世界一流大学,除了学习西方高等教育先进经验之外,还要立足中国大地办大学,弘扬中华民族人文教化传统,坚守追求道德卓越的理想,发挥大学的道德领导作用,向世界高等教育贡献中国经验。

二

郑忠梅是思政专业博士毕业,2009—2012 年跟随我做博士后研究,从事高等教育和大学德育研究。大约是在 2015 年 7 月初,我收到了她的电子邮件。她向我介绍了她在墨尔本大学教育学院做访问学者的研究和生活情况,邮件附件还发来一篇题为《珍视大学声望 守护大学精神》的论文。该论文不仅以第一手资料详尽介绍了著名的"墨尔本模式"的最新发展情况,还有感而发地指出了国内部分大学存在和面临的一些问题,如对"如何长期坚守大学精神、长久维护大学声望,理论上缺乏系统的理性文本建构,处于集体无意识状态;实践中少有成熟的形象危机应对机制,处于被集体围观状态"。从论文中我能感受到她对那些拥有卓著声望的大学应担负更多文化责任和道德领导责任的深切期待。论文颇有新意,我便将其推荐给《高等教育研究》刊发。2015 年 10 月,《统筹推进世界一流大学和一流学科建设总体方案》正式发布后,我国高等教育学界兴起了新一轮世界一流大学研究高潮,专家学者们聚焦"双一流"建设这一主题展开了多方面研究。2016 年底,她撰写的《建构道德领导:世界一流大学的应然责任》一文在《高等教育研究》刊发。该文提出了一个非常重要的观点——"当下中国建设世界一流大学的重要任务是要确立作为道德领导的抱负",并继续表达了"将高水平大学建设成为中国社会发展中的精神标杆和道德高地"的热切期待。该观点与众不同,因为一直以来人们都是从经费、师资、治理模式、科技创新及其产出等"硬指标"来研究世界一流大学,来测量中国大学与世界一流大学的距离,进而对照指标和差距来建设中国的世界一流大学。而她却从"道德领导"这个"软指标"来观察和思考中国的世界一流大学建设问题,并希望中国建设的世界一流大学能够成为社会的精神标杆和道德高地。这的确是一个具有创新性的思想观点。

在她的国家社科基金后期资助项目成果《文化哲学视域下大学道德教育理念的演进逻辑》一书付梓出版之际,她请我作序,我便忆起这些年来与她学术交往的故事。这些年来,她一直专注于大学道德教育研究,取得了比较系统的研究成果。这些研究成果能集结成书出版,我感到非常高兴。总的看来,该书有以下几个特点。

其一,以文化哲学来观照大学道德教育理念,试图开拓大学道德教育研究的思维空间。文化与人的关系是理解和审视大学道德教育的一个独特视点,从文化哲学视域来研究大学道德教育,意味着要引入文化的立场、观点和方法,意味着对大学道德教育进行文化解释。教育的根本使命是培养生活在未来并能创造未来的人。人首先是实践的存在,人的实践活动本质上是一种文化活动,从而创造了作为"第二自然"的文化,使人的价值观念、道德追求、思想方法等都为文化所模塑,因而人又是文化的存在。在文化哲学视域下观照大学道德教育,其根本旨趣就是以人为中心,以人与文化的双向建构关系为基础,来揭示和把握大学道德教育的本质。

其二,通过对大学道德教育与文化的天然联系的分析,彰显了大学道德教育的文化品质和文化底蕴。作者认为:作为一种特殊的文化传承活动的大学道德教育,是社会文化生态的有机构成部分,只有在整体的文化环境中发挥独特的功能,实现独特的价值,才能不断发展与完善,并产生巨大的社会效应。大学道德教育实施的过程,实质上就是文化的价值判断与选择过程,是文化的传承与创新过程。大学道德教育总是深受其所赖以存在和展开的民族文化传统的制约与影响,与宽广深厚的历史文化背景相联系。这就是说,大学道德教育是有其民族文化限阈的,是有鲜明的民族文化特性的。

其三,从文化哲学出发来探析大学道德教育的本质,对大学道德教育进行解读和分析。该书提出:从文化哲学视野中考察,大学道德教育的本质是政治文化和道德文化的传承和创新,是大学道德教育主体之间的文化互动过程,是创新主体协同建构的实践活动。大学道德教育在追随社会文化嬗变的过程中逐步成为社会文化的工具,导致大学道德教育文化主体性的缺失,消解了人的主体性存在,使人成为被动接受文化的"容器",由此形成了当今大学道德教育发展的障碍。因此,当前的大学道德教育需要还原自身的文化主体地位,要根据理想追求和关怀旨趣来对社会文化进行选择、内化和建构。

其四,尝试从新角度来界定世界一流大学。该书借鉴马克斯·韦伯的"理想类型法",在提取"学术共同体"和"道德共同体"等核心范畴的基础上,将世界一流大学界定为:在世界范围内获得公认的卓越学术和卓著声望,具有学术领导力和道德影响力的高水平大学,是一流的学术共同体和道德共同体。这个界定,既包括了大学在教学、科研、社会服务等关键领域所取得的一流的"硬实力"指标,也包括其在社会地位、社会形象、社会影响等关键要素方面所获得的具有极高知名度、美誉度和影响力的"软实力"指标。前者考虑到了世界一流大学在传承和创造高深知识、探索科学技术前沿、不懈追求真理、推进社会发展、增进人类福祉方面的突出贡献和卓越成就而获得的学术领导力;后者考虑到了世界一流大学所获得的社会信任和崇高赞誉,以及因其卓著声望而获得的道德影响力和领导力。这个界定的新颖之处,在于对世界一流大学的道德教育理念以及道德影响力和领导力给予了充分关注。这种尝试,既表现出学术探索的理论勇气,也充满了大学理想主义情怀,是难能可贵的。

此外,该书依托作者在国外一流大学做访问学者期间搜集的大量英文原版文献资料,保证了该书具有较充分的文献资料、较开阔的学术视野和较高的学术水平。当然,该书也存在一些需要改进之处。如,需要使中外大学道德教育理念研究建立在对文化哲学的深刻理解和把握的基础之上,需要

使研究获得更广泛和丰富的中西方教育思想史、教育制度史支撑等。瑕不
掩瑜,该书不失为一部国内尚不多见的系统研究中外大学道德教育理念的
学术专著。

　　是为序。

张蕙陽

2021 年 4 月 18 日于浙江大学

导　　论

如果说,大学是一种时代表达,那么我国建设世界一流大学就是高等教育强国梦想的新时代表达。随着推进"双一流"建设的一批国家重大公共教育政策的发布,在中国建设世界一流大学已经或正在成为我们时代的"重大问题"。理念创新、制度创新、管理创新等都是题中应有之义,也是当务之急,并且不断引发学界的探讨。但是,喧嚣之下静心沉思,叩问千年大学之门,这个"重大问题"的关键在于,我们到底要建设什么样的世界一流大学? 什么才是推进"双一流"建设中的核心价值追求? 对于大学发展过程中的道德准则及其道德实践的探讨被美国加利福尼亚大学伯克利分校(University of California,Berkeley,建立于 1868 年)首任校长、"当代美国高等教育改革的设计师"克拉克·克尔(Clark Kerr,1911—2003)教授视为高等教育发展中不能回避的重要问题之一。大学自诞生之日起就背负着教化社会的厚望,大学精神是民族灵魂的反映,其文化立场和道德影响力代表着民族文化的智力水平和文化批判、伦理反思的深度。所以,大学应与社会保持一定的距离,不应随波逐流。大学不是一个温度计,对社会每一流行风尚都作出反应。大学必须经常给与社会一些东西,这些东西并不是社会所想要的,而是社会所需要的。①

只有大学首先寻求成为"民族的良心"和社会的灯塔,才能从价值取向的根本层面引领建设世界一流大学建设。

为此,大学必须从自己的观点——文化的、专业的和科学的观点——出发对待和处理当今时代的伟大主题……大学必须坚持自己作为一种主要的、高于新闻舆论的"精神力量"的权利,在狂热之中保持平静,面对轻浮无聊和恬不知耻的愚蠢行为保持严肃性,把握理智……只有这样,那么大学才会再一次迎来它的一个宏伟壮丽的时刻……历史上一泓不息的清泉。②

在当下中国向世界一流大学迈进的火热浪潮中,什么才是滚滚洪流中被裹挟着前进的大学赖以"把握理智""保持平静"的"精神力量"呢?

---

① [美]亚伯拉罕·弗莱克斯纳:《现代大学论——美英德大学研究》,徐辉等译,浙江教育出版社 2001 年版,第 122 页。

② [西班牙]奥尔特加·加塞特:《大学的使命》,徐小洲等译,浙江教育出版社 2001 年版,第101 页。

　　总是有一种最新的思想体系存在，一种赋有时代本质特征的思想体系，它代表着时代的最高境界和层次，这种体系就是时代的文化。①

　　从 20 世纪西班牙最著名的思想家之一、存在主义作家奥尔特加·伊·加塞特（Ortega Y.Gasset，1883—1955）那里，我们得到了解答：代表一个时代最高价值的"文化"是唯一答案。

　　文化是每个时代固有的生命体系；不过更好的提法是，文化是时代赖以生存的思想体系。②

　　加塞特在这里反复论及的"文化"，既意味着一种思想体系，也具有文化哲学的方法论意涵。只有在文化哲学的观照下，一流大学理念才能真正指导一流大学建设，因而建立符合时代要求的大学理念核心思想体系是非常必要的，否则，"对一种模糊文化的模糊渴望会使我们不知道何去何从。"③

　　从大学发展的历史来看，作为一种特殊的社会组织，大学的建立是具有强大文化背景的，或者说是具有强有力的价值底蕴的，大学的发展是受到一定社会的价值观念的特殊制约和规范的。当代美国著名高等教育学者、历任耶鲁大学（Yale University，建立于 1701 年）及加利福尼亚大学洛杉矶分校（University of California，Los Angeles，建立于 1919 年）高教所所长的伯顿·克拉克（Burton R.Clark，1921—2009）指出：

　　学术系统在象征方面是富有的。④

　　但在目前世界一流大学建设的相关研究中，制度性和结构性因素被大量谈及，而文化和价值这一层面的因素尚未受到足够的重视，但恰恰是后者从根本上决定着我国建设世界一流大学的方向及其成就。

---

　　①　［西班牙］奥尔特加·加塞特：《大学的使命》，徐小洲等译，浙江教育出版社 2001 年版，第85 页。

　　②　［西班牙］奥尔特加·加塞特：《大学的使命》，徐小洲等译，浙江教育出版社 2001 年版，第82 页。

　　③　［西班牙］奥尔特加·加塞特：《大学的使命》，徐小洲等译，浙江教育出版社 2001 年版，第58 页。

　　④　［美］伯顿·克拉克：《高等教育系统——学术组织的跨国研究》，王承绪等译，杭州大学出版社 1994 年版，第 85 页。

大学道德教育理念研究的文化视域的提出,是大学道德教育学术理论建构中的一项新的探索与尝试。缘何走向大学道德教育理念研究的文化哲学取向? 文化哲学视域下的大学道德教育理念研究会有怎样新的景观? 对这些问题的回答,需要在文化哲学视域下还原大学道德教育理念演进的历史语境、辨别大学道德教育理念的嬗变理路,厘清大学道德教育理念的演进逻辑。

一、研　究　缘　起

缘何走向大学道德教育理念研究的文化哲学取向? 主要基于如下几方面的学理性考量:

1. 在学术史意义上促进大学道德教育研究走向理性自觉的需要

一部人类社会发展史,就是一部人类文化发展史。大学、大学理念以及大学道德教育理念是人类文化发展史中的独特成分。在文化哲学的观照下,大学发展史也是大学理念演进史,而世界一流大学的成长史也是它们的道德教育理念演进史。随着人类社会进入 21 世纪,各种不同文化并存发展、频繁接触、激烈碰撞、相互融合,交织成一幅文化多元的图景,人们的社会角色和利益关系更加多元化,由此衍生的价值取向、目标追求、思维方式也比历史上任何时代更加分化。这些巨大的变化不可避免地冲击着大学原有的道德教育模式。

在当今中国,大学道德教育已经毋庸置疑地成为高等教育的重要组成部分。从学理上看,大学道德教育是一项以大学生为作用对象的特殊社会实践活动。其根本旨趣在于,以文化为载体,通过文化的教化和调控功能去启发人、教育人、成就人。其目的在于帮助大学生将一定社会要求的思想理念、道德规范和行为准则转化为大学生个人的思想品德,主要帮助他们思考"做什么人"、指导他们解决"怎样做人"的问题。因而,在实质上,大学道德教育就不是一类纯粹的科学工作,即以文化无涉为根本前提、秉持价值中立立场,以求索事实真相和积累知识发现为基本目的,以严密的归纳方法为工具或依托知识本身固有的逻辑体系为路径的实践活动,而是一类复杂的价值活动或文化活动,即以价值批判和意义阐释为明确目的和鲜明特色的社会实践活动,具有深厚的文化底蕴和鲜明的文化品质。所以,文化哲学视域下的大学道德教育研究,遵从"文化还原"的研究进路,首先将大学道德教育本身所特有的文化特质、文化碰撞、文化创造等问题纳入研究视野,在现实层面上,努力实现对新时代大学道德教育研究范式的理性设计与重构。由此,文化视域下大学道德教育理念的演进逻辑研究是感应社会文化转向在高等教育研究中的折射,是对大学道德教育研究创新发展中的理性审视,是时代境遇下大学道德教育研究的理性自觉。

2. 在学科发展意义上彰显哲学的教育维度的需要

国学大师王国维(1877—1927,字静安,浙江省嘉兴市海宁人)先生在认真研究了德国哲学、德国教育学的基础上,提出了哲学是教育学之父的观点。他认为:

> 19 世纪以降,教育学蔚然而成一科之学。溯其原始,则由德意志哲学之发达是已。当 18 世纪之末叶,汗德(即康德——笔者注)始由其严肃论之伦理学而说教育学,然尚未有完全之系统。厥后,海尔巴德(即赫尔巴特——笔者注)始由自己之哲学而组织完全之教育学。①

这个论断不无道理。在学科意义上对哲学本身进行理论观照,就会彰显哲学的教育维度。二者的关系表现在:

其一,哲学与教育具有本然的内在联系。

被誉为"现代新儒家"的哲学家冯友兰(1895—1990,字芝生,河南省南阳市唐河人)先生在哲学与其他学科的对比中提出,哲学是一门"使人作为人能够成为人"②的学问,而哲学以外的学科则是"使人成为某种人"的学问——哲学的根本意义就在于引导人们"尊敬他自己,并自视能配得上最高尚的东西"③。这些观点意味隽永,其深刻含义与著名的德国存在主义哲学家卡尔·雅思贝尔斯(Karl Theodor Jaspers,1883—1969)关于教育原则的观点不谋而合——雅思贝尔斯认为:

> 教育的原则,是通过现存世界的全部文化导向人的灵魂觉醒之本源和根基。④

因此研究哲学也就是使"心灵沉入于这些内容,借它们而得到教训,增进力量"⑤。

在此基础上,使受教育者"能够知道为准备好应对生活的智力和道德

---

① 张瑞璠主编:《中国教育哲学史》第四卷,山东教育出版社 2000 年版,第 225 页。
② 孙正聿:《哲学与哲学教育》,《哲学动态》2008 年第 1 期。
③ 孙正聿:《哲学与哲学教育》,《哲学动态》2008 年第 1 期。
④ [德]卡尔·雅斯贝尔斯:《大学之理念》,邱立波译,上海人民出版社 2007 年版,第 108 页。
⑤ 孙正聿:《哲学与哲学教育》,《哲学动态》2008 年第 1 期。

的挑战而必须知道的一切"。①

由此可见,哲学与教育具有天然的内在关系和共通性,教育的目的、教育的本质等基本问题也是哲学思考的永恒主题。在文化哲学的观照下,哲学与教育在人的问题上走向契合与统一。

纵观哲学思想发展史,可以看到,哲学永远在重构自身的理论,它从不死守家园,总在为自己开辟新的可能领地。即使是同一历史时代的哲学,它们的性质、内容、对象也不会完全相同。哲学的发展似乎是没有一个固定的模式,哲学唯一不变的特点就是它永远在变。然而不论哲学理论观点怎样分歧、形态怎样变化,正如高清海指出的,它们始终共同指向"人、人的生命、人的本性、人的生存、人的命运、人的世界、人的价值等等关于人或人的问题"②。

这也是哲学本性的内在逻辑和永恒主题。

从理论上,哲学高屋建瓴地教化和引导着人自为本性的发展和完善。与此同时,从实践上,哲学也脚踏实地地融合到人们认识世界、把握世界的现实活动中去。哲学作为人们认识世界、改造世界的一种基本方式,其独特的功能和特殊价值就在于它是人类思想的一种特殊维度,即它:

> 以反思的思想维度去审视生活世界的意义,并把人类所创造的生活世界的意义聚焦为一种普照光,从而使人们在这种普照光的辉耀下,创造出更加辉煌的生活世界。③

同样地,教育中也具有这种特殊的反思思想维度,即对人类生存和生活问题做出系统回应、批判反思、规范矫正和理性引导。因为:

> 教育的目的是回答人为什么而活(传授生活中什么是最重要的知识)和为什么的问题……我们人类的生活就锚定在这个结构(这里指意义的宇宙结构——笔者注)之中并反过来保证着自己的意义。④

---

① ［美］安东尼·克龙曼:《教育的终结——大学何以放弃了对人生意义的追求》,诸惠芳译,北京大学出版社 2013 年版,第 44 页。

② 高清海:《找回失去的"哲学自我"——哲学创新的生命本性》,北京师范大学出版社 2004 年版,第 285—286 页。

③ 孙正聿:《哲学通论》,吉林人民出版社 2007 年版,第 262 页。

④ ［美］安东尼·克龙曼:《教育的终结——大学何以放弃了对人生意义的追求》,诸惠芳译,北京大学出版社 2013 年版,第 35 页。

可见,哲学和教育在认识、理解和追问,并理性反思人类的全部律动和鲜活的生活世界上有着共同的指向与价值。

其二,哲学作为理论基础为教育提供最基本的理论指南。

孙正聿先生指出:

> 哲学就是教育最一般方面的理论。①

哲学不仅作为所有学科的基础为教育学奠定理论基础,而且为教育实践提供理论指南。所以王国维先生说:

> 试读西洋之哲学史、教育学史,哲学者而非教育学者有之矣,未有教育学者而不通哲学者也。不通哲学而言教育学,与不通物理、化学而言工学,不通生物学、解剖学而言医学,何以异?②

当代哲学家张岱年(1909—2004,河北省沧州市献县人)先生更是认为,中国古代哲学是教育家的哲学,哲学与教育哲学、哲学家与教育家几乎是同一的。③

在古代西方,也可以追溯到哲学与教育的这种内在联结关系。一方面,古希腊先哲殚精竭虑追索人的返璞归真,将哲学看作是人的一种生活方式、一种从"哲学的角度"帮助教育者对困扰自己的任何教育问题的理论"批判"与"反思",企盼着以哲学的本真之义去诠释教育的题中奥秘。另一方面,教育在本质上是人与人之间进行的精神交流和对话,而哲学则为这种精神交流和对话提供了一种与众不同的视域和维度。在哲学视域下,哲学学者和前辈们则更加侧重于强调教育的目的性,哲学是借着教育的"上帝之手"实现对人和人生境界的提升。④

正如孙正聿先生所言,培养某种人,就是"通过教育使人掌握某种知识或技能,再去做具体的事情,因此,教育在这里主要是一种中介或手段,而不是目的;培养人,是使人作为人而成为人,并不只是做好具体的事情"⑤。

---

① 孙正聿:《哲学与哲学教育》,《哲学动态》2008 年第 1 期。
② 《王国维文集》第三卷,中国文史出版社 1997 年版,第 4—5 页。
③ 孙正聿:《哲学与哲学教育》,《哲学动态》2008 年第 1 期。
④ 韩璞庚等:《哲学的理论境界与现实观照——论哲学的教育维度》,《学习与探索》2016 年第 10 期。
⑤ 孙正聿:《哲学与哲学教育》,《哲学动态》2008 年第 1 期。

因此,一方面,教育之于哲学,就不是中介或手段,而是目的本身。另一方面,哲学是"以教育的方式引导人们对人生的系统的反思,从而觉解人生的意义,提升人生的境界,使人作为人能够成为人"①。

哲学作为理论基础为教育提供最基本的理论指南。正如美国著名哲学家、实用主义集大成者、现代教育学家约翰·杜威(John Dewey,1859—1952)所指出的,哲学是"人类思想的批判性的反思的维度、理想性的创造的维度。它要激发而不是抑制人们的想象力、创造力和批判力,它要冲击而不是强化人类思维中的惰性、保守性和凝固性,它要推进而不是遏制人们的主体意识、反思态度和创造精神"②。

正是在哲学的指引下,教育才能基于人的发展规律使人作为人能够成为人。

3. 在大学思想史意义上创建文化哲学大学理念的需要

西方现代哲学的开创者、著名德国哲学家、语言学家弗里德里希·尼采(Friedrich Wilhelm Nietzsche,1844—1900)认为,衡量大学教育的尺度首要的在于对哲学的需要,大学应该培养学生对哲学的悟性。因为在大学阶段,学生们会意识到:

> 人是如此地被最严肃、最困难的问题包围着,因此,如果他被以适当的方式引向这些问题,就会较早陷入那种持久的哲学性的惊异。唯有在这种惊异的基础上,就像在一片肥沃的土壤上,一种深刻而高贵的教育才能生长起来。往往是他自身的经验把他引向这些问题,特别是在激荡的青年时代,几乎每一种个人经历都反映在双重的光辉之中,既是一种日常生活的例证,又是一个令人惊异的和值得阐明的永恒问题的例证。在这样的年龄,人会看到他的经历仿佛被形而上学的彩虹围绕着,这时最需要一只引导他的手,因为他突然地、几乎本能地相信了人生的歧义性,失去了迄今为止怀有的传统见解之坚实土地。③

这段话是 1872 年 3 月尼采在巴塞尔大学(University of Basel,建立于1460 年)作演讲时说的。尽管在这篇演讲中的部分表达具有一定的情境

---

① 王坤庆:《精神与教育——一种教育哲学视角的当代教育反思与建构》,华中师范大学出版社 2009 年版,总序第 3—4 页。

② [美]约翰·杜威:《民主主义与教育》,王承绪译,人民教育出版社 2001 年版,第 347 页。

③ [德]弗里德里希·尼采:《论我们教育机构的未来》,周国平译,译林出版社 2012 年版,第91—92 页。

性,我们还是能比较清楚地梳理出尼采演讲的要点,即强调青年人在大学时代产生哲学冲动和对哲学求知欲的重要性。在尼采看来,只有哲学这种"深刻而高贵的教育"才能给面临人生困惑的青年以智慧的启迪。可以说,在这篇演讲中,尼采以哲学家的独特视角阐明了他独特的大学理念——大学教育的真正目标应该包括三个方面:启迪学生的哲学悟性、触发学生的艺术直觉和培养学生的古典人文修养。因此,大学存在和发展的理由就是应该为天才的诞生准备好摇篮、为文化的创造提供适宜的土壤。即使到了今天,这样横空出世的见解依然对我们思考哲学与高等教育的本质关联具有深刻的启迪意义。

哲学与教育具有本然的内在联系,古今中外历史上的很多哲学家也是教育家。德国古典哲学的创始人伊曼努尔·康德(Immanuel Kant,1724—1804)一生从事教育工作 50 余年。他把"人的问题"作为自己关心和研究的中心问题,并以其博大精深的批判哲学思想为基础,通过理论哲学回答了"我能够知道什么"的问题,通过实践哲学回答了"我应该做什么"的问题。他以追问"人是什么"的问题展开了对教育学思想方法的革命,提出了关于教育目的、意义和价值,教育过程和使命,教育取向和原则等一系列问题的思想观点,在教育研究和教学实践中形成了自己一整套独特的教育思想,不仅奠定了德国教育学发展的基础,也对后世的教育学尤其是大学教育产生了世界性的广阔而深远的影响。德国存在主义哲学家雅思贝尔斯认为:

> 大学是一个由学者与学生组成的、致力于寻求真理之事业的共同体。①

提出如许的大学界定既反映了他的大学理念,也可以被看作是他的哲学思想,这种大学哲学观或者哲学大学理念也产生了世界性的深远影响。直到今天,高等教育要走出现实的困惑,依然需要哲学家的深邃思想和深刻见解对高等教育现实给予深切关注和思考,依然需要哲学的精神启迪和理性审视,以帮助高等教育获得反思的价值基准,帮助高等教育找到存在的意义,给予大学实现自身使命的勇气、力量和理性自觉。

在世界高等教育思想史上,美国著名高等教育学家约翰·布鲁贝克(John.S.Brubacher,1898—1988)第一次以认识论哲学和政治论哲学为大学存在的合理性找到了高等教育哲学依据。正是由于哲学家们对大学本质、

---

① [德]卡尔·雅斯贝尔斯:《大学之理念》,邱立波译,上海人民出版社 2007 年版,第 19 页。

大学使命、大学文化的深刻洞见，大学理念中的基本思想——认识论中的"学术自由"原则、政治论中的"服务社会"职能等成为现代大学理念演进的内在逻辑，并由此形成了世界各国延续至今的一整套大学制度安排。

毋庸讳言，无论是哪种高等教育哲学主导下的大学理念，都给世界范围内的大学发展带来了令人忧虑的道德后果。即使是几乎一直名列世界一流大学前茅的哈佛大学（Harvard University，建立于 1636 年），在名利汹涌的商业社会也曾失去灵魂的卓越而被人诟病"忘记了教育的宗旨"①。因此，加拿大蒙特利尔大学（Université de Montréal，建立于 1878 年）教授比尔·雷丁斯（Bill Readings，1966—1998）尖锐地指出，大学理念发展的历史脉络从以康德为代表的理性大学理念到以威廉·冯·洪堡（Wilhelm von Humboldt，1767—1835）为代表的文化大学理念，已经走到口号空洞的"争创一流"大学理念。所以，当代的大学"正在变成一个跨国官僚政治联合体，或者与诸如欧盟这类跨国政府相关联，或者具有独立功能，类似于一个跨国公司"②。由此，他对大学理念演进的逻辑发出了制度性的追问。雷丁斯提出的充满洞见的批判性争论发人深思，启示我们需要以文化哲学的世界观和方法论来创建新的大学理念演进逻辑。这也是推进大学思想发展史研究的现实需要。

二、学　术　价　值

1. 在理论建构层面，文化哲学视域下的大学道德教育研究是为了走向大学道德教育研究的文化自觉

在文化哲学的视界里，人类社会的演进写就了波澜壮阔的人类文化发展史。而大学道德教育构成了其中较为独特的成分。在文化哲学视域下来观照大学道德教育，其实质是对大学道德教育进行"文化还原"，即是将大学道德教育过程中产生的文化碰撞、文化创造等问题纳入研究视野，从而彰显大学道德教育本身所固有的文化特点，努力走向大学道德教育研究的文化自觉。

我国社会学和人类学的奠基人费孝通（1910—2005，江苏省苏州市吴江人）先生在论及中国文化在 21 世纪中要担负的使命时，创造性地提出了"文化自觉"的核心概念：

---

① ［美］哈瑞·刘易斯：《失去灵魂的卓越——哈佛是如何忘记教育宗旨的》，侯定凯等译，华东师范大学出版社 2012 年版，第 3—5 页。

② ［加拿大］比尔·雷丁斯：《废墟中的大学》，郭军等译，北京大学出版社 2008 年版，第 3 页。

文化自觉是当今时代的要求,它指的是生活在一定文化中的人对其文化有"自知之明",并且对其发展历程和未来有充分认识。从某种意义上可以讲,文化自觉就是在全球化范围内提倡"和而不同"的文化观念的具体表现。①

可见,在文化研究中费孝通先生敏锐地看到,随着世界迈入全球化的进程,各种不同文化必然要在相互碰撞中求同存异、和平共存,经历"各美其美、美人之美",最终走向"美美与共、天下大同"。而中国人类学弘扬中国传统文化"天人合一""和而不同"的思想理念,就是为世界文化的共生共存、共同发展作出贡献。"文化自觉"概念也被国学大师、当代中国著名哲学家汤一介(1927—2014,湖北省黄冈市黄梅县人)先生所认可和使用,并进一步从文化交流的角度拓展了其意义、建构了中国阐释学的新理论。

从学术旨趣的追求意义上来说,在研究层面上,文化哲学视域下的大学道德教育研究即大学道德教育的文化研究,"是对文化与权力、知识与权威、学习与经验的关系的反思工具——是对如何适时致力于社会环境的改变的探索。"②是一种自觉的大学道德教育研究的文化反思和文化建构,即大学道德教育研究的文化自觉。这样的文化自觉推动我们在文化的视野中审视和剖析大学道德教育,赋予大学道德教育研究以理解、批评和变革的品格,必然会在一定程度上促进我们更为深入地探索大学道德教育在新的文化背景下发展的内在规律,从而更加自觉地全面发挥它应有的功能。

从学理上看,在文化哲学的观照下,大学道德教育同样是以文化为载体,建构在人的基础上,以解决人的思想原则、立场观点问题为核心的一种社会实践活动。其根本旨趣在于,通过文化的教化和调控功能去启发人、培养人,提高人的认识能力,解决人的立场、观点和思想问题,树立正确的世界观、人生观和价值观。

总而言之,立德树人是大学道德教育的根本出发点和最终归宿点。那么,大学道德教育通过什么途径实现立德树人的目标呢? 固然,人的德性养成和德行引领极为复杂,但一言以蔽之,必须通过文化传承和文化熏染。因为从根本上说,所谓"文化"就是"以文化人",实质上就是通过"化人"实现"人化"。因而,无论是说教书育人、管理育人、环境育人,还是所谓全员育

---

① 费孝通:《反思·对话·文化自觉》,《北京大学学报》1997 年第 3 期。
② 董标:《教育的文化研究——探索教育基本理论的第三条道路》,《华东师范大学学报(教育科学版)》2002 年第 3 期。

人、全程育人、全方位育人,说到底都是"文化"育人。正是基于此,本书意欲探讨如何发掘大学道德教育的文化底蕴,增强大学道德教育的文化内涵,以较宽广的学术视野和较高的研究平台展开新的大学道德教育研究。

2. 在实践层面,文化哲学视域下的大学道德教育研究是为了回归大学道德教育本然的文化旨趣

用历史的眼光看,在古代社会,东西方的学校教育都是作为统治阶级的政治工具产生和发展的,必然受一定历史时期社会文化发展的制约,具有深刻的阶级性和浓郁的政治性色彩。作为大学教育的一种特殊形态,大学道德教育是人类社会普遍的而又特殊的实践活动,既是一个"时间概念",也是一个"特性概念"。不可避免地被政治化了的文化必然赋予大学道德教育原则观单向度的历史性依据,使之表现为政治、伦理化的目的性原则观,教化、驯服的功能性原则观,等级性的内容性原则观。如孔子的大学道德教育目标在于培养"修己以安人"、能施"仁政"的"士""君子""贤人"。他讲"诗"在于陶冶"士"的性情;讲"书"在于使"士"明"纪纲政事";讲"礼"在于培养"士"的"条理节文";讲"乐"在于使"士""尽美""尽善"等。对于教育的政治意义,古希腊伟大的哲学家、西方客观唯心主义哲学的创始人柏拉图(Plato,前427—前347)也曾明确指出:

> 教育应该发展集权主义态度,建立毫无保留地抛弃自己的权利,把自己贡献给国家的目的;教育必须使个人形成这种在任何地方都献身于国家的态度。①

于是,长期以来,大学道德教育在实践中一直扮演着文化传承工具的角色,逐渐走向了偏狭,其文化本质逐渐被遮蔽。

文化哲学视域下的大学道德教育是使大学生形成符合一定社会所要求的思想品德的社会实践活动,应该以培植大学生的德性为目标,因而只有用那些经历人类社会红尘荡涤过后、具有永恒价值的文化成果灌注、滋养大学生的心灵,才足够引领他们的德性成长。但在汹涌澎湃的现代实用主义和工具主义大潮裹挟下,事实上的大学道德教育实践中并没有实质性地践行这种理念。

毋庸讳言,在理论上,大学道德教育研究分析问题只是政治理论与政策

---

①　转引自[美]E.佛罗斯特:《西方教育的历史和哲学基础》,吴元训等译,华夏出版社1987年版,第69—70页。

规定之间的单调循环求证,解答问题也只限于二者之间的枯燥阐释,甚至往往流于顾左右而言他。在实践上,无论课上课下、校内校外,在进行大学道德教育时大多照本宣科,依据道德规范或者法律法条侧重于强调大学生个体作为受教育对象对社会的服从,忽视了大学生同时也是教育活动的主体,应充分张扬其主体性。

文化哲学视域下的大学道德教育是影响大学生思想观念、政治观点、道德规范的社会实践活动,应该按照大学最高的价值目标和理想对社会现实文化进行分析,作出肯定性、否定性和前导性评价,既能够在宏观上烛照社会前进的方向,以引导社会文化健康发展;也要在微观上激浊扬清,以引领大学生的德性成长。而在实际生活中,不少大学应和着流行文化的节拍几乎成了大众文化的"跑马场"。缺乏对社会文化的"指点江山""激扬文字",凸显出大学道德教育批判功能的式微,反映了大学道德教育与其本然的文化旨趣渐行渐远。向理想中大学道德教育文化品质丰厚的应然状态的回归,只有首先实现大学道德教育研究学理建构视角的转换,才能指导现实中大学道德教育尽早走出文化内涵贫瘠的状态。我们任重而道远。

三、研究述评

本书主要关涉在中国社会发展背景下建设世界一流大学的核心理念、价值追求的基础理论研究,国内外相关研究旁涉极广,为本书研究提供了现实语境与思想资源。简要梳理述评如下:

1. 国内外关于世界一流大学研究的主要内容

国内:1993 年 2 月 13 日,中共中央、国务院正式颁布《中国教育改革与发展纲要》,提出:"要集中中央和地方等各方面的力量办好 100 所左右的重点大学和一批重点学科。"教育部于 1998 年 12 月 24 日正式发布的《面向21 世纪教育振兴行动计划》明确提出:"创建若干所具有世界先进水平的一流大学和一批一流学科"。随后教育部在全国高校中分批次遴选了 39 所"985 工程"建设高校和 115 所"211 工程"建设高校。上述教育振兴行动计划的逐步落实也被视为当下"双一流"建设的先声。2015 年 10 月 24 日,国务院正式发布《统筹推进世界一流大学和一流学科建设总体方案》;2017 年1 月,教育部、财政部、国家发展改革委印发《统筹推进世界一流大学和一流学科建设实施办法(暂行)》;同年 9 月,三部委公布了《世界一流大学和一流学科建设高校及建设学科名单》。

伴随着上述重大公共教育政策的发布,学界特别是高等教育学界的专家学者聚焦建设世界一流大学主题展开了多方面的研究。20 余年来,汇聚了一批知名学者,积聚了丰富学术成果。在中国知网,以"世界一流大学"和"价值追求"为联合关键词进行主题检索,仅见 4 篇期刊文章和一篇报刊文章;而以"世界一流大学"为关键词进行主题检索,包括相关度较高的"双一流"论题文献,仅中文期刊文献(含硕博士论文、会议论文、报纸理论版文章)已逾 4000 篇。已有众多研究成果较全面探讨了世界一流大学建设关涉的诸多理论与实践问题,主要内容包括如下几方面:

其一,关于"世界一流大学"概念界定的研究,主要从大学理念发展的角度来廓清其外延和内涵,认为它是一个建设性、过程性、总体性、精神性概念。

刘宝存十多年间关于大学理念的系列研究、主要包括亨利·纽曼、威廉·冯·洪堡、卡尔·雅斯贝尔斯、亚伯拉罕·弗莱克斯纳、梅贻琦等学者的大学理念(刘宝存,2003—2015),以及关于世界一流大学定义、评价、发展模式的研究构成了相关主题极为丰富的成果(丁学良,2001;潘懋元,2003;王大中,2003;陈学飞,2004;韩立文,2006;邬大光,2010;叶赋桂,2010、2013;董奇,2014;等等)。

其二,关于"世界一流大学"共性、个性、基本特征的研究,分析总结若干世界名校追求卓越过程中产生的共同本质特征及其个性与特色。

关于世界一流大学的共性特征,普遍认为应该包括八个方面:一是校长一般由取得较高学术成就的著名学者担任且富有开拓创新精神;二是师资队伍整体水平较高;三是学校类型上大多是科学研究实力较强的研究型大学;四是学科综合实力较强;五是持久投入巨额经费;六是拥有丰富的图书资料和独具特色的馆藏博物中心;七是国际化程度较高;八是建校历史悠久和学校环境优越。王英杰指出,以现代大学理念构建的世界一流大学普遍尊崇学术自治、崇尚学术自由,它们大多在本质上具有国际性、公开性、批判性和包容性等价值特征。(穆义生,1994;朱九思,1999;王英杰,2001;丁学良,2002;刘宝存,2007)

其三,关于世界一流大学的评价指标或标准研究,多以大学排名形式出现。

目前公认的四大排名体系(USNEWS、QS、THE、ARWU)发布的世界大学排行榜已引起世界各国高校不同程度的关注。邱均平主持的《世界一流大学与科研机构竞争力评价研究报告》自 2012 年起发布年度报告,提供有关世界一流大学和科研机构综合竞争力、科研产出及其影响力的排行榜数据,并进行数据评价分析和对策研究。不过,目前各种排名繁杂、评价标准各异,以著名学者潘懋元先生为代表的研究者认为,世界排名只是一种参考而不是确定是否为世界一流大学的唯一依据。过分看重各种所谓的世界排名,在理论上会产生误导、在实践中可能跑偏甚至误入歧途,需要进一步探讨。(潘懋元,2002;邱均平,2012—2015;田锋,2014;郭丛斌,2015;别敦荣,2015)

其四,关于世界一流大学的比较研究,从整体学术水平、学科综合竞争力、教育经费、师资队伍等方面对美英法德日等国世界一流大学做案例分析,研究其成为世界一流大学的条件和规律,比较中国高水平大学与世界一流大学在上述诸方面存在的差距。

王莉华等人编著的《世界一流大学学科竞争力》一书融合了综合性学科排名分析和独立案例研究方法研究世界一流大学学科竞争力发展状况。别敦荣等人著的《世界一流大学教育理念》系统研究了教育理念与世界一流大学形成的关系,从世界一流大学发展思想基础的视角进行了深入学理分析。(查吉德等,2001;刘念才,2003;保罗·川内,2014;陈乐,2015;王莉华等,2015;别敦荣等,2016)

其五,关于世界一流大学建设的实践策略研究,学界从多重视角探讨了中国建设世界一流大学的有效路径问题。

关于这部分研究,学者们取得共识的观点包括:正如罗马不是一天建成的,今天获得公认的世界一流大学也不可能是一蹴而就的。几乎所有的世界一流大学都经历了直面未知世界的挑战而不断自我变革、披荆斩棘、自我创新、不断完善的过程;在历史变革中抓住机遇实现跨越式发展是部分世界一流大学后来居上的重要特点;依据本校历史与特色量身定做战略规划及实施方案对一流大学的发展具有决定性作用和现实意义;坚持建设世界一流大学的中国特色、中国维度;等等。(陶爱珠,1999;蒋树声,2002;王大中,2003;张维迎,2004;戚务念,2007;孔文梅,2014;王恩哥,2014;逄锦聚,2015;徐吉洪,2015;耿有权,2010、2016;熊丙奇,2016)

总的来说,国内关于世界一流大学研究总体上被持续关注,与之相关度较高的大学理念、大学精神等研究亦日益丰富。但许多讨论还不够全面深入,在概念演绎和演进中,界定"世界一流大学"关键要素及特征依然见仁见智;在讨论如何创建世界一流大学时,多强调在具体举措上如何大力增加科研创新成果、大力引进各层次人才、加强国际交流与合作、提高学生就业率等,关注的大多是可量化的、显示度高的指标,少有论及世界一流大学的价值追求及实践策略问题。诚然,提升这些共性显性指标都是必需的,但世界一流大学首先表达的是一种卓然独立的精神气质,一种引领时代风尚的责任感和能力,以及在此基础上由有别于普通大学的关键要素和基本特征汇聚而成的卓著大学声望和道德话语权。别敦荣认为教育理念的演进在世界一流大学的形成过程中发挥了不可或缺的文化引领作用，但即使教育理念引领大学的变革与发展，也往往因其见诸无形而受到致命的忽视。同理，大学道德教育理念、价值追求在创建世界一流大学中的议题似乎也受到忽视，或者说在大学精神式微而新一轮摩拳擦掌向世界一流大学迈进的热潮中，这个议题并未引起足够重视和冷静沉思。总体上，相关研究在某些问题上思路还比较单一，存在着概念上的模糊不清、研究中的碎片化、学科定位上的不一致、理论和经验研究间的失衡等不足。对这一"有限意义域"的研究依然有待学科体系下的发展深化。

2. 国内外关于世界一流大学研究的主要趋势

综上所述，国内外关于世界一流大学研究的主要趋势表现为以下特点：

其一，多学科跨学科跨国家研究的综合化。早在 20 世纪 80 年代，美国著名的高等教育比较研究学者伯顿·克拉克在其主编的《高等教育的观点：八个学科的比较的观点》(*Perspectives on Higher Education——Eight Disciplinary and Comparative Views*)中已经提出了多学科、跨国家研究高等教育的新构想。他在中文版序言中写道：

> 各门社会科学及其主要的专业所开展的广泛的观点，为我们提供了了解高等教育的基本工具，不管这个学科是历史学、经济学或政治学，还是其他社会科学，都给我们提供观察世界的方法，我们可以把它们应用到高等教育部门。[1]

国内高等教育学界的著名学者潘懋元先生也在 2001 年表明，要综合运用"社会学的、政治学的、管理学的、系统科学的等多学科方法开展高等教育研究"[2]。随着世界政治、经济、社会的快速变化，高等教育在全球教育生态中占有愈来愈重要的地位，综合人文社会科学和自然科学的多个学科视角，开展多学科跨学科的综合研究，深入探究世界一流大学价值追求的基本意涵与文化意蕴，展现高等教育理论发展和创新的新视界、新路径、新内涵、新表达，已经构成世界一流大学重点研究的趋势之一。

其二，研究视角和思维路径的中国化。一个不争的事实是，当下公认的

---

①　该书的中文版名为《高等教育新论——多学科的研究》，王承绪等译，浙江教育出版社1988 年版，中文版序言第 1—2 页。

②　潘懋元：《多学科观点的高等教育研究》，上海教育出版社 2001 年版，第 3 页。

世界一流大学几乎都集中在欧美发达国家,目前中国的高水平大学跻身世界一流大学还有相当长的路要走,因而,研究如何建设世界一流大学依然需要中国立场、世界视角,走中国化的特色研究之路。另一个不争的事实是,在世界历史的长河中,中国社会与西方社会发展道路不同,二者本来在政治、经济、文化等方面都各具发展特点。同时,欧美国家世界一流大学的发展历史也充分表明,没有一所世界一流大学的发展之路是可以复制的。那么,在中国特色的历史背景与现实境况中创建世界一流大学,必然需要深刻、全面、清晰地阐述中国社会环境下建设世界一流大学的根本价值取向问题,必然强调研究视角的本土意识、本土色彩,研究成果的现实性和针对性。在更深刻的层次上关注世界一流大学的内涵建设研究,如教育理念、价值追求、道德领导、制度建设、管理创新等,展现高等教育理论发展和创新的中国特色和中国维度,理应是世界一流大学重点研究的另一趋势。

四、主 要 创 新

检视相关研究,大学道德教育研究成果可谓丰硕,但是总体上看,基础理论研究依然相对薄弱。以理论创新的勇气来涉猎大学道德教育基础理论研究的一些领域,将有益于大学道德教育研究行稳致远。那么,怎样建构、更生大学道德教育研究的理论体系,才能给大学道德教育实践带来较为"彻底的"、科学的理论指导? 本书拟在以下方面作一些新的尝试:

1. 尝试开拓一个崭新的大学道德教育文化思维空间

在教育学的视野中,教育既是狭义的,也是广义的。无论是狭义的学校教育还是广义的社会教育,道德教育尤其是大学道德教育都在教育实践活动中占有不可缺少的重要地位。本书认为:

> 教育的根本使命是培养人,为人的未来发展打基础。而人是文化的人,任何人的成长都在一定的文化中进行,并且必须依靠文化的作用。人是文化的生成,人的文化背景、价值观念、思想方法、道德追求,使人的活动从本质上说来是一种文化活动。①

文化哲学视域下的大学道德教育研究意味着以马克思主义的立场、观点和方法,选取文化作为我们理解大学道德教育的"阿基米德支点",以人为本,将文化视为人类特有的认识世界和改造世界的一种行为方式,从审视

① 郑忠梅:《文化视野中的思想政治教育研究引论》,《黄冈师范学院学报》2006年第2期。

文化与人之间更深层次本质关系的独特视点切入,对大学道德教育实践活动进行深层次探讨,通过揭示文化与人的生命存在及其活动诸要素之间的本质联系,来对大学道德教育进行文化阐释、文化解读,或者说"文化还原"。其根本旨趣是以人为出发点和归宿点,深层追问人、文化与大学道德教育三者的关系,从而对三者关系表达一种哲学理性的价值关怀,尝试开拓一个反思、重构、超越的大学道德教育文化思维空间。

2. 尝试追寻文化哲学视域下大学道德教育与文化的关系

从历史的角度来看,无论是学校教育还是社会教育,道德教育包括大学道德教育都是一种客观存在的特殊文化传承活动。尤其是大学道德教育担负着独特的价值甄别与价值引领、文化传承与文化创新的功能,是构成并影响一个社会文化生态发展的重要部分。大学道德教育实施的过程,就是在时代格局和社会文化环境中发挥自身独特功能的过程,具有巨大的社会效应和深远的社会影响。因而,每一时代的大学道德教育都无法脱离宽广深厚的历史文化背景,任何一种大学道德教育都有其民族文化传统的限域。而且,大学道德教育与它所赖以存在和展开的民族文化之间的这种内在必然联系不容人们任意选择。尝试对大学道德教育与文化的这种"天然"联系进行透析,有助于显影大学道德教育的历史文化印记,并循着这些印记追寻使大学道德教育"本然"的文化底蕴和文化品格。

3. 尝试以文化哲学的眼光来探析大学道德教育的本质

以文化哲学的眼光来看,从"文化还原"的角度对大学道德教育进行"文化阐释"和"文化解读",可以发现大学道德教育本然的文化主体地位。正是这种内在的文化主体性驱动着大学道德教育高擎着自己的理想大旗,积极主动地根据自己的价值追求和关怀旨趣,对潮起潮落的文化进行甄别、对社会文化嬗变的理路进行梳理,引领社会文化前进的方向。在文化哲学的广阔视域下考察大学道德教育诸要素之间的文化关系及其互动过程,本书以为,大学道德教育的本质是大学道德教育双主体之间的道德文化传承及其协同建构的道德文化创新实践活动。

4. 尝试提出界定世界一流大学的核心概念

借鉴德国著名社会学家、哲学家马克斯·韦伯(Max Weber, 1864—1920)关于"理想类型"的分析手段,本书尝试将世界一流大学界定为:

　　　　在世界范围内获得公认的学术卓越、声望卓著、具有学术话语权和道德话语权的高水平大学,是一流的学术共同体和道德共同体。其基本蕴涵包括:在教学、科研、服务社会等关键要素方面处于一流水平的

"硬实力"指标,及在社会地位、社会形象、社会影响等关键要素方面具有极高知名度、美誉度、影响力的"软实力"指标。前者借由世界一流大学在传承和创造高深知识、探究科学技术前沿、不懈追求真理、推进社会发展、增进人类福祉方面的突出贡献和卓越成就而获得学术话语权,并由此获得社会大众的高度信任和崇高赞誉,不断积淀着卓著声望;后者借由世界一流大学作为一类特殊的社会组织因其卓著声望而获得道德话语权。①

"一流的学术共同体"和"一流的道德共同体"是本书展开的核心概念和逻辑起点。

五、研 究 方 法

从方法论意义来说,研究方法构成学术研究的功能性维度,并与研究思路、学术识见等实体性维度融合为一体,因而研究方法的选择对本书的理论建构具有重要的意义。而从学科特点来看,文化哲学视域下的大学道德教育理念研究其本身涉及文化哲学、人类学、社会学、政治学、教育学等多学科领域,考虑到多学科的渗透性和关联性,应当选择采用上述学科的相关研究方法。本书拟在马克思主义辩证唯物主义、唯物辩证法的指导下,综合采用理论与实际相结合、重点研究和一般研究相结合、量化研究和质化研究范式相结合、批判性与建构性相结合等方法展开研究。具体地说:

第一,采用系统科学的研究方法。大学道德教育实践活动的综合性和大学道德教育学科的综合性,决定系统研究方法是大学道德教育学科研究的重要方法。大学道德教育是一种文化现象与文化过程,受社会文化的影响与塑造。本书拟运用系统科学的研究方法,将大学道德教育作为社会系统中的子系统或要素,试图揭示社会系统对大学道德教育的客观影响及大学道德教育对社会系统的实际效应。

第二,借鉴解释学方法。解释学方法是指现代研究者正确地理解已有的理论思想文献所蕴含的内在信息,进而创造出新思想的方法。因此,它首先要求现代研究者拥有并不断积累大量的知识和经验。在此基础上,结合传统文化和现有知识经验建构一种"理解的视界",这个视界应该是过去和现在两个视界的融合。由此,现代研究者就能透过它去全面观察和正确把握思想文献中的内容,受到启发或者创造出新思想。所以,被称为"沟通心

---

① 郑忠梅:《建构道德领导:世界一流大学的应然责任》,《高等教育研究》2016 年第 12 期。

灵间距离"的现代人文科学的重要方法。这就要求我们坚持马克思主义的辩证唯物主义世界观,坚持从复杂的大学道德教育现实实践的需要出发,对历史文献进行选择、阐释和整合,进而开拓一个崭新的大学道德教育文化思维空间。

第三,遵循研究方法与叙事方法的有机统一。叙事研究的方法集中关注人的经验,是探索人类经验现象的一条途径。大学道德教育如果脱离了人类生活的真实文化情境,便无从透过现象发现本质,因而无法完全彻底地回答具体的道德教育问题。注重叙事研究的方法就是通过生活经验的叙述反观大学道德教育构成诸要素的文化意义,截取生动具体的教育经验之中具有意义的教育事件来启示人们,引起人们共鸣,或提供一种新的思考维度。

第四,坚持历史的实然与逻辑的应然相统一。一方面,对人类社会大学道德教育发展的历史进行考察时,注重透过现象看本质,分析其内在规律性、探求其逻辑必然性。另一方面,以马克思主义为方法论指导进行大学道德教育基本理论的逻辑建构的同时,注重对大学道德教育理念的历史方面的系统考察。

第五,贯穿文化哲学的研究方法。与其他的研究方法不同,文化哲学以一种特别的研究范式强调以人的生存为关注点和出发点,强调将人类活动置于更广阔的社会、文化、历史背景中进行考察,强调以人类创造和积累的一切文化作为研究的基础,强调我们所处世界中的一切意义都是人的意义,都是文化的意义。正如江天骥(1915—2006,广东省廉江县人)先生所指出的:

> 承认意义并不源于"心理的观念"或印象,或者心理关于外物的表象。意义倒是由使用语言的社会实践,由讲话、交谈的活动所创生的。意义决定于讲话的时间、地点和具体环境(context),语言并没有固定不变的意义。①

因而,贯穿文化哲学的大学道德教育研究是基于文化情境、超越文化情境的大学道德教育研究,并在文化哲学的观照下,以新的方法论重新建构大学道德教育实践活动中文化与人的关系及其活动诸要素之间的关系。

总的来说,从方法论总体上看,本书研究遵循多种研究范式综合统一的

---

① 江天骥:《从意识哲学到文化哲学》,《哲学研究》2001年第1期。

章法。首先,从历史的研究与文献的研究角度切入,对大学道德教育理念的演进逻辑展开一种事实的、经验的研究,即做出"是什么"的判断的描述性研究。这就意味着对大学道德教育理念事实进行描述性研究不仅是经验的,而且还是分析的。这里的"分析"一词表明:本书的描述性研究是厘清大学道德教育理念演进过程中各种逻辑关系的研究。

其次,在对大学道德教育理论进行经验的、分析的研究的同时,不仅要展现现有的大学道德教育理念究竟是怎样的,而且更重要的是要对这种事实状况做出评价,这就需要对大学道德教育理念进行进一步的批判性研究。这种批判性研究以描述性研究为基础,以事实为依据,客观理性地为人们提供评价性判断。

最后,自然而然的,批判性研究需要提供评价事实所秉持的某种标准,而这种标准则是以人们对大学道德教育理念应然状况的认知为前提的,这就理所当然离不开对大学道德教育理念的规范性研究。综上所述,三者的综合是一个渐进的相辅相成的研究过程:不断深入的描述性、批判性研究,为规范性研究提供丰富资源;而不断深入的规范性研究,又为描述性、批判性研究的进一步展开提供理性标准。

第一章　文化哲学研究范式

毫无疑问,大学道德教育就是一种文化现象,而大学道德教育理念的演化其实也是一种文化变迁过程。作为一种文化存在,大学道德教育理应以文化主体的角色遵循自身的发展规律前行。因此,以文化哲学为一种新的理解范式,将大学道德教育置于文化哲学的视域中探究其文化真义,指出在大学道德教育研究领域引入文化哲学研究理路的现实意义,有助于我们全面、深刻地理解大学道德教育理念的基本内涵和本质,推动大学道德教育遵循自身发展规律尤其是文化发展的规律向前发展,更好地服务于我国的高等学校"双一流"建设。

第一节　对文化哲学的理解

一、文化哲学的内涵

作为一种哲学理解范式,文化哲学规范着它对世界的理解方式和理解内容,强调对整个现代哲学本质的规范意义。其主要特征是以"认识自己"为己任,把审视世界的目光聚焦于人类社会的现实活动,关注真实的"生活世界",或者说"文化世界"。文化哲学范式通过分析人的文化世界中人的个体行为的微妙性和复杂性特征来达到对人的把握,并更多地透过分析人的文化世界去关注文化的民族性、价值性、时空性、共通性和差异性。

关于文化哲学范式关注的主题,当代世界最有影响力的思想家、当代德国最重要的哲学家之一、西方马克思主义法兰克福学派的中坚人物尤尔根·哈贝马斯(Jürgen Habermas,1929—)认为:

> 现代哲学思想的主题包括现象学、西方马克思主义、后形而上学思想、语言学转向、理性定位、克服逻辑中心主义,以及对理论优于实践的颠覆。①

---

① [德]尤尔根·哈贝马斯:《后形而上学思想》,曹卫东译,译林出版社 2001 年版,第 6 页。

　　在当代的人文社会科学中,文化哲学敏锐地回应时代和社会的总体要求,研究内容和研究视界几乎关涉上述所有现代哲学思想主题。特定的研究主题赋予文化哲学特定的内涵,独特理解世界的方式赋予文化哲学独特的学术价值。

　　第一,文化哲学关注人创造和改造的生动真实的生活世界,在价值取向上肩负起为人类提供生存智慧的使命。当代西方哲学研究的语言学转向生动地表明了这一点,德国哲学家汉斯·伽达默尔(Hans Georg Gadamer,1900—2002)的解释学哲学,当代美国最有影响力的思想家、美国新实用主义哲学的代表人物理查德·罗蒂(Richard Rorty,1931—2007)的激进语境主义哲学,还有尤尔根·哈贝马斯的交往行动理论,这些当代文化哲学的主要形式都先后把研究视线投向语言符号。哈贝马斯指出:

　　　　从意识哲学向语言哲学范式转换,导致了一场同样深刻的变革。语言符号先前一直被认为是精神表现的工具和附件,然而,符号意义的中间领域现在展现了其特有的尊严。语言与世界以及命题与事态之间的关系取代了主客体关系。建构世界的重任从先验主体头上转移到语法结构身上。①

　　"语言是存在之家"成为当代哲学家们的基本共识。当代哲学重新关注人创造的"文化符号世界",在对"文化世界"中人的行为及其行为规范的探究过程中体现自身存在的价值,彰显了文化的时代精神。

　　在西方哲学发展的思想史上,西方哲学关于"世界"的认识从康德伊曼努尔·康德(Immanuel Kant,1724—1804)的古典哲学开始发生了深刻的变化。康德批判了自然哲学以自己为核心的"独断论",强调人存在的"世界"的现实意义,并第一次深刻而全面地论证了人所拥有的"纯粹理论理性""纯粹实践理性"和"判断力",以及在把握世界中不同对象时人的"纯粹理性"和"判断力"所发挥的特殊作用。哲学家们各自提出了不同的概念来表达它们与纯粹外在于人的自然宇宙世界的区别。如马克思(Karl Heinrich Marx,1818—1883)的"人化自然"("与人无涉的自然界"与"人化自然世界");德国哲学家、新康德主义弗莱堡学派的主要代表亨里希·李凯尔特(Heinrich Rickert,1863—1936)的"周围世界";奥地利哲学家、现象学创始人埃德蒙德·胡塞尔(Edmund Husserl,1859—1938)的"生活世界";德国哲

---

　　① 〔德〕尤尔根·哈贝马斯:《后形而上学思想》,曹卫东译,译林出版社2001年版,第7页。

学家、20 世纪存在主义哲学创始人和主要代表马丁·海德格尔(Martin Heidegger 1889—1976)的"当下世界"等。哲学家们的这些不同哲学概念都具有"文化世界"的共同意义和基本指向。

首先，在逻辑顺序上，他们强调"文化世界"优先于"自然世界"作为哲学研究的对象。哈贝马斯认为：

> 生活世界背景的第一个特征是一种绝对的明确性。它赋予我们共同生活、共同经历、共同言说和共同行动所依赖的知识以一种悖论的特征。生活世界背景的第二个特征是它的总体化力量。生活世界是一种总体性，具有一个中心和许多不确定的界限；这些界限是可以穿透的，但不能逾越，因为它们带有收缩的性质。第三个特征是背景知识的整体论，它和绝对性以及总体化联系在一起的。生活世界是一片"灌木丛"，不同的要素在其中混杂在一起，只有用不同的知识范畴，依靠问题经验，才能把他们分离开来。①

生活世界因其自身的特征而对于哲学具有根基作用。尽管在时序上纯粹的物理自然界相对于文化世界具有先在性，但哲学的使命是面对生动的生活世界。这个生活世界不仅是人创造和改造的，而且"是作为基础而预先被给予科学研究者或研究共同体的，但是，当在这个基础上建造时，构造物仍然是一个新的东西，一个完全不同的东西。假如我们不再沉迷于我们的科学思维，那么我们就会处于这一事实之中，即我们作为科学家也同样是人，并且是作为这个始终都是为我们存在着的、总是预先被给予了的生活世界的共同存在者而存在着的，因此整个科学都要随着我们一起进入到这个——单纯'主观——相对的'——生活世界中去"②。

其次，以此为基础，在不同程度上，他们强调哲学的旨趣应该是解决生活世界中人的现实问题。哲学家们从不同的角度意识到，哲学应该回归人的生活世界，立足人的文化世界的现实基础，通过人的创造性活动建构起的文化世界去建构哲学，而不是在文化世界中简单地应用自然哲学和形而上学。

第二，在方法论上，文化哲学承担起为解决文化世界的复杂问题提供理

---

① ［德］尤尔根·哈贝马斯：《后形而上学思想》，曹卫东译，译林出版社 2001 年版，第 79—80 页。

② ［奥地利］埃德蒙德·胡塞尔：《生活世界现象学》，倪梁康等译，上海译文出版社 2002 年版，第 269 页。

论支持的责任。以传统思辨哲学、意识哲学为代表的形而上学以"理性万能"为出发点,解释世界时一味追求对事物运动变化规律的必然性、同一性进行一般性的概括,提炼出所谓放之四海而皆准的万能公式来作为普遍适用于自然世界、人类社会和思维世界的规律。马克思深刻批判了这种头脚倒置的"形而上学怪影",创立了唯物史观,实现了哲学革命。哈贝马斯则更深入地挖掘了形而上学的"理性"根基并展开了更明确的批判:

> 随着认识由实质合理性变为程序合理性,形而上学也陷入了尴尬境地。十九世纪中叶以来,经验科学的权威迫使哲学接受同化。从此以后,此起彼伏地要求回归形而上学的呼声被打上了反动的烙印。然而,竭力把哲学和自然科学以及精神科学,或者说竭力把哲学和逻辑学以及数学相同化,只会带来新的问题。①

今天,我们已经认识到,在研究方法上,研究对象的"连续性和同质性"特征是自然科学得以展开的理论前提。然而,要想从根本上征服自然界"自然地"具有的无限"丰富性",哪怕是最为严谨的自然科学都无可奈何。更何况在更加生动而丰富的文化世界中,受人的自由意志、丰富情感、多元价值等多种因素支配,人的行为充满了丰富的偶然因素。所以,对于恰恰具有"非连续性"和"非同质性"特征的人而言,采取自然科学的研究方法必然不会获得理想的结果,纯粹靠自然科学幻想进行思辨的传统形而上学必然会充分暴露它的致命缺陷。具体表现在:

> 第一,追求一和全的整体性思想受到了新型程序合理性的质疑。第二,历史解释科学反映的是越来越复杂的现代社会中新的时间经验和偶在经验。第三,交往方式和生活方式的物化和功能化的批判,促进了意识哲学向语言哲学的范式转换。第四,把理论活动放到其实际的发生和应用语境当中,这就唤醒了人们注重行为和交往的日常语境的意识。②

对此,哈贝马斯明确指出:

---

① [德]尤尔根·哈贝马斯:《后形而上学思想》,曹卫东译,译林出版社 2001 年版,第 35—36 页。

② [德]尤尔根·哈贝马斯:《后形而上学思想》,曹卫东译,译林出版社 2001 年版,第 33 页。

今天，哲学的这种尴尬处境要求我们重新确定科学和哲学的关系。一旦哲学放弃第一科学和百科全书的诉求，就能保持其在科学体系中的地位，而且既不是通过把自己同化到特殊的示范科学，也不是通过远离科学。哲学不得不接受经验科学的易错论式自我理解和程序合理性，哲学既不能拥有特殊的真理观，也不能拥有自己独有的方法和对象领域，甚至连一种属于自己的直观方式也不行。只有这样哲学才能在内部分工中发挥其最大效力，也就是说，才能坚持其普遍性的问题和合理重建的操作方法。这种方法依据的是有关语言、行为和判断的主体所具有的前理论直观知识。①

至于哲学如何跳出尴尬处境将自身解脱出来，哈贝马斯非常有信心地给出了明确的指南：

> 只要哲学不变成科学的自我反思，并把目光转移到科学体系之外，变换视角，关注纷繁复杂的生活世界，就能从逻各斯中心主义中解脱出来。哲学揭示出了一种早就在日常交往实践中活动的理性。②

而文化哲学正是秉承一种自觉的理性反思批判，承认理性具有更加丰富的表现维度，如"工具理性""目的理性""价值理性""习惯理性""传统理性""批判理性"等等。在方法论上，文化哲学注意从微观层面把握作为对象的人的丰富历史，以承认人的共同性和差异性、普遍性和特殊性，以及偶然性、微妙性、矛盾性甚至荒谬性为前提，去透析更为广阔的人的心理史、社会史乃至文化史。这一点上，文化哲学与形而上学本体论存在着根本区别。正如哈贝马斯一针见血地指明的：

> 本体论意义上的形而上学思想的特点：真知追求的永远都是普遍性、永恒性和必然性。③

与传统形而上学消解或无视人及其历史之差异的独断论不同，文化哲学关注"文化结构"的作用，注意到人类社会中的自然法、传统、风俗习惯等

---

① ［德］尤尔根·哈贝马斯：《后形而上学思想》，曹卫东译，译林出版社2001年版，第36—37页。

② ［德］尤尔根·哈贝马斯：《后形而上学思想》，曹卫东译，译林出版社2001年版，第49页。

③ ［德］尤尔根·哈贝马斯：《后形而上学思想》，曹卫东译，译林出版社2001年版，第13页。

有助于形成某种"价值共识",从而从逻各斯中心主义中解脱出来。

第三,文化哲学为人们重新理解"文化"提供一个新的哲学范式。在人类思想史上,不同的学科为人们认识和把握"文化"积累了来自历史学、人类学、社会学、文化学等学科视角的丰富资源。但是,以文化哲学新的理论视野来看,人及其人的各种行为都是一定文化的产物,人创造和改造的文化世界是文化的结晶。"文化"不再是仅仅局限于受到经济、政治因素决定的上层建筑。陈树林认为:

> 三者之间的关系不再是简单的决定和被决定的关系,三者之间的界限也不像"楚河汉界"那样泾渭分明;从短期看,生产力水平、政治体制决定文化的发展,但从较长的时间段看,文化则对生产力水平、政治体制产生深远的"决定作用"。①

文化哲学范式有助于我们重新认识"文化"现象的本质和发掘文化的地位及作用。

二、文化哲学的框架

哲学是认识和把握自然界及人类社会总的世界观和方法论。文化哲学的产生强调哲学的立足点在于"生活世界",强调人是一种"总体性的生存方式"生成的"完整人",因而不能以一种个别文化门类的形式去片面理解和认识世界。文化哲学对人的生存方式认知的根本性转换拓展了哲学新的思想境界,改变了人类认识和理解世界的方式,为我们提供了一种理解人的生活境界和解决问题的新的思维方式。文化哲学致力于奉献出一种全新的坐标系,使一切传统哲学都必须直面文化问题,从而为传统哲学问题提供全新的理解范式、使之获得全新的哲学阐释答案。丁立群认为:

> 这种认识和理解方式的转换,从而人的生存方式的转换,意味着哲学自身形态的转换:它不仅转换了哲学自身的存在方式,其所提出的问题也扩大了哲学的视野,为哲学提供了新的问题域。②

正是基于此,我们可以透过文化哲学的"理论层面"清晰地勾勒出其

---

① 陈树林:《当代文化哲学范式的回归》,《哲学研究》2011 年第 1 期。
② 丁立群:《文化哲学:问题与领域》,《哲学研究》2010 年第 9 期。

"哲学意旨",并顺势找到其"实践目的"。在这种新的理论背景下,文化哲学的理论形态或者系统研究凭借自己独特的元哲学理解和形而上学运思,得以整合并重建现实的文化形态和文化状况。而凭借文化哲学成为当代各种哲学形态底蕴的集中体现和自觉形态,我们也能建构起文化哲学研究的问题框架:

第一个层面:关于哲学的文化价值研究。这一部分是关于如何确立文化哲学自身合法性的理论前提性研究。文化哲学首先要确立哲学的普遍文化价值,这些研究关涉对哲学性质的独特理解,也关涉对哲学在文化中的超越地位的确证,实际上是对哲学的一种"元(meta-)研究"。这种研究当然离不开探讨哲学如何走近文化、走进文化。显然,近代以来文化人类学、社会学、社会心理学等诸多文化学科的兴起,为哲学与文化相亲相融提供了深厚的文化背景,并有助于哲学在更广阔的文化视野里重新定义自己、重新理解自己的意义。近代思想史上的很多哲学家,如意大利著名的哲学家、法学家乔万尼·维柯(Giovanni Battista Vico,1668—1744),德国著名历史学家、历史哲学家、历史形态学的开创人奥斯瓦尔德·斯宾格勒(Oswald G.Spengler,1880—1936)等人的著作都融入了文化人类学的内容和成果。同时,哲学自身的学科领域及外延相对狭窄并逐渐退却。对此,著名的美国实用主义哲学家、现代教育家约翰·杜威(John Dewey,1859—1952)提醒人们不能忽视:

> 哲学史就是人类文明和文化史的一章,不能把哲学史当作一个孤立的过程来研究,应该把哲学的故事和人类学、原始生活、宗教史、文学和社会制度的研究结合起来。①

以哲学的叙事模式和研究范式来研究人类文明史和文化史。以哲学发展的逻辑来看,既然哲学可以从古典康德的"纯粹理性批判"走向现代德国哲学家、新康德主义者恩斯特·卡西尔(Ernst Cassirer,1874—1945)的"文化批判",那么人们也有足够的理由相信哲学终将走到成为"人类文明和文化史的一章"。

哲学的普遍文化价值研究关涉对哲学在文化系统和结构中的功能和作用问题的考量。在哲学发展史上,由于哲学深刻的思辨性和学科视野疆域的无限性,一方面,哲学的目光穿透人类改造自然世界的全部事实和文化现

---

① ［美］约翰·杜威:《经验与自然》,傅统先译,商务印书馆2014年版,第13页。

象,哲学学科就是文化学科;另一方面,随着人类征服自然的能力不断拓展、人类认识世界理解世界的水平不断提高,更多的文化门类不断分化形成,而哲学的学科疆域随之不断退缩,最终成为文化系统中的一个要素,成为"文化史的一章"。

在此,我们不能忽视的是,哲学始终是具有与文化系统中其他要素不同特性的。哲学是一种极为特殊的"无实用价值"要素——它虽无人们实际可以感知的实用价值,却又因其不可或缺的无形价值而从来不曾被人们舍弃。可以说,这种"无实用价值"正是哲学在文化系统中的功利效用价值。其实,要理解这个看似矛盾的问题并不难。正如美国实用主义哲学的先驱、美国心理学之父威廉·詹姆斯(William James,1842—1910)所说,"哲学虽然不能用来烤面包,但是它却能照亮人类的前程"①。让人醍醐灌顶、豁然开朗、摆脱混沌,这就是哲学的"无用"和"大用"。

在这一点上,丁立群进一步指出:

> 哲学以其构建的终极关怀作为"经纬线"或者"意义纽带"将文化各门类"编织"为一个统一整体;同时,也正是这种终极关怀才能"照亮人类的前程"。在此意义上,文化的各门类都是"哲学的",或者都是"哲学化的",因为它们都蕴含着一种终极价值。②

可以说,正是这种"终极关怀"彰显了文化哲学的"终极价值"。也正是依靠这种"终极关怀"的系统功能作用,不可或缺的"哲学化的"文化各门类才能在内在意义上联结为一个整体;同时彰显出哲学何以作为文化的"硬核"支撑起文化的精神和灵魂,而不再是文化各门类中一个普通的组成部分。

第二个层面:关于文化本体论研究。这一部分也可以说是文化形而上学研究,主要包括:

> 文化总体性、文化各门类之间本源的内在联系、文化的深层价值和意义的研究……对文化的总体性本身以及由于领域性分化和地区性特色形成的不同的文化精神和基本的文化价值进行研究,进而构造一种

---

① James William.*Pragmatism*,Washington Square Press,1963,p.6.
② 丁立群:《文化哲学:问题与领域》,《哲学研究》2010 年第 9 期。

文化总体性理想,并对现实文化进行一种理性重构。①

　　总体上看来,文化哲学研究问题框架第一层面的哲学的文化价值研究具有奠基性,即为文化哲学研究的逻辑展开提供的"合法性"的前提。这种哲学在文化系统总体中的超越地位"合法性"同时也意味着其他文化门类(如道德、艺术、宗教、科学等)的"非法性"。但是,恰恰在文化哲学的视界里,道德、艺术、宗教、科学等文化门类都是人的存在方式,表现了人的某种生活样态,并且逐渐发展成为不同的文化价值和文化形态,都有存在和发展的合理性。只是每一种分化的和专门化的文化门类相对于文化总体性来说都具有相对的真理性。

　　因此,文化形而上学以重建以人的完整性为内容的终极关怀为指归。这就需要文化哲学以文化总体性为研究对象,以探究文化总体性的生发为逻辑起点,探究各文化门类、各文化形态之间的内在联系及其相互沟通、制约和平衡机制,在此基础上,厘清重构文化总体性理论逻辑和现实途径,以防止平衡和制约关系一旦被打破而必然导致的文化危机现象。关于这一点,我们可以从美国人类学家朱利安·海恩斯·斯图尔特(Julian H.Steward,1902—1972)的"文化生态学"(Cultural Ecology)的有关"对特定文化形态适应环境的过程、由这种适应性所导致的文化习俗之间的相互适应性的研究"②中获得借鉴。

　　第三个层面:关于文化批判研究。这一部分是对文化哲学的实践层面展开的研究,借由从文化形而上学那里获得的文化发展理想和基本的价值准则,对构成文化发展现实的具体文化现象展开理性反思和批判,在其现实性上推进文化进步、不断走向文化自觉。这一部分也是基于上述第二层面文化本体论研究构造的总体性理论基础之上的逻辑延展。因而从批判性质上看,文化批判首先是总体性批判。是尽可能地让"文化总体性理想"的光芒照亮每一种文化形态,推动它们在理性重构下走向"文化的统一"。正如约翰·杜威所指明的,所谓哲学的批判就是在批判各文化门类的基础上,对批判的理性成果"再作进一步的批评而尽可能地使它们更为广泛而一致……实质上是一种意义的澄清和解放,并通过意义的澄清和解放实现文化的统一"③。

---

　　①　丁立群:《文化哲学:问题与领域》,《哲学研究》2010 年第 9 期。

　　②　[美]朱利安·斯图尔特:《文化变迁的理论》,张恭启译,台湾远流出版事业股份有限公司1989 年版,第 2 章。

　　③　[美]约翰·杜威:《经验与自然》,傅统先译,商务印书馆 2014 年版,第 324 页。

也就是说,文化哲学意义上的文化批判是一种批判之批判。

上述三个层面的研究内在逻辑地紧密联系在一起,共同建构起文化哲学研究总体性的问题框架。三者之间内在的逻辑关系架构是:

> 哲学的文化价值研究确立了文化哲学的合法性,使文化形而上学研究成为可能;文化形而上学则为文化批判奠定了理论基础和价值原则;文化批判则努力把文化形而上学的理念推进、贯穿到文化实践中去。①

这种逻辑关系架构同时表明,文化哲学研究在社会文化发展的历史进程中何以获得了学科发展的合法性、理论资源与现实语境。但是,还不止如此。文化哲学以独特的"哲学意旨""现实前提"和"实践目的"设定了自身的"元哲学"密码,开启了总体性的"元研究",在整体上从功能定位和意义理解两方面实现了"文化"对"哲学"的转换。同时,鉴于"哲学"构成文化的"硬核",居于超越性的引领地位,文化哲学还要提供一种新的世界观和方法论,即拒绝各文化门类的"绝对主义"倾向、超越其"相对视域",通过建构自己独特的整体理解文化世界的问题框架和沟通范式,从总体上凸显文化"生活经验"本身的理路与视界,呈现新的文化哲学研究景观。

三、文化哲学的旨趣

尽管过去的 20 余年中,哲学、文化哲学研究领域内的研究者围绕着文化哲学诸多理论问题(甚至是在元问题层面)的争论一直不曾停止,但文化哲学研究的理论边界是否模糊、问题域限是否明晰、理论框架是否稳定等文化哲学的基本理论问题是否真正得到澄清;或者说,文化哲学的合法性问题是否还未得到彻底解决等,这些都不影响我们将文化哲学作为一种新的理解范式来展开讨论。因为文化哲学作为一种植根于人的"生活世界"——即"文化世界"的对话的、反思的、批判的哲学理解范式,根本不存在一种一劳永逸地解决问题的理论体系和理论框架。

作为一种特殊的哲学理解范式,借鉴西方科学哲学历史学派的主要代表人物、美国物理学家、科学史家托马斯·库恩(Thomas Kuhn,1922—1996)首先提出来的"范式"(paradigm)概念,文化哲学主要是指一种哲学思维方式的信念,一种科学研究的基本背景、学术习惯和学术传统。当代西

---

① 丁立群:《文化哲学:问题与领域》,《哲学研究》2010 年第 9 期。

方最重要的伦理学家之一、伦理学与政治哲学中社群主义运动的代表人物、现任美国圣母大学(University of Notre Dame,建立于 1842 年)哲学系麦克马洪与哈克荣誉教授的阿拉斯戴尔·麦金太尔(Alasdair Macintyre,1929—)扩充了文化范式理论。麦金太尔强调:

> "共同体"或"传统"的连续性。就是说,在一个特定文化传统的危机中,该传统可借助另一个富有生命力的传统构建一个新的认知构架和理论来解决危机,从而使传统继续存留下来。①

文化哲学就义不容辞地担负着这样的使命,它通过构建哲学研究新的提出问题的认知构架和解决问题的基本理论,重新规定了哲学研究新的基本背景、基本内容和深层内容。

与传统的"思辨哲学""意识哲学""理论哲学"有所不同,文化哲学研究文化问题的视角是一种关于人的存在及其人的自由创造活动成果——人创造的世界即文化世界的文化批判视角,是建立在人的真正发现和文化自觉基础上的。文化哲学最重要的价值定位和根本旨趣在于:它超越了哲学的一般层面去观照文化现象,强调哲学对所在的文化模式的自觉性、反思性和批判性;它侧重通过探讨社会历史的内在文化机理去揭示文化自身的机理。

在关于对人及其人和世界的理解等基本哲学问题上,与传统意识哲学所固守的主客二分及其二元对立的立场不同,文化哲学抛弃了追求理性逻辑、绝对真理、普遍规律的形而上学范式,在总体性上对人类社会的"异质性"和"非连续性"特征予以充分重视。以人为了生存和繁衍而对自然界的改造和人的自由创造活动为出发点,文化哲学直接面对的是不同历史时代、不同生存环境、不同民族、不同国家等丰富多彩的"历史世界""生活世界"和"文化世界",关注了人类存在和社会发展的现实性、丰富性和开放性。通过不断反思和探究蕴含在文化符号背后的理念,揭示某种特定文化的可能性及其有限性,真正回归到人的存在、人的实践的丰富性和差异性,回归到以主体间性为内在机理的生活世界、回归到人创造和改造的"人—文化世界"、回归到充满文化创造力的人的历史进程,"对历史观念、历史结构、

---

① 参见[英]阿拉斯戴尔·麦金太尔:《谁之正义? 何种合理性?》,万俊人等译,当代中国出版社 1996 年版,第十八章"传统的合理性"。

风俗习惯、伦理道德、政治结构、宗教信仰等进行辩证分析、作出反思和批判"①；通过符号化的意义世界确证人自身，重塑人的形象，并以文化展现人类的理想性和创造性、确证了人类精神不可或缺、难以替代的价值，从而推动社会变迁，将人类的历史进程推向前进。

文化哲学何以确立如此旨趣？

在德国社会学家、经典社会学和知识社会学创始人卡尔·曼海姆（Karl Mannheim,1893—1947）看来，"我们所有的哲学则都已变成文化的哲学"②，即是说作为一种普遍的世界观，在文化总体性的经验中，文化哲学是所有现代哲学的理解范式。追溯西方思想史，可以发现，大约18—19世纪在哲学、文化人类学、历史学及社会学的有关研究中，就已经存在文化哲学的个别问题研究。20世纪30年代以后，比较系统的文化哲学研究或者说文化哲学的理论形态开始出现。其中有代表性意义的成果，如德国哲学家、文化哲学的创立者恩斯特·卡西尔将人的"符号"或"象征"活动视作人的本质活动，并以此作为逻辑起点展开研究，较为系统地建构了关于人和人的文化本质的文化哲学，对人的世界里具有文化意义的一切内容，包括语言、文字、艺术、历史、宗教、思维和科学等进行哲学抽象。在此基础上，卡西尔并明确提出了"人类文化哲学"（philosophy of human culture）这一概念。③随着1944年卡西尔的《人论》（*An Essay on Man*）一书出版，标志着文化哲学研究由自发、自在状态上升到自为、自觉境界。

丁立群提出，文化哲学的产生并确立自己独特的理论旨趣和实践旨趣取决于三个方面的前提因素，即：

> 现代化的逻辑演进和以人的全面发展为核心的总体现代化之成为可能，全球化所催生的"世界文化"理念以及人们对文化本身经验感受的迫切性，这三者是系统的文化哲学产生的催生剂。④

同时，文化哲学又在总体上以自己理解文化世界的整体框架和沟通范式走向理论形态的丰富，自觉体现了这种时代的诉求。作为"问题框架"，现代化、全球化、信息化、网络化的文化背景和人的存在方式的改变，"决定着现代哲学研究的基本预设和旨趣，决定着现代哲学的理论视野、提出问

① 陈树林：《文化哲学的旨趣》，《光明日报　理论周刊》2010年9月14日。
② ［德］卡尔·曼海姆：《文化社会学论要》，刘继同等译，中国城市出版社2002年版，第11页。
③ Cassirer, E.*An Essay on Man*.New Haven：Yale University Press,1944,p.1.
④ 丁立群：《文化哲学：问题与领域》，《哲学研究》2010年第9期。

题的方式以及解决问题的途径。在这种意义上,文化哲学的产生是必然的,文化哲学作为一种理解范式已成为当代各种哲学形态所蕴含的潜流和底蕴"①,并作为一种新的哲学范式确立自己的旨趣。

第二节　对文化的理解

要引领大学道德教育理论研究向学术纵深发展,提升大学道德教育理论研究的新境界,必须以探寻对文化概念的比较合理、比较统一的理解为起点,为文化哲学视域下的大学道德教育理念研究提供依据。

> 概念是思维的起点,有了概念才能形成判断,作出论证。②

在此,遵循学术研究的展开逻辑,梳理文化概念的研究成果,对纷纭庞杂的文化界定进行概念甄别,检视缺失,展其所长,自觉建立起文化哲学视域的观照范式,对于展开本书的研究至关重要。也许,这在很大程度上也"是很久以后进行的思想运动和实践创造运动的前奏曲"③。

一、文化的含义

文化(culture)是什么? 在东西方学术史上,关于文化外延和内涵的界定一直是一个错综复杂的学术争鸣问题,历史并没有给我们留下一个可以被普遍接受的定义。法国学者维克多·埃尔(Victor El)在写了一本《文化概念》(*The Concept of Culture*)的小书来探究文化概念产生和演变的轨迹后,曾经发出长叹,认为人们企图或者声称给"文化概念"确定范围的努力都是徒劳的。因为:

> 这是一个时髦的术语,它在不断地产生新词,产生奇特的意群和乍一看令人难以理解的词组。尤其是在某些情况下(例如"文化官员""文化工业"等),它们往往把一些互不相干的单词出乎意料地组合起来……它显然不单单是一种时髦的表现;各种迹象表明,它实际上表达了各种深刻的需要和忧虑。④

① 丁立群:《文化哲学的两重含义》,《光明日报·理论周刊》2010 年 9 月 14 日。
② 孙喜亭:《教育原理》,北京师范大学出版社 1993 年版,第 7 页。
③ [法]维克多·埃尔:《文化概念》,康新文等译,上海人民出版社 1988 年版,第 126 页。
④ [法]维克多·埃尔:《文化概念》,康新文等译,上海人民出版社 1988 年版,第 1 页。

　　由于其语意的丰富性,考量视角的多端性,文化的定义层出不穷。一个多世纪以来,众多的文化学者、人类学家、哲学家、社会学家、考古学家一直没有放弃对文化概念明确化、科学化的追求,一直为了回答这个问题而殚精竭虑。然而,对文化的大规模研究虽已历经百余年,可谓已经汗牛充栋的研究成果非但没有建立起"应然"的"科学范式",反而进一步证明了它"也许是世上唯一的兼具着最富历史性、最多义与至今尚无统一意义这三个特征的概念。很难找到一种现象能比'文化'概念所包含的内容更多更广的了。文化概念与人、世界、自然、社会、生活等等这一类临界概念有着密切的联系。这个序列中的每一种现象都被人类从多方面加以研究,也就是从人类一切可以达到的角度——科学、艺术、宗教、政治、哲学等等——去研究它"①。

　　同样地,当要进行文化概念研究时,美国著名作家劳伦斯·罗威尔(A. Lawrence Lowell,1855—1916)也曾表达了自己的困惑:

　　　　我被托付一项困难的工作,就是谈文化。但是,在这个世界上,没有别的东西比文化更难捉摸。我们不能分析它,因为它的成分无穷无尽;我们不能叙述它,因为它没有固定形状。我们想用文字来表达它的意义,这正像要把空气抓在手里似的:当我们去寻找文化时,它除了不在我们手里以外,它无所不在。②

　　但是,即便如此,当代英国文化研究的重要奠基人之一、20 世纪中叶英语世界中最重要的马克思主义文化批评家、被誉为"战后英国最重要的社会主义思想家、知识分子与文化行动主义者"、剑桥大学(University of Cambridge,建立于 1209 年)耶稣学院戏剧讲座教授雷蒙·威廉斯(Raymond Williams,1921—1988)还是坚持认为:

　　　　当最基本的概念突然间不再被视为概念而是问题……就再也没有必要倾听有关它们的慷慨演讲或者各派间的唇枪舌剑了。如果我们还能做点什么,就是要将构成这些概念的诸多要素再次捡拾起来。③

─────────

① [德]勃兰特:《作为哲学对象的文化》,水清译,《国外社会科学快报》1992 年第 2 期。
② Lawrence Lowell.quoted from A. L. Kroeber and Clyde Kluckhohn. *Culture, a Critical Review of Concepts and Definitions*,1952,p.4.
③ Raymond Williams.*Marxism and literature*,Oxford University Press,1977,p.11.

比如,我们可以努力尝试通过去追寻"文化"中的"硬核"来理解文化概念。关于这一点,著名的匈牙利裔英国籍数学哲学家和科学哲学家、当代西方科学哲学"历史学派"的主要代表人物之一伊姆雷·拉卡托斯(Imre Lakatos,1922—1974)认为,最基本的理论"构成一个研究纲领的'硬核',它不容经验反驳,如果遭到反驳,整个研究纲领就遭到反驳,放弃'硬核'就意味放弃了整个研究纲领"①。

对文化概念的追寻亦是如此。

（一）文化概念在西方的历史流变

从词源上看,英文中的"文化"一词源于古代拉丁文"colere"一词和古法语词"couture",具有"居住""培植""保护""尊崇"等意思,还可以表达"敬神""保护"等类似的任何意义。

后来,"cultura"一词逐渐从"colere"中派生出来,用来表达"土地栽培、培养、耕种"的意思。这种表达也意味着"culture"的含义里还包含着"过程"(process)的意思,因为"对某种农作物或动物的照料"②是动态的、过程性的。可见,早期西方的"文化"是与植物、土地紧密联结在一起的,是人们依靠大自然、关注大自然而获得的。来自原始大自然的"culture"最初词义简洁而明了,仅仅表示人将植物栽培成熟后为己所用而已。对此,美国学者菲利普·巴格比(Philip Bagby,1918—1958)指出:

> "文化"一词最初在欧洲语言中出现时,它还未获得今天我们所赋予的意蕴。在拉丁语和古英语中,它通常具有"耕耘"或"掘种土地"的实在意义,这种用法今天仍在"农业"(Agriculture)和"园艺"(Horticulture)两词中保存着。③

1690年,法国学者安托万·菲雷蒂埃(Toma Fieretier)开始编撰《通用词典》(General Dictionary,1978,巴黎出版)。对于"文化"这个词,他认为与人类从事的其他活动相比,"耕种土地是人类所从事的一切活动中最诚实、最纯洁的活动。"所以,"人类为使土地肥沃、种植树木和栽培植物所采取的

---

① ［英］伊姆雷·拉卡托斯:《科学研究纲领方法论》,兰征译,上海译文出版社2005年版,第5页。

② ［英］雷蒙·威廉斯:《关键词:文化与社会的词汇》,刘建基译,生活·读书·新知三联书店2005年版,第102页。

③ ［美］菲利普·巴格比:《文化:历史的投影》,夏克等译,上海人民出版社1987年版,第87页。

耕耘和改良措施。"①就是最合适的"文化"定义。

随着人类社会在披荆斩棘中改造自然世界、艰难地推进历史进程,"culture"的内涵也不断变得丰富起来。在人类历史长河中,耕种土地、培育植物、圈养动物,以便获得人类自身生存和繁衍的最基本条件。这样的情形在东西方文明中具有完全一致的特点。同样地,在农耕活动基础上,为满足进一步发展的需要,其他的活动逐渐分化出来。比如,制造更多更好生产工具的技术改造活动、便于群居互助的组织管理活动、主导闲暇时间的休闲娱乐活动等。同样必然的,政治组织、伦理规范等上层建筑也随着经济基础建构起来。既然人的活动内容更加丰富、人的活动形式发生了转向,那么,理所当然的,关注人的活动、反思人的活动的文化概念也必然产生相应的转义,其内涵相应地被充实与丰厚起来。

例如,古罗马政治家马库斯·西塞罗(Marcus Tullius Cicero,前106—前43)提出了"Cultura Mentis"(耕耘智慧)的用法,认为提升人的"精神修养"好比是"耕耘了的生长果实的土地",这就在"cultura"一词中注入了"改造""完善"的含义,意思是通过培育人的心智来完善人的综合素质,培育理想公民。到14世纪欧洲文艺复兴(The Renaissance)运动开始,古希腊罗马的文化艺术学术思想逐渐获得更广泛推崇,西塞罗所使用的"cultura"一词的意义也为更多人知晓。到16世纪以后,"cultura"一词的意义扩展到与人的发展意义相关。如17世纪德国法学家、史学家、德国法哲学的开创者塞缪尔·冯·普芬道夫(Samuel Baron von Pufendorf,1632—1694)就用"cultura"指个人智慧和情操的发展。

进入18世纪,整个欧洲进入现代文明的启蒙时代,科学、哲学、艺术、技术发明、政治思想等都获得巨大进步。在文化繁荣映照下的概念地图上,人类生活和思想领域所发生的广阔变迁可以通过一些重要的关键词映射出来,特别是那些原本已经普遍使用的词汇在这一时期获得了新的重要意义的时候。

例如,在法国启蒙思想家、哲学家丹尼斯·狄德罗(Denis Diderot,1713—1784)等人的领导下,著名的"百科全书"(The Encyclopaedia)学派崛起。正是出自该学派的贡献,"文化"概念在这一关键时期获得了最引人注目的转义变化。"文化"转义为"一种自在之物",含义包括"心灵的普遍状态和习惯""整个社会智性发展的普遍状态""艺术的整体状况""包括物

① [法]维克多·埃尔:《文化概念》,康新文等译,上海人民出版社1988年版,第3页。

质、智性、精神等各个层面的整体生活方式"①等。

欧洲启蒙运动(The Enlightenment)的泰斗、"法兰西思想之王"、法国文学家伏尔泰(Voltaire,原名法文:François-Marie Arouet,1694—1778)在自己的作品中描述受过教育的人取得的实际成就时,就用"文化"一词表达人通过教育陶冶、心智修炼产生的变化结果、获得的进步状态。

到了18世纪法国大革命的思想先驱、启蒙运动的代表人物之一、哲学家、民主政论家、教育家、文学家、浪漫主义文学流派的开创者让·雅克·卢梭(Jean Jacque Rousseau,1712—1778)那里,"文化"概念的独特性"还包括存在于'人类内心世界的'情感,并在很大程度上影响着'风俗、道德和舆论'"②。

1878年的《法语词典》中搜罗了西方对"culture"词义的各种理解,"文学、科学和美术的修养"③是其中一种新的意义。

在德国,为了表达文化概念,德语使用了"Bildung"(教育)和"Kultur"(文化)两个词。文化概念以"Bildung"一词的出现而具有了独特的形式和意义。"Bildung"一词"首先是作为注重现实的现代思想的起源而出现的"④。那么,什么是"Bildung"呢?"Bildung"是:

> 指对人进行智力、道德和美学方面的培养,并通过这种培养的具体化来概括人类的未来和目的……正是由于Bildung,德意志民族才得以形成,而它一旦形成为自由人的民族,便变成了对整个人类进行Bildung(培养)的工匠。⑤
>
> 人类知识、美学和道德的培养表达了人类全体性理想,人类全体性是根据自由的要求,以改造国家和主权关系为条件的,特别是受广义的教育进程的制约。教育加快人的进化速度,最终把他培养成有意识的人,而不是孤独的人。⑥

正是在这个意义上,作为人类智力、美学和道德的培养,"Bildung"无疑

---

① ［英］雷蒙·威廉斯:《文化与社会(1780—1950)》,高晓玲译,商务印书馆2018年版,第15—20页。
② ［法］维克多·埃尔:《文化概念》,康新文等译,上海人民出版社1988年版,第54页。
③ ［法］维克多·埃尔:《文化概念》,康新文等译,上海人民出版社1988年版,第4页。
④ ［法］维克多·埃尔:《文化概念》,康新文等译,上海人民出版社1988年版,第68页。
⑤ ［法］维克多·埃尔:《文化概念》,康新文等译,上海人民出版社1988年版,第58—59页。
⑥ ［法］维克多·埃尔:《文化概念》,康新文等译,上海人民出版社1988年版,第69页。

是德国诗人和思想家对文化概念作出的特殊贡献。①

后来,德国知识分子用"cultura"表达与法语"文明"一词的相同或相近的意义,也指"成为文明的人和受到教育的人的一般过程"②。德国思想家哥特弗雷德·赫尔德(Gottfried Herder,1744—1803)在自己的著作中用"cultura"一词表示"对人的心智能力的发展和培养"的意思。③ 他写道:

> 文化……它意味着个人的完善,或者发展他自己的过程中取得的工艺、技术和学识。但是,在这些造诣中现已既包括生活中的智识方面,又包括其技艺方面。④

在美国,《美利坚百科全书》形成于19世纪中叶,在其中人们可以找到文化的另一个新定义:

> 受过教育的"个体的人",也就是一个有教养、有礼貌的人,一个熟悉文明生活中各种文雅的习惯的人。⑤

在这里,文化具有贵族精神生活、上层文化的意义。

在英国,英国诗人、社会学家马修·阿诺德(Matthew Arnold,1822—1888)于1869年出版的《文化与无政府主义》(*Culture and Anarchy*)一书中,关于"文化"的讨论也出现了"人的精神培养"的含义,这个含义充分表达了他的"人类完美"(human perfection)的观念。阿诺德把文化理解为:

> 一种通过求知来追求自我完善的活动:即了解和认识所有那些与我们密切相关的事物以及世界上那些曾经被思考过和表述过的最好的思想。⑥

---

① [法]维克多·埃尔:《文化概念》,康新文等译,上海人民出版社1988年版,第65页。

② Williams Raymond. *Key words*:*A Vocabulary of Culture and Society*, Oxford University Press,1976,p.78.

③ Kroeber.A.And Kluckhohn.C.*Culture*:*A Critical Review of Concepts and Definitions*,New York,1952,p.32-39.

④ Kroeber.A.And Kluckhohn.C.*Culture*:*A Critical Review of Concepts and Definitions*,New York,1952,p.54.

⑤ [英]菲利普·巴格比:《文化,历文的投影》,夏克等译,上海人民出版社1987年版,第88页。

⑥ [法]维克多·埃尔:《文化概念》,康新文等译,上海人民出版社1988年版,第5页。

上述对文化概念理解的转义表明,人们已经逐渐认识到:

> 人类是文化的最重要和最基本的产物……正因为有了文化,人类才真正过上了人的生活。文化是人类"生活"和"存在"的一种特有方式。人类总是根据自己特有的文化生活着;反过来,文化又在人类中间创造了一种同样是人类特有的联系,决定了人类生活的人际特点和社会特点……文化是人类之所以成为人类的基础,它是人类更加完美或日趋完美。①

据文化研究的奠基者、英国左派的重要代表之一雷蒙·威廉斯采用"关键词解释学"方法论考证,18 世纪最后几十年到 19 世纪上半叶的这段时间是西方思想史中文化概念发展演化的一个关键时期。这一时期西方语言中包括"文化"(culture)在内的几个重要词汇(还有"工业"industry、"民主"democracy、"阶级"class、"艺术"art)用法的改变对于建构我们现代的意义框架至关重要。威廉斯梳理了文化用法的变化——由此前"对自然生长的扶持"类推为人类针对某个对象的教化、训导过程,再到逐步发展出越来越丰富的意义:

> 它的第一个意思是"心灵的普遍状态或习惯",与"人类完美"(human perfection)的观念有密切联系;第二个意思是"整个社会智性发展(intellectual development)的普遍状态";第三个意思是"艺术的整体状况";到了 19 世纪末产生了第四个意思:"包括物质、智性、精神等各个层面的整体生活方式。"②

在威廉斯看来,"文化"概念的诞生及其发展变化似乎是不以人们的意志为转移的,因为这个词后来常常会成为一个或引起敌意或让人尴尬的字眼。但是,"文化"一词的发展记录了我们对社会、经济、政治生活领域的这些变革所做出的一系列重要而持续的反应,因此,"文化"本身就可以看作是一幅特殊的地图,借助它,我们可以对这种历史变革的本质进行探索。③

---

① [法]维克多·埃尔:《文化概念》,康新文等译,上海人民出版社 1988 年版,第 10 页。

② [英]雷蒙·威廉斯:《文化与社会(1780—1950)》,高晓玲译,商务印书馆 2018 年版,第 19—20 页。

③ [英]雷蒙·威廉斯:《文化与社会(1780—1950)》,高晓玲译,商务印书馆 2018 年版,第 20 页。

威廉斯主张,文化是一个具有复杂历史内涵的概念,从词义学上对文化概念进行知识考古,可以发现,历史上人们主要分三种情形来应用文化:

> 第一个是独立、抽象的名词——用来描述 18 世纪以来思想、精神与美学发展的一般过程;第二个是独立的名词——用来表示一种特殊的生活方式(关于一个民族、一个时期、一个群族或全体人类);第三个是独立抽象名词——用来描述关于知性的作品与活动,尤其是艺术方面的。这通常似乎是现在最普遍的用法:"Culture"是指音乐、文学、绘画与雕刻、戏剧与电影。①

在此基础上,威廉斯将文化应用的全部类型归纳为三种最主要的情形。第一大类是"理想的"文化:

> 这种意义上的文化是人类根据某些绝对的或普遍的价值而追求自我完善的一种状态或过程。②

在这种应用情形下,大多是从人类的现实生活中或从音乐、绘画、诗歌等文学艺术作品中去探寻文化的价值,这些价值既与现实生活世界中的人类普遍状况息息相关,又在历史长河中具有永恒的普世价值意义。
第二大类是"文献的"文化:

> 这种意义上的文化就是思想性作品和想象性作品的实体,人类的思想和经验以各种方式被详细地记载下来。③

在这种应用情形下,所有被记录、整理、留存、传承下来的作品,不管是"思想性作品"还是"想象性作品",既具有文化批评的意义,也具有忠实地保存人类思想和经验历史的意义。
第三大类是"社会的"文化:

> 这种意义上的文化是对一种特殊的生活方式的描述,它表现了不

---

① [英]雷蒙·威廉斯:《关键词:文化与社会的词汇》,刘建基译,生活·读书·新知三联书店 2005 年版,第 106 页。
② [英]雷蒙·威廉斯:《漫长的革命》,倪伟译,上海人民出版社 2012 年版,第 50 页。
③ [英]雷蒙·威廉斯:《漫长的革命》,倪伟译,上海人民出版社 2012 年版,第 50 页。

仅包含在艺术和学识中而且也包含在各种制度和日常行为中的某些意义和价值。①

　　在这种应用情形下,人的生活方式,从最稀松平常的日复一日的生活,到需要特殊技能才能实现的艺术表现形式,到只有上层建筑才能实现的政治经济社会制度等,尤其是后两者作为特殊的生活方式,无论是外显的还是内隐的,都是具有文化意义的。

　　在上述三种文化类型中,威廉斯着重强调文化的第三种类型的意义,即"社会的"定义。显然,我们不难理解其中的缘由:因为这种定义更强调面向"生活经验""生活方式"及人的日常生活去探究文化的意义,并且在整体方法论上更强调文化研究方法的多样化选择。当然,同时威廉斯坚持对这三种类型文化之间的关系进行整体论的解读,认为应该从它们之间的相互联系来关注和理解文化,每种文化类型所标明的一个领域和具有的独特指称及相关事实,都应该被完整全面的文化理论所涵盖。

　　在上述对"文化"一词理解的不断积累和深化的基础上,威廉斯从关键词解析的独特视角切入,并且采用经验主义方法,一方面强调文化活动与社会活动的相关性一致性,从整体上分析了社会生活的变迁对文化含义演变过程的影响、考察了人的观念变化受社会生活整体变化影响的状况;另一方面强调个案研究的典型意义,重点对英国社会日常生活现状进行经验观察研究,从中提炼生活方式发展变化的事实对于映照文化形态发展变化的意义。最终,威廉斯自己界定文化概念是:

　　　　文化不仅指智力和想象力的作品,从根本上说文化还是一种整体的生活方式。②

　　到了19世纪,特别是在德国,"文化"的含义更加明确化。表现之一就是与"文化"含义非常相近的一个词"文明"开始在词义上与"文化"分离开来。"文明"(civilisation)一词原本来自"公民"(civil),这个词是个法学和政治学的术语,专指享有法律所赋予某些权利的城市居民。文艺复兴时期,人们把当时由封建习俗向着资产阶级化的演变称之为"civiliser",它的原意

---

　　①　[英]雷蒙·威廉斯:《漫长的革命》,倪伟译,上海人民出版社2012年版,第50—51页。
　　②　[英]雷蒙·威廉斯:《文化与社会(1780—1950)》,高晓玲译,商务印书馆2018年版,第457页。

为"公民化过程"。法国大革命(法文: La Révolution française, 英文: The French Revolution)发生以后,资产阶级大革命中出现的西方民主政治文化的一切新文化气象被人们统称为"公民化"(civilisation)的文化,并且受到英语、法语、德语、西班牙语的一致认可。后者指人类社会在基础层面,即技术和物质层面上的发展,前者指人类社会在高层次,即精神方面的发展。

赫尔德认为,世界上不同的民族都有自己特殊的、固有的文化形式。为此,赫尔德在其著作中使用了"cultura"一词的复数形式,来表达名词"文化"具有"某一特定社会的生活方式总和"的意义。到19世纪中叶,这种意义的文化概念开始被许多德国学者作为一个描述性范畴来使用,指"某一社会人类活动的物质的、技术的、智慧的和艺术的诸方面"的总和。①

瑞士著名文化史学家雅可布·布克哈特(Jacob Burckhardt, 1818—1897)在他的《意大利文艺复兴时期的文化》(*The Culture of the Italian Renaissance*, 1860)一书中,通过描述中世纪晚期和近代初期的意大利社会文化生活的相关模式,更进一步扩散了文化被理解为一个特殊民族(或人群)的生活方式的文化概念。受其强烈影响,德国历史学家卡尔·兰普莱希特(Karl Lamprecht, 1856—1915)把文化理解为:

> 人类生活的总体,其中,每一个民族有其具体表现形式。②

到19世纪末叶,德国学者在人类学、民族学意义上使用的文化概念作为一个分析性概念,成为英国人类学家、文化人类学的奠基人爱德华·泰勒(Edward Burnett Tylor, 1832—1917)的人类学中心概念。在他那本被后世奉为人类学经典著作的《原始文化》(*Primitive Culture*)一书中,泰勒写道:

> 从人种学的广阔角度来理解——文化是人作为一个社会成员所获得的那些能力和习惯的复杂整体,包括知识、信念、艺术、道德观、法制观念、习俗等等。③

正是因为泰勒的"广阔角度",人们似乎有理由将文化看作是一个"包罗万象"的概念。

———————

① Ritter, Harry. *Dictionary of Concepts in History*. New York: Greenwood Press, 1986, p.95.

② Weintraub, Karl. *Visions of Culture*. Chicago, 1966, p.170.

③ E·Tylor. *Primitive Culture*. London: John Murray, 1871, p.1.

19 世纪末 20 世纪初,西学东渐,哲学、政治学等各种学说,自然还包括对文化概念这种"包罗万物式"界定的有关学说也被介绍到中国。当然这些知识首先是在赞赏欧美的制度文明和科学技术的学者中间传播与研讨的。国学大师梁启超(1893—1929,字卓如,广东省江门市新会人)对文化的理解显然与泰勒如出一辙——在他的《什么是文化》一文中,梁启超提出:

> 文化者,人类心能所开积出来之有价值的共业也。易言之,凡人类心能所开创,历代积累起来,有助于正德、利用、厚生之物质的和精神的一切共同的业绩,都叫做文化。①

自泰勒以后,很多的西方学者尝试对文化下定义,表达自己对这一概念的理解。例如,在各种版本的《牛津英语词典》中,同一个英文单词"culture"(文化)可以指"特殊的思想智慧发展形式,一个民族的文明状况";也可以表示"精神、心灵受到细致培养的结果——欣赏口味的高尚化";或者指"文明的思想层面";②"由于训练和经验,人的身心精神的发展";还可以被视为是"人类社会在人文学科和自然科学以及思想智力发展方面的证据"③;也能体现"对文学艺术,音乐等的高度发达的理解"④。可以说是一词多义。

除了词典释义,还有很多国家的百科全书也会收录对文化概念的理解。如英国的《大英百科全书》(1973—1974)中,人们可以查找到两类文化:一类是"总体的人类社会遗产",这是被当作"一般性"理解的文化概念;另一类是在"多元的相对的"意义上理解的文化概念,"是一种渊源于历史的生活结构的体系,这种体系往往为集团的成员所共有"⑤。

《法国大百科全书》(1981)中"文化"就是"一个社会群体所特有的文明现象的总和的'复合体'"⑥。

《苏联大百科全书》(1973 年第 3 版)中,文化被视为:

> 是社会和人在历史上一定的发展水平,它表现为人们进行生活和

---

① 梁启超:《饮冰室合集》文集第十四册,中华书局 1989 年版。
② 《牛津高级英语词典》,1954 年版。
③ 《牛津现代高级英汉双解语词典》,1989 年版。
④ 《袖珍牛津英语词典》,1986 年版。
⑤ 转引自李述一等:《文化的冲突与抉择》,上海人民出版社 1987 年版,第 6 页。
⑥ 转引自李述一等:《文化的冲突与抉择》,上海人民出版社 1987 年版,第 6 页。

活动的种种类型和形式,以及人们所创造的物质和精神财富。①

在《现代汉语词典》(1995)里,文化则指:

> (1)人类在社会历史发展中所创造的物质财富和精神财富的总和,特指精神财富,如文学、艺术、教育、科学等。(2)指运用文字的能力及一般知识。②

随着西方学界新兴人文社会学科的不断涌现,尤其是随着文化学、人类学和人类文化学的产生及其新的研究成果面世,各种理论如文化进化学派、文化功能学派和历史批判学派等学术流派纷纷崛起,"价值性""生活方式""符号象征"等特质都被纳入到不同理论流派界说的"文化"概念中。如美国跨文化传播研究的代表人物、美国圣地亚哥州立大学(San Diego State University,建立于 1897 年)传播学院教授拉里·萨莫瓦尔(Larry A. Samovar,1940—   )等人提出的文化定义就囊括了上述所有的意义:

> 文化是一种积淀物,是知识、经验、信仰、价值观、处世态度、赋义方法、社会阶层的结构、宗教、时间观念、社会角色、空间关系观念、宇宙观以及物质财富等的积淀,是一个大的群体通过若干代的个人和群体努力而获得的。③

由上述可见,在西方学者那里,文化的含义尽管是多种多样的,但概而言之,是在作为一般性词语和作为分析性范畴这两个维度上来运用的。作为一般性词语,文化主要是指人所特有的某些兴趣、人类的活动和成就等意思。上述东西方语言词典中关于文化的大部分定义几乎不约而同地表达了这种概念内涵。

在对作为一般性词语的理解维度上,英国著名文化马克思主义学者雷蒙·威廉斯关于文化概念的理解有独到之处。他认为,作为一般性词语的文化概念是基于"对人心灵的培养"这一层面意思理解的基础上发展起来

---

① 转引自[苏]A.阿尔诺利多夫:《文化概论:文化的实质及其运动发展的一般规律》,中国人民大学出版社 1988 年版,第 5 页。

② 《现代汉语词典》,1995 年版。

③ [美]拉里·萨莫瓦尔等:《跨文化传通》,陈南等译,生活·读书·新知三联书店 1988 年版,第 28 页。

的。这里的"文化"包括三层意思：

　　（1）人心灵的一种发展了的状态；（2）这种发展心灵的过程本身；（3）发展过程所需的手段、方法、工具等。①

　　由此我们可以看出，威廉斯的文化概念含有一定质性的价值判断，因为如果文化指个人或人类社会的智慧和道德发展水平的话，它就还涉及文化概念的量性特征，即从数量上对某些人类的文化活动是否高于另一些人类的文化活动作出判断及相应的行为选择，如某些人类的文化活动是否因此需要得到维持或予以保护等。

　　从作为分析性范畴的维度看，文化概念是描述性的、实用性的，并应该竭力避免带有某种价值判断。其内涵的定义更多强调它作为概念分析框架的作用。在这个维度上，阿尔弗莱德·克鲁伯（Alfred Kroeber, 1876—1960），美国有代表性的人类学家之一，在其《今天的人类学》（Anthropology Today）一书中对文化的定义可以算是文化作为分析性范畴维度的代表：

　　文化是一整套行为的，和有关行为的模式。该模式在某一特定时期内流行于某一群体，并且，从研究的角度和研究所覆盖的范围来看，这些模式即使在与其他模式相关联中仍显现出非连续性和可被观察性。②

　　克鲁伯的这种定义角度让研究者能够较清晰地把握概念的对象范围、在运用该概念研究其对象时能够明晰自己应采取的观察角度和分析原则，其作为研究范式对于人文社会科学研究的指导意义是不言而喻的。因此，教育学、心理学、政治学、人类学、社会学甚至发展经济学等各门人文社会科学中都广泛采用作为分析范畴的文化概念。

　　1952年，西方文化研究中不得不提的一本书《文化，对其概念和定义的批判性评述》（Culture：A Critical Review of Concepts and Definitions）出版。该书由克鲁伯和另一位美国著名的人类学家克莱德·克拉克洪（Clyde Kluck-hohn, 1905—1960）共同完成。在这本书里，两位著名的人类学学者不厌其烦地罗列了文化的164种定义，时间跨度80年（1871—1951），并把它们大致归纳为四类：

---

① Williams Raymond. *Culture*. Fontana Press, 1986, p.11.

② A.Kroeber. *Anthropology Today*. University of Chicago Press, 1953, p.536.

（1）描述性意义的，如：

文化囊括一个社会风俗习惯的所有表征，包括个人行为的受到他所生活的社群习俗影响的反应形式，以及受到这些习俗制约的该群体社会活动的产物。①

（2）结构性意义的，如：

文化是一套从历史上获得的关于生活的分开的或含蓄的设计图样。它们会被所有社会成员或某个特殊社群所采用。②

（3）历史性意义的，如社会遗传即文化。

文化作为一般词语意味着人类的全部社会遗传，作为特殊词意味着一种特殊社会遗传。③

（4）规范性意义的，如：

那超有机体世界的文化层面，由意义、价值、规范组成，包括，当它们在经验的社会文化世界中，通过实际的行为或其他手段被客观化（对象化）而显现的它们之间的关系及互相作用，以及组合和非组合的形式。④

在此基础上，克鲁伯和克拉克洪综合了大多数社会科学家认可的关于文化的内涵要素，提出了他们自己关于文化的标准定义：

文化由明确的或含蓄的行为模式和有关行为的模式构成。它通过符号来获取和传递。它涵盖该人群独特的成就，包括其在器物上的体现。文化的核心由传统（即历史上获得的并经选择传下来的）思想，特

---

① F.Boas."*Anthropology*" in E.Seligman, ed. *Encyclopedia of the Social Sciences*. Macmillan Co., 1930, Vol.1.2, p.79.

② C.Kluckhohn & W.Kelly."*the Concept of Culture*". R.Lintoned. *The Science of Man in the World Crisis*, Columbia University Press, 1945, p.98.

③ R.Linton. *The Study of Man*. D.Appleton Century, 1936, p.78.

④ P.Sorokin. *Society*, *Culture*, *and Personality*. Harper & Brothers, 1947, p.313.

别是其中所附的价值观构成。文化系统一方面是行为的产物,另一方面又是下一步行动的制约条件。①

从上述人类学家所提出的定义中可以看出,人类学意义上的文化概念的主要特征在于人类学家把文化的各个方面看作是一个有机整体社会的文化,即关注一个社会思想的、行为的或外显于物质层面的生活模式。即使几乎是处于原始状态的社会,这种整体的文化也使得该社会显现出与其他社会的区别。

虽然人类学和社会学都乐于研究社会关系、组织和行为,而且"社会学家和人类学家都把行为看作是文化概念的主要内涵,人类学家趋向于把这种行为模式以及与这种行为模式相联系的那些哲学的、伦理的和美学的模式一起加以解读,并且认为这些行为模式在不同的民族社会是不同的,因而从其体现了民族社会个性的角度来研究这些行为模式。而社会学家则更多地是从行为模式对社会关系结构的意义,或者说行为模式所表现出的行为规范上的意义来研究行为模式"②。

这些差别也可以从社会学家们的文化定义中显示出来。

社会学家将文化看作是由一套要素构成的。如美国社会学家哈利·约翰逊(Harry M.Johnson,1921—1995)在其《社会学:系统导论》(*Sociology:A Systematic Introduction*)一书中提出:

> 文化是在社会交往中直接地和非直接地学会的。它包括五个层面的内涵或意义:(1)认知层面,关于物质世界和人类社会的知识;(2)信念;(3)价值和规范;(4)符号;(5)行为的非规范方式。③

英国社会学家约翰·戈德索普(John Goldthrope,1935—　)在其《社会学导论》(*An Introduction to Sociology*)一书中提出的文化定义还包含了道德价值要素上的考量,他认为文化主要体现在三个方面:

> (1)物质文化;(2)语言,艺术、科学、运动和宗教;(3)所有具有象征性价值的东西——是非观念、信念、规则和规范,关于身份的适当的

---

① A.Kroeber & Kluckhohn.*Culture*,*A Critical Review of Concepts and Definitions*,Papers of the Peabody Museum of American Archeology and Ethnology,Vol.47.1,1952,p.181.

② 何平:《中国和西方思想中的"文化"概念》,《史学理论研究》1996年第1期。

③ H.Johnson.*Sociology*,*a Systematic Introduction*.Routledge & Kegan Paul,1961,pp.84,86,89.

文化定义、道德的和审美的价值。①

1982 年,联合国教科文组织在墨西哥举行了第二届文化政策大会,会议探讨了对文化的新理解:

> 文化在目前应当被看作是赋予一个社会或社会群体以特点的那些精神的和物质的、理智的和感情的特征的完整集合,除了各种艺术和文化材料之外,它还包括生活模式、人权、价值系统、传统和信仰。②

这个文化概念被与会成员国的学者们广泛接受,这可以被看作是这届大会的重要理论成果。

其后在起草《1988—1997:世界文化发展十年》的基本文件时,联合国教科文组织面对的是一个文化发展更加多元的世界、对文化的理解更加多元的情境。只有尽可能采用包罗更广、包容更宽的视角来演绎文化概念,才能在最大程度上尊重人类社会的所有创造性成果。这就是:

> 一个社会的文化生活可以看成是它通过它的生活和存在方式,通过它的感觉和自我感觉,它的行为模式、价值观念和信仰的自我表现。③

综上所述,我们大致可以归纳出"文化"具有如下共性特征:

第一,文化为人类所特有。在这个理解上几乎不存在异议或歧义。对此,马克思从历史唯物主义和唯物辩证法的角度作了总结——文化是人的存在方式,是"类的存在物",是人"类"的生活结果。"文化"只是历史进化到产生"人类"以后所特有的现象,并且是"人类"区别于动物的主要标志。德国著名哲学人类学家米切尔·兰德曼(Michael Landmann,1913—1984)在其《哲学人类学》(*Philosophical Anthropology*)一书中进一步明确指出:

> 人是文化的产物,是文化的创造者,但也为文化所创造。④

---

① J.Goldthrope.*An Introduction to Sociology*,Cambridge University Press,1985,p.14.
② 陆杨等:《文化研究导论》,复旦大学出版社 2007 年版,第 10 页。
③ 联合国教科文组织:《世界文化发展十年实用指南(1988—1997)》,北京大学出版社 1989 年版,第 10 页。
④ [德]米切尔·兰德曼:《哲学人类学》,阎嘉等译,贵州人民出版社 1988 年版,第 245 页。

第二,文化不属于个人而是某一类社会群体的共同特征。文化表征为具有团体特征的一切造物以及社会制度。"文化"在总体上是一种社会遗传(social heritage),在不同的时间和空间维度上具有明显的社会性、区域性和群体性。生活于不同区域的社会群体有着不同的文化系统,或者说有着对"文化"的不同的"话语系统"和遗传方式。

第三,文化是人的后天习得和创造。人并非与生俱来会获得文化,而是必须在社会生活环境中通过学习、创造而得来,同时又在人创造的文化中获得对自身的创造。德国著名哲学家、教育学家与心理学家爱德华·斯普朗格(Eduard Spranger,1882—1963)认为:

> 个人是文化生命的关键,个人的主观精神是通过其创造活动发展和创造文化,文化与个人的关系是一种"生动的循环",个人以周围的客观文化为材料,使个人心灵得以适当的陶冶,同时又能够使已有的客观文化体系,由于个人心灵的不断介入得以更为生动的进展。[1]

总的来说,对于文化含义的理解尚无止境,对于文化构成、文化系统等的探究也不会止步。美国著名文化人类学家、新进化论学派主要代表人物之一莱斯利·怀特(Leslie A.White,1900—1975)提出,至少有三个亚系统组织成为文化系统:

> (1)技术系统,由物质、机器、物理的化学的仪器以及使用这些仪器的技术构成;(2)社会系统,由人际关系构成;(3)意识形态系统,由思想、信仰、知识构成,这三个亚系统间相互贯通。[2]

随着不同学派理论研究的展开,对文化概念的理解和使用会在更为丰富的语境下被不断拓展。

(二) 文化概念在中国的知识考古分析

中华民族文明在人类文明发展史上占有重要的历史地位。以"文""化"人的思想闪耀着中华民族智慧的光辉,是文化概念演进史和人类文化思想史中不可或缺的组成部分。

尽管东西方文化存在诸多差异,使用完全不同的语言,但却可以从同一

---

① 转引自郑金洲:《教育文化学》,人民教育出版社 2000 年版,第 57 页。

② [美]莱斯利·怀特:《文化科学》,曹锦清等译,浙江人民出版社 1988 年版,第 349 页。

个"类"——人这里找到相同的、相通的地方。文化是人存在的方式,东西方人的语言表达不同,对文化的理解却是可以相近、相通甚至相同的。从词义学的角度看,虽然现在尚不确证,在我国文献中何时何处用"文化"这个词来表达西方文化思想中的"culture"或者"Kultur"的意思,但是"观乎人文,以化成天下"足以达到上述西方学者所阐释的"文化"概念的所有意蕴和精髓。

在汉语中,"文化"一词的意思是由"文身"和"转化"两个字的意义合成的。在金文和甲骨文中,"文"字的最早形式是⊕,这个图案表示一个人前胸被文以线条或图案,也好像胸前挂了一串贝壳。① 从这种最初的象形文字逐渐发展出了"符号,交叉线条""文身"等意思。《易·系辞下》里说:"物相杂,故曰文",这里的"文"就是"符号、记号"的意思。后来逐渐发展出"文章"的意思。

与今天的文身行为意义不同,古代"文身"的具体行为表达的是"标记""修饰"人身的基本意图,这样,"文"字在使用中开始具有抽象含义。从古代典籍《尚书·尧典》中可以查到"文"和"明":"经纬天地曰文、照临四方曰明"。经为纵、纬为横。古人改变天地自然的野质状态,开辟出纵横交错道路、耕种田地,就是经天纬地。即"文"是人改造自然界留下的标记。这与西方"culture"在早期的用法中表示"对某种农作物或动物的照料""过程"有异曲同工之妙,都是在"照管"、改造自然的过程中走向改造人自身,获得人在精神上的发展,走向"文化"。所以后来"人"开始与"文"连在一起使用。如《周礼》中的"观乎人文,以化成天下"②。这里的"文"正是通过射、书、礼、乐、御、数等"六艺"来提高"人"的精神修养和道德情操。这个用法和意义直到1000多年以后,才在16世纪德国学者冯·普芬多夫(Samuel von Pufendorf, 1632—1694)那里获得了历史的隔空回响——他用"cultura"指个人或社会的智慧、人的情操等方面的发展。

战国前后,"文"的使用逐渐开始与更为抽象的含义相关联。例如在《论语》中的不同用法:

　　　　周监于二代,郁郁乎文哉! 吾从周。③

----

① 李晓定编:《甲骨文字集释》,刊于台北"中央研究院"语言历史所编《文集》,第2857—2858页;周发高编:《金文诂林》,香港中文大学出版社1957年版,第523—527页。

② 《周礼正义》卷三,载王弼:《十三经注疏》(上册),中华书局1979年影印本,第37页。

③ 《论语·八佾》,中州古籍出版社2018年版,第24页。

文王既没,文不在兹乎? 天之将丧斯文也,后死者不得与于斯文也。①

文之于礼乐,亦可以为成人矣。②

故远人不服,则修文德以来之。③

这些用法,大致意思在于:(1)人性的、道德的、思想的、和平的;(2)经过教化的人类行为、良好风俗、社会制度等。

根据《说文解字》的解释,"匕,变也,从到(倒)人。"在甲骨文中,"匕"像一个人倒立,象征着人在子宫中被孕育阶段的体态。后来在左边加了一人字旁,意为站立的人。④ 可见,"化"字是从"匕"字转化而来,并增添了新的抽象意义。"化"包含了一个人从孕育、出生、成长,并在遗传基础上通过接受教育和思想灌输等社会影响逐渐成熟,成为一个内在和外在符合社会规范、被社会接受的人的整个过程。后来就逐渐形成了"教化"一词。

就词源而言进行知识考古分析发现,汉语"文化"一词最早可见于西汉经学家、目录学家刘向(约前77—前6)的《说苑·指武》:

圣人之治天下,先文德而后武力。凡武之兴,为不服也;文化不改,然后加诛。⑤

后来,南齐时代王融在《三月三日曲水诗序》中写道:

设神理以景俗,敷文化以柔道。⑥

从这两个最古老的用法上看,中国最早的"文化"概念是"文治和教化"的意思。"文化"在这里更多地具有"政治道德"概念的意义,而不是社会科学的一般性词语或分析性概念。它综合了"文"和"化"两个构成字的含义。在《周易》的《贲卦·彖传》中这两个字的含义紧密相关联:"刚柔交错,天文也;文明以止,人文也。观乎天文以察时变,观乎人文以化成天下。"

---

① 《论语·子罕》,中州古籍出版社 2018 年版,第 102 页。
② 《论语·宪问》,中州古籍出版社 2018 年版,第 180 页。
③ 《论语·季氏》,中州古籍出版社 2018 年版,第 222 页。
④ 许慎:《说文解字》,段玉裁注释,上海古籍出版社 1981 年版,第 384 页。
⑤ 参见向宗鲁校点:《说苑校证》,中华书局 1987 年版。
⑥ 王融:《〈齐诗〉序》,《辞海》缩印本,上海辞书出版社 1989 年版,第 1731 页。

据三国时代魏国王弼在《十三经注疏》中的解释：

> 文明以止,人文也……观乎人文以化成天下为"止物不以威武而以文明人之文也……用此文明之道裁止于人是人之文德之教"。"以化成天下者言圣人观察人文则诗书礼乐之谓当法此教而化成天下也"。①

在这里"文化"的基本含义是"以文教化",指以与武力征服相对的"人文",即以非强制性、非暴力的方式(主要是道德说教、人伦仪则、纲常濡化、道德秩序等)去规范和化易人民于"野蛮",使之开化和文明化的活动。

从"文化内辑,武功外悠"②,"垂衣端拱愧佳兵,文化优游致太平"③等诗句中可以看出,"文化"一词在中国古代思想中首先是一个政治道德概念,既指一种政治道德秩序,也指体现了现代发达文明成就的人类行为方式、社会组织原则等等。可以说中国古代的文化概念与现代意义上的"文化"词义相关,但又不完全相同。

（三）马克思对文化概念的使用

马克思的论著中,没有对文化理论作系统的阐述,但并不意味着文化理论在马克思主义理论中的缺位。

在《1844年经济学哲学手稿》(《巴黎手稿》,*Paris Manuscript*)中,青年马克思专门分析批判了德国古典唯心主义辩证法和朴素的唯物主义,吸收了德国古典哲学的集大成者格奥尔格·黑格尔(Georg Wilhelm Friedrich Hegel,1770—1831)和"恢复唯物主义王冠"的路德维希·费尔巴哈(Ludwig Andreas Feuerbach,1804—1872)的合理成果,努力创建了唯物史观。在马克思创建唯物史观的过程中,内含着马克思的文化概念同德国古典哲学的文化概念的历史联系。

德国古典哲学的创始人康德在《判断力批判》中指出：

> 在一个有理性的存在者里面,产生一种达到任何自行抉择的目的的能力,从而也就是产生一个存在者自由地抉择其目的之能力的就是文化。④

---

① 王弼：《十三经注疏(附校勘记)》,中华书局1979年影印本,第25页。
② 束皙：《补亡诗》,见《辞海》,商务印书馆1980年修订第1版,第二册,第1357页。
③ 耶律楚材：《太阳十六题》,见《汉语大词典》1990年版,第6册,第1515页。
④ [德]伊曼努尔·康德：《判断力批判》,邓晓芒译,中国人民大学出版社2002年版,第95页。

在这个文化定义里,他突出强调了文化的主体和作为文化主体的人的能动创造性。而德国古典哲学的集大成者黑格尔提出的文化定义是:

> 文化以其绝对的定义说……是解放和高度解放的工作。①

这个"绝对"唯心主义的定义虽然简明,但是突出了文化的客观效果,显示了文化的价值性。德国古典哲学是马克思主义三大理论来源之一。虽然康德和黑格尔秉持唯心主义探讨文化定义的侧重点有所不同,但是马克思却批判性地吸收了其中的合理内核,尤其是"人与文化的联系"、"人的主体性"、主体和客体相互作用的思想,为马克思使用文化概念提供了重要背景和直接渊源。

1844年写作《巴黎手稿》时,马克思直接继承了黑格尔关于"劳动"观念的合理内核,并站在历史唯物主义的高度作了进一步剖析:

> 他抓住了劳动的本质,把对象性的人、现实的因而是真正的人理解为他自己劳动的结果……他把劳动看作人的本质,看作人的自我确证和本质。②

正是在批判继承这些合理思想内核的基础上,马克思主义的辩证唯物主义、唯物辩证法及历史唯物主义中许多重要观点看似与文化无关,其实都是关于文化的创造性观点。如:

"整个所谓世界历史不外是人通过人的劳动而诞生的过程"③,"有意识的生命活动把人同动物的生命活动直接区别开来",劳动是"自由自觉的活动",是人"自己的本质"。④"劳动的实现就是劳动的对象化","劳动的产品,就是固定在某个对象中、物化为对象的劳动"⑤,"没有自然界,没有感性的外部世界,工人就什么也不能创造","没有劳动加工的对象,劳动就不能存在"。⑥"而人却懂得按照任何一种尺度来进行生产,并且懂得怎样处处把内在的尺度运用到对象上去;因此,人也按照美的规律来建造。""人再

① 《黑格尔全集》第7卷,张东辉等译,商务印书馆1985年版,第215—216页。
② 《马克思恩格斯全集》第42卷,人民出版社1979年版,第163页。
③ 《马克思恩格斯全集》第42卷,人民出版社1979年版,第131页。
④ 《马克思恩格斯全集》第42卷,人民出版社1979年版,第96页。
⑤ 《马克思恩格斯全集》第42卷,人民出版社1979年版,第91页。
⑥ 《马克思恩格斯全集》第42卷,人民出版社1979年版,第92页。

生产整个自然界"①。人的生产对象是"人的本质的对象化","我的对象只能是我的一种本质力量的确证",最后,出现了"人化的自然界"②和"历史创造的自然界"③,而这两个自然界是具有同一性的,也就是"文化的自然界"即文化世界。这就表明,文化概念的内涵就是通过劳动改造自然的人的本质的对象化和人化获得的。

此外,在《关于费尔巴哈的提纲》中,针对德国古典哲学的唯心主义和费尔巴哈的直观唯物主义,马克思指出:

> 费尔巴哈想要研究与思想客体确实不同的感性客体;但是他没有把人的活动本身理解为对象性的活动,而对于实践则只是从它的卑污的犹太人的表现形式去理解和确定。因此,他不了解"革命的""实践批判的"活动的意义。④

在这里,马克思的实践哲学以浓厚的批判色彩出场,以开创性的全新思维框架使哲学的思辨逻辑从纯粹的逻辑理性转向人的现实生活世界,使哲学的目光从对先验的纯形式的关注转向对现实的人的生存价值、人的自由的关切。现实的人是实践着的人,是文化着的人。温浩然认为:

> 实践是文化得以传播的现实载体和生存形式,文化是实践焕发生命活力、彰显内在价值的活动形式,二者均以作为主体的人的现实生命活动为基础。像马克思在其著作中所表述的那样,实践就是彰显人的纯真本质的、人类自由自觉的活动本身,而文化恰好是这种类的活动的精髓命脉和精神逻辑。⑤

马克思实践唯物主义的研究视角是剖析文化概念深刻内涵的最有效途径。

晚年的马克思对同时代的人类学研究和文化研究成果产生了浓厚兴趣。在他生命中最后十年(1879—1882)间留下的重要学习成果——著名的《人类学笔记》(也被学界称作《马克思古代社会史笔记》《民族学笔记》)

---

① 《马克思恩格斯全集》第42卷,人民出版社1979年版,第97页。
② 《马克思恩格斯全集》第42卷,人民出版社1979年版,第126页。
③ 《马克思恩格斯全集》第42卷,人民出版社1979年版,第162页。
④ 《马克思恩格斯选集》第1卷,人民出版社1995年版,第54页。
⑤ 温浩然:《文化概念的哲学性研究》,《知与行》2017年第5期。

就是对人类原始社会进行认真研究的结果。在这些人类学研究笔记中,美国著名人类学家路易斯·亨利·摩尔根(Lewis Henry Morgan,1818—1881)的"文化时期"和"文化生活"的概念被多次采用。在1877年出版的最重要的学术著作《古代社会》(Ancient Society)一书中,一个民族发展的历史阶段特征(民族文化时期)和生活方式特征(民族文化生活)都被摩尔根标志为"文化",也就是一个综合包含了物质因素、精神因素和制度因素的广义文化概念。这个广义文化概念也被马克思吸收并进行了创造性地转化使用。

(四) 我们对文化概念的理解和选择

20世纪初叶,中国古典语言中的"文化"一词被作为和"culture""Kultur"的对等词来使用。现代意义上的指艺术或文明的智力方面状况的文化概念开始广泛地见诸当时的报纸杂志中。五四运动前后的"东西方文化论战"中,在讨论中国文明的历史和发展前景的话题时,社会学和人类学意义上的文化概念作为概念出发点被许多学者使用。

1907年的《词源》中对文化的界定揭示了100多年前的人们对文化概念的理解。文化被解释为:

> (1)文治;(2)与英文"文化"相同,指一个民族文明的进展。社会学家指代代相传的生活方式为文化。[1]

这个定义可谓是承上启下,既包括中国古典文化的含义也包括现代西方文化意义上的新义。

在1908年发表的《文化偏执狂》一文中,鲁迅所使用的"文化"一词既包含"文明的智力方面"的一般含义,也包含其作为分析性范畴方面"一个民族生活方式"的某些含义,指社会政治组织的形式和社会关系的类型等等。[2] 梁启超也曾在相同的意义上使用文化概念。如前文提到的,梁启超曾撰写《什么是文化》一文指出:

> 文化者,人类心能所能开积出来之有价值的共业也。易言之,凡人类心能所开创、历代积累起来,有助于正德、利用、厚生之物质的和精神的一切共同的业绩,都叫做文化。[3]

---

① 《词源修订本》,商务印书馆1950年版,第307页。
② 王思齐编:《鲁迅早期五篇论文字义》,天津人民出版社1978年版,第96—138页。
③ 梁启超:《什么是文化》,《灯学》1922年12月。

在 1949 年至 1976 年期间,文化主要被作为一个政治文化学的概念来使用——一定的文化是一定社会的政治和经济在观念形态上的反映。据此,文学艺术、音乐戏剧等文化现象几乎都被强制性地与一定的阶级利益和阶级观点相联系。文化概念的这种权威性定义弱化甚至忽视了它的社会科学范畴含义。

20 世纪 80 年代国内学界兴起了文化研究热潮,旧的政治文化学的文化概念被扬弃,人类学意义上的文化概念则被重新引进和热烈探讨。许多学者开始意识到人类学意义上的文化概念的一个重要内涵是强调文化的民族性、差异性。过去简单片面地把文化看作是一元单线的而不是多元的历史观是不正确的。旧的文化定义非常狭义地同文明发展的一元单线论苏联模式相联系,而人类学意义上的文化概念则提供了一个研究社会间文化差异的更好概念框架。它以一种动态模式对人的精神活动与物质活动,文化与物质环境之间的相互关系有灵活的描述。更为重要的是,人类学意义上的文化概念把人置于主导地位,强调人是有条件、有选择地、主动地从他周围的文化世界中吸取一定的价值观和文化意义的。

在马克思主义唯物史观和唯物辩证法指导下,我们选择将文化定义为特定的生活方式的整体,并以此为基点,以马克思实践唯物主义哲学的历史逻辑展开对文化的理解样态。总之,文化是人类认识世界、改造世界、认识自己、改造自己的标识系统,是为人类社会一切实践行为方式提供工具载体、智识引领和道德规范的精神成果。它给予我们存在感、自豪感,帮助我们正确理解人和宇宙、历史和未来。

显然,文化一词的含义是多种多样的。在此,我们不厌其烦地梳理文化概念的演进史,是因为同文化这个核心概念相联系的又是人文社会科学工作者的一整套概念、范畴、理论和方法,它们为我们的研究提供了一个有效的新概念框架。在西方,人类学意义上的文化概念对 20 世纪历史写作和历史(题材)的概念化产生了巨大影响。[1]

现在,不论是在西方或在中国,对文化概念内涵的探讨并没有结束。这种努力使我们对人类社会文化有日益深刻的理解。

二、文化的本质

时至今日,在文化研究热潮中涌现出来的文化定义据说已达万种以上。[2]

---

[1]　Ritter, Harry. *Dictionary of Concepts in History*. New York: Greenwood Press, 1986, p.96.

[2]　胡潇:《文化现象学》,湖南出版社 1991 年版,第 1 页。

这固然说明文化现象的复杂和文化本质探求的困难,同时也启示人们,可以从不同层面拨开千姿百态的文化现象的浮云迷雾去深入探求文化的本质,在前人的基础上进一步接近文化本质探求的真理彼岸,不断提高对于文化的理性认识,提高人们文化实践的自觉性。

（一）文化本质探求的思维路径

分析林林总总的文化定义,大致有如下几种思维路径:

其一,对文化概念的外延进行描述或推断。如爱德华·泰勒的文化定义,从知识、信仰许多方面罗列出文化的种种现象,虽然对文化因素有所分析,能够给人以比较具体的外观印象,但是停留在文化现象的表面而未能深刻揭示文化概念的内涵,未能对文化本质进行高度概括和抽象。又如:

> 文化是社会和人在历史上一定的发展水平,它表现为人们进行生活和活动的种种类型的形式,以及人们所创造的物质财富和精神财富。①
>
> 文化是指人类社会历史发展过程中所创造的全部物质财富和精神财富。②

诸如此类,这些定义只是罗列或提示了一些文化现象,就事论事地回答什么是文化而没有真正回答出文化是什么,忽视对于文化自身本质的说明,都不能从内在的方面探求到文化的本质。

其二,对文化实行价值认定与行为取义。比较典型的文化价值认定说有黑格尔的"文化以其绝对的定义说……是解放和高度解放的工作"③。

比较典型的文化行为取义说有我国伟大的民主革命先行者孙中山(1866—1925,名文,字载之,广东省香山县人)先生的"文化是人类为了适应生存要求,和生活需要所产生的一切生活方式的综合和他的表现"④;美国文化人类学家萨瑞娜·南达(Serena Nanda,1938—　　)的"文化作为理想规范、意义、期待等构成的完整体系,既对实际行为按既定方向加以引导,又对明显违背理想规范的行为进行惩罚"⑤;等等。上述两种文化定义的思

---

①　《苏联大百科全书》"文化"条目,苏联百科全书出版社1973年版。

②　《辞源》"文化"条目,商务印书馆1980年8月修订第1版。

③　《黑格尔全集》第7卷,商务印书馆1985年版,第215—216页。

④　邬昆如:《文化哲学讲录》第二卷,台湾东大图书公司1982年版,第155页。

⑤　［美］萨瑞娜·南达:《文化人类学》,刘燕鸣等编译,陕西人民教育出版社1987年版,第46页。

路,都涉及文化的价值体系或行为体系等另一个相关的思考点。这样的思路,虽然拥有了更能说明问题的参照体系和抽象程度较高的属概念范畴,但文化的价值功能和行为体现都不直接等同于文化本身,因而还是不能从根本属性或总体属性上达到探求文化本质的目的。

其三,对文化展开全面的结构分析与源头追溯。比较典型的文化结构分析说如美国知名社会学家、现代结构功能主义的代表人物塔尔科特·帕森斯(Talcott Parsons,1902—1979)认为:

> 我们把文化体系本身看作是复合的,内部有所区别的体系。按照任何一种行为体系的四个根本职能划分的变化表,我们相应地在四个范畴(提供知识的象征、道德评价的象征、表情象征和制度性象征)对它进行分析。①

实际上,这是把文化看作一个体现价值和规范的象征体系,深度挖掘蕴含在文化之中的真、善、美价值。

本着把文化看作适应和选择环境的一系列行为设计观点的以美国人类学家克拉克洪为代表:

> 文化是在历史的进展中为生活而创造出的设计,包括外显的和内隐的,理性的、非理性的和无理性的,在任何特定时间内,这些设计都作为人类行为的潜在指南而存在。②

文化"源头追溯说"比较典型的表达有:

> 文化是由……习得的行为范式所组成的;文化是……人类社会生活的沉淀物;社会地获得并通过符号社会地传递的行为类型。③
> 由人类调适于环境而产生的事物。④

这些定义从文化发生、社会遗传的层面,指出了文化和自然事物相区别

---

① 转引自胡潇:《文化的形上之思》,湖南美术出版社 2002 年版,第 32 页。
② [美]克莱德·克拉克洪:《多维视野中的文化理论》,庄锡昌等编,浙江人民出版社 1987 年版,第 119 页。
③ [英]莱斯利·怀特:《文化科学》,曹锦清等译,浙江人民出版社 1988 年版,第 80 页。
④ 孙本文:《社会的文化基础》,世界书局 1926 年版,第 3 页。

的社会性、人为性和历史承续性。这种思维路向的文化定义开始从某一侧面接触到文化本质，但其涉及的本质规定依然只是某一侧面而非各个方面，未能顾及文化本质的整体和全部。

其四，对文化加以多层面、全方位的透视，从主体立意或用意识解读，从中探求文化本体质的规定性。所谓主体立意就是强调文化现象中人的主体作用，力图从人的实践中揭示文化的本质。代表性的观点有康德所说文化是"有理性的实体为了一定的目的而进行的能力之创造"①。

奥地利精神分析论创始人西格蒙德·弗洛伊德（Sigmund Freud, 1856—1939）认为，文化是人"以本能的遏制为基础"，"并把它强行转移到对社会有用的活动和表现上去"的全部知识、方法和体制。②

所谓意识解读就是从社会存在与社会意识的关系中辩证地阐释文化内涵，探究文化本质。代表性的观点有："文化是人的周围世界的抽象因素"（法国心理学家莫尔）；"文化是富于表情的象征意义和意义的领域"（美国社会学家贝尔）③等。尽管广义文化不只是反映社会存在的意识形态（如自然科学技术），也不只是用主体性就可以完全界说的，但在对文化本体的把握中强调主体和意识等文化特质，确实能够更好地把握文化本体，探求文化本质。

（二）文化的本质即"人化"与"化人"

以前述古今中外学者对文化概念的探究为学理基础和科学依据，我们可以将文化的本质概括为"人化"与"化人"。

所谓"文化"即"人化"，这里的"文化"是指"人类在社会实践中所获得的能力和创造的成果"（《中国大百科全书·哲学卷》）。而这里"社会实践"中"社会……是人们交互作用的产物"，"是表示这些个人彼此发生的那些联系和关系的总和"，④也就是人类个体如何组成人类群体的关系结构及其建立在这之上的组织制度形式。

在人类改造自然和改造自身的历史进程中，许多文化事物以非精神形态的方式现实地摆在我们面前，一类是人们通常所说的物质文化或物质形态文化，一类是人们通常所说的制度文化或制度形态的文化。精神形态的内隐文化一经外化，在物质形态上一方面显示为人类生活宏观环境的人工开发和治理，形成陆海空自然资源不断延展的写意式的物质文化景观，一方

① ［德］伊曼努尔·康德：《判断力批判》，邓晓芒译，中国人民大学出版社2002年版，第95页。
② 转引自胡潇：《文化的形上之思》，湖南美术出版社2002年版，第35页。
③ 转引自胡潇：《文化的形上之思》，湖南美术出版社2002年版，第37页。
④ 《1844年经济学哲学手稿》，人民出版社1979年版，第80页。

面显示为人类生活中观、微观氛围的人工设计与造就,构成衣食住用行社会设施不断丰富的工描式的物质文化景观;在制度形态上则显示为社会生活的习尚、典章、法规、律令、舆论、权威等社会行为方式与成果所导致的制度文化现实。另外,人的身体发育和生理发展,在相当大的范围和程度上也可以视之为构成文化外化的重要内容。人类的漫长的历史发展进程中缓慢变化着的身体素质、外部形象乃至大脑构造,便是这一方面文化外化不可忽视的客观表征。

总之,人类社会创造的一切成果,无论是表征人与自然相互关系的物质文化、表征人与自我相互关系的精神文化还是表征人与社会相互关系的制度文化,都无一例外地烙上了"人"的标识,彰显了文化的"人化"本质。

所谓"文化"即"化人"是指,人在创造了文化的同时也在被文化创造,这个过程经历了从自发自为到自觉。马克思指出:

> 作为目的本身的人类能力的发展,真正的自由王国就开始了。①
> 历史不过是追求着自己目的的人的活动而已。②

当代德国著名文化哲学人类学家、柏林自由大学教授米切尔·兰德曼追溯"人的本质"问题、探寻"人创造力的凝固沉淀",提出了他的文化哲学人类学的核心命题——"人是文化的存在"。在被誉为哲学人类学领域中"标准的权威性著作"——《哲学人类学》一书中,他鲜明地表达了这一观点:

> 不仅我们创造了文化,文化也创造了我们。个体永远不能从自身来理解,他只能从支持他并渗透于他的文化的先定性中获得理解……在一定程度上,文化与我们分离,如同自然先予的世界与我们分离一样。我们无法逃脱地站立在我们创造的文化世界中,也就像我们站在自然世界中一样……没有自然的人,甚至最早的人也是生存于文化之中。③

这个世界早已是"人化"的世界,生存于其中的每一个人都"难以逃

---

① 《马克思恩格斯全集》第25卷,人民出版社2001年版,第927页。
② 《马克思恩格斯选集》第2卷,人民出版社1995年版,第118页。
③ [德]米切尔·兰德曼:《哲学人类学》,张乐天译,上海译文出版社1988年版,第273页。

脱",他必然被这种"已结晶为客观形式的过去的创造"所继续创造着。

综上所述,"人化"开启了"文化"的基本起点,"化人"指明了"文化"的根本目的。文化的本质就是在外化与内化的辩证统一中实现"人化"与"化人"。这就是我们探求文化本质时的马克思主义唯物史观和唯物辩证法观点。

三、文化哲学研究语境的转换

在我国,文化哲学作为一种新的哲学理解范式,已经被引入人文社会科学研究领域,为其提供新的世界观和方法论。教育领域里出现的文化学研究路向为教育研究提供了许多充满趣味和意义的话题,也为在大学道德教育理念研究领域引入文化哲学的理路提供了智慧启迪。

（一）教育研究中引入文化哲学研究理路的反思与启迪

当今世界,全球化、信息化、网络化正以前所未有的速度呈现发展变迁的图景,这种图景映照出文化作为一种"整体的社会生活方式"上整体性融合的特点。这样的现实使研究者们认识到,只有在反思、扩充已有知识储备的基础上,引入现实(历史)性、批判性、实践性、开放性的思考方式,继续教育理论建构的使命,才能够以提供有益的新知识增量和有效的新问题解决方式来换取当代社会的尊重。而这些学术研究的思想品格正是当代文化哲学的核心精神。只有这样,它才能避免在新的现实语境中,由于知识过时或方法陈旧而陷入"贫困",从而保持其内在的开放性和实践性。事实上,在价值取向日益多元、前途命运更加多舛的纷纭复杂世界里,文化哲学不仅在价值取向上已经肩负起为人类提供生存智慧的使命,而且在方法论上承担起为解决文化世界的复杂问题提供理论支持的责任。而"双一流"建设语境下的大学道德教育研究亟须探究并确立真正的"世界一流大学"价值理念,因此,当下的大学道德教育研究急需文化哲学研究范式的智慧引领:

第一,文化哲学研究范式是一种始终保持综合发展、拒绝止步不前的研究范式。文化哲学研究范式审视下的大学道德教育研究,首先将观照大学文化作为一种大学"整体的社会生活方式"背景上的特点,整体性把握大学道德教育价值活动系统的结构关系,厘清大学道德教育理念演进的历史逻辑,追寻大学道德教育自身发展规律与文化发展规律的融合性,探究大学道德教育的文化内涵和文化本质。

第二,文化哲学是一种始终保持自我反思、拒斥话语霸权的研究范式。文化哲学研究是一种非常关注社会现实(重视语境)的实践活动,所以,它以强烈的"历史感"和"社会意识"促使大学道德教育研究者将自身置于具体时空之中，对于自己的价值取向、理论框架、方法选择时刻保持自我反思、自我批判的精神，从而使大学道德教育研究与政治、经济以及其他社会因素建立密切关系，与时俱进。

（二）大学道德教育理念研究中引入文化哲学路向的含义和旨趣

在西方学术界，作为分析范畴的文化概念的提出也被认为是"现代社会科学……的最主要成就之一"。围绕这个概念，产生了一整套解释和理解人类行为的原则。①

19世纪末叶，"文化"概念被作为人类学的中心概念提出来后，著名的美国人类学家克里弗德·格尔兹（Clifford Geertz, 1926—2006）曾这样描述它对20世纪社会科学产生的巨大影响：

> （人类学意义上的文化概念）在思想的地平线上突然喷薄而出，帮助解决了如此多的根本性问题。因此，它似乎也能解决所有根本性的问题。每个人像抓住那使阿拉伯神话中的宝藏洞开的（"芝麻开门"的咒语）一样抓住它，把它当成是打开新的实证科学的钥匙，当作是可以在其上建立一套新分析方法的中心概念。文化概念的突然流行和声势显赫是由于每个敏感而活跃的思想家都采用它，在各种学术环境中，为各种目的运用它，并采用无论是进一步抽象或是派生的方式去发展它的内涵。②

近年来，高等教育学研究的一个重要路向是反思高等教育学学科发展路程的相关研究，反思研究方法对于学科发展的意义是其中重要内容。不容忽视的是，"范式"（paradigm）一词作为一个新的人文社会科学研究术语，已经更多地被人们应用到分析大学道德教育的研究方法之中。在被誉为科学哲学史上"极其严谨的箴言录"——《科学革命的结构》（The Structure of Scientific Revolutions）一书中，提出这一核心概念的美国科学哲学家托马斯·库恩（Thomas Sammual Kuhn, 1922—1996）说：

> 我是把"范式"作为普遍承认的科学成就，在一段时期中它为科学共同体提出典型的问题和解答。③

---

① ［英］A.库帕编：《社会科学百科全书》，上海译文出版社1989年版，第161页。

② Clifford Geertz.*The Interpretation of Culture*.London：Fontana Press，1993，p.3.

③ Kuhn J S.*The Structure of Scientific Revolutions*.Chicago Illinois：University of Chicago Press，1970，p.6.

　　根据托马斯·库恩对科学革命结构的研究,他找到了"范式"这个关键词作为核心概念。在科学哲学审视科学革命的多重维度上,"范式"可以被理解为:作为概念框架它可以是一种把握研究对象的思维导图、作为效仿对象它可以是一个可供举一反三的解题范例,作为原则规范它还可以是一套理论和方法信条。总之,它不仅是方法论,为科学研究提供工具、规定并表征一定时期内某一科学的发展方向和研究途径;而且是科学共同体的价值理念,引领着学术共同体成员的价值取向。美国学者迈克尔·帕顿(Michael Q.Patton,1945—　　)也认为,范式是:

　　　　一种世界观、一种综合的视角、一种分解真实世界复杂性的方式。①

　　"范式"本来是数学和计算机科学的术语,随着多学科跨学科融合的发展趋势,它已经成为人文社会科学学界探讨自己学科发展的有效工具。

　　当人类即将跨过千禧年的门槛展望21世纪的时候,人类不曾预料到进入这一新的世纪后,人类社会的价值取向更加纷繁、文化冲突更加激烈。这既为大学道德教育理念研究范式多种路向的展开提供了极其深厚宽阔的社会背景,也使得多元文化相互激荡为大学道德教育理念研究带来更艰巨的挑战。我们毫不讳言,大学道德教育研究领域尤其是关于大学道德教育理念的探究还存在着诸多盲区和盲点。特别是在千帆竞发的"双一流"建设大潮中,到底是什么样大学教育理念足以引领"一流大学"建设? 到底是什么样大学教育理念足以支撑"一流学科"勇立潮头? 启动"双一流"建设的这几年,看不懂的数据很多、看不透的现象也不少,学界依然还有不少迷惘。因此,大学道德教育研究领域迫切需要直面"双一流"建设一拥而上的现实,直面与世界一流大学存在多方面现实差距的事实,注重从文化哲学的高度引入现实(历史)性、批判性、实践性、开放性的思考方式来反思大学道德教育的本质、目的和功能,探析具有文化内涵和文化特质的大学道德教育现象,不断丰富对大学道德教育理念的认识和思考,从而不断迸发出新的研究活力。在此,文化哲学研究取向的引入为大学道德教育理念研究领域注入了特定的旨趣、赋予其特殊的含义:

　　其一,这是一种具有强烈文化情境意识的大学道德教育理念研究。文化哲学研究范式首先将审视的目光投向人的现实生活世界,从生动鲜活的

---

　　① Patton,M.Q.*Qualitative Evaluation and Research Methods*.Newbury Park,Calif.:Sage Publications,1990,p.16.

现实生活世界中提取研究的文化情境。这种强烈的文化情境意识强调关注人的生存状态和生活样态,强调透过历史、社会、文化的三维构架来探析人类的活动,尤其是探析具有丰富文化内涵和文化特质的道德教育活动。因此,文化哲学视域下的大学道德教育研究也将坚持:

> 以生活世界为基地,绝不离开这个基地,也就是以文化世界为基地,绝不放弃这个基地,使"人与世界的关系"这个古老的主题转换成具有当代气息的"人生与人生存的世界的关系",它以对人性的重新理解为基础,以对人所生存的世界特殊性的分析为深化点,最终进入到对现实的人与人所生存的世界相互作用的探讨。①

具有强烈文化情境意识的大学道德教育理念研究要求将认识者自己视作"文化世界的行动者",关注文化情境、基于文化情境展开大学道德教育理念研究。要求遵循历史与逻辑相统一的方法,坚持从当下"双一流"建设的历史传统驱动的文化处境出发、坚持遵循全球学术界共同约定的逻辑规范和话语规则,批判性地吸收一切经验文本的历史资源、创造性地诠释一切现实文本的文化意义,及时把握本民族道德教育文化发展的时代脉搏;同时,坚持在积极与"他者"的对话中进行开放性、比较性地理论思考和书写,及时把握他民族文化发展的时代脉动。

其二,这是一种具有深刻文化关怀意识的大学道德教育理念研究。因为文化哲学研究总是在特定的现实社会中展开,所以它总是按自己的理解把"文化"看成是某一"群体(社会)所遵循的生活方式"②,并在此基础上探索"文化"与其他社会活动领域的互动关系。正如周勇在考察教育研究的文化学路向时指出的:

> 如果说,西方现代理论界自胡塞尔起就一直在寻找认识"生活世界"的途径,却又因为受自身的形而上学的局限,而只能停留在空喊口号、无法着陆的尴尬处境,那么,"文化哲学"路向的开出,则为西方理论界摆脱尴尬局面、走入现实的"生活世界"找到了一条切实可行的道路。如果说,胡塞尔等人似乎只是提醒人们"生活世界"出了问题,而文化哲学则可以告诉人们:哪些人在什么地方出了问题以及出了什么

---

① 叶澜:《教育研究方法论初探》,上海教育出版社 1999 年版,第 168 页。
② [美]R.E.安德森等:《社会环境中的人类行为》,国际文化出版公司 1988 年版,第 60 页。

样的问题、甚至该怎么办。①

由此,具有深刻文化关怀意识的大学道德教育理念研究关注在当代中国的文化情境中"双一流"建设的道德理想追求,在文化哲学视域下解析大学道德教育理念研究对象生存与生活的文化情境,在文化哲学研究范式的智慧启迪下为一流大学提出建构道德领导的应然责任和实践路径。

当下中国,任何一种生活方式都无法摆脱由许多别的生活实践所建构的更大的社会网络系统。文化学者司马云杰认为:

> 在当代全球化与现代化的文化与社会环境下,中国文化的复兴只有建立在新的文化综合的基础之上才有可能实现。这种综合不是西方文化或种种其他文化的简单杂糅、调和拼凑,而是在中国现代化过程中立足于中国民族文化的深厚基础,并从现实生活中汲取激情,不断选择、融化、重组、整合世界各民族优秀文化的特质而实现的新的文化的"突变",并由此产生出与中国现代化相适应的文化新物质、新结构、新体系。②

由是,站在历史、现实、未来三个时空之维的交汇点上,如何继承中华民族优秀传统文化、立足建设中国特色社会主义先进文化现实、面向未来实现中华民族伟大复兴,实现文化综合基础上的中国文化复兴,已经成为文化哲学视域下大学道德教育理念研究应该担负的重要文化使命之一。完成这样的文化使命需要我们有超出原有大学道德教育理念研究领域的知识积累和思想方式,要求我们跨越并综合各学科的理论积累与研究方法。因为文化哲学本身就是没有为自己设定诸多条条框框的,它总是面对现实与未来去建构自己研究的新范式、新话语,在多学科跨学科的丰富语境中促使自己进行极富有挑战性的新探索。

德国哲学家、现任荷兰阿姆斯特丹自由大学(荷兰文:Vrije Universiteit Amsterdam,英文:University of Amsterdam,建立于 1880 年)管理组织哲学和现代哲学史教授彼得·科斯洛夫斯基(Peter Koslowski,1952—　)早就十分犀利地指出:

---

① 周勇:《论教育研究的文化学路向》,《教育研究》2000 年第 8 期。
② 司马云杰:《文化社会学》,中国社会科学出版社 2001 年版,第 485—489 页。

本体的贫乏不可能由工具的扩展来替代。①

以文化哲学的世界观和方法论来拓展大学道德教育理念研究，我们重任在肩，前路漫漫。

---

① ［德］彼得·科斯洛夫斯基:《后现代文化——技术发展的社会文化后果》,毛怡红译,中央编译出版社 1990 年版,第 203 页。

第二章　大学理念与大学理想

德国古典哲学的开创者、集大成者和奠基人伊曼努尔·康德（Immanuel Kant, 1724—1804）认为，概念是展开学术研究的逻辑起点。

> 一切知识都需要一个概念，哪怕这个概念是很不完备或者很不清楚的。但是，这个概念，从形式上看，永远是个普遍的、起规则作用的东西。①

从对概念的明确理解的逻辑起点出发，才有助于我们达到对有关问题的正确理解与把握。

第一节　大学与文化

关涉本书讨论主题的若干重要概念有：大学、理念、教育理念、大学理念等。理所当然，它们都是在文化哲学视域下被一一展开讨论。

大学是"以高深学问探究为目的的学术组织"，也是"实施高等教育的社会组织"。大学的存在和发展离不开文化发展所提供的广阔而深厚的历史背景，也映射着承载着文化传承和文化进步的血脉和期冀。从某种意义上讲，我们也可以说，大学即文化。或者说，大学形态即文化的形态——历史的形态、精神的形态、价值的形态。大学传统、大学理念、大学精神，实际上是大学的文化传统、文化理念、文化精神。意欲探讨大学的文化本质，那么应该首先从"历史的"和"价值的"观点来追溯大学的起源、探究大学的含义。

一、大学的起源与大学的含义

（一）大学的起源

大学，一般对应的英语单词是"University"。但是，追溯大学起源的历

---

① 北京大学哲学系外国哲学史教研室:《西方哲学原著选读》(下卷)，商务印书馆 1982 年版，第 296 页。

史可以发现,实际上"University"这一实体组织与"大学"这一称谓并非即时对应的,前者要比后者早得多。今天人们已经习以为常地将"大学"与"University"通译,或者大多数时候将二者视为一体,其实忽略了"大学"成为"University"是一个历史的和价值的过程,或者从本质上来说,就是一个文化的过程。

香港中文大学前校长、著名学者金耀基(1935— ,浙江省天台县人)著有《大学之理念》一书。他在书中从词源的角度追溯了"University"的本源意义及其演变:

> University 一字原无确指,与 community、college 二字通用,之后,则成为一种特殊的"基尔特"(guild)之称谓。与英文 university 一字最接近的中古称谓是 studium generale,它是指"一个接纳来自世界各地的学生的地方",而非指"一个教授所有课程的地方"。而中古时 universitas 一字则指一群老师宿儒(masters)或一群学生所组合的学术性的"基尔特"而言。到了十五世纪,studium generale 与 universitas 变成同义,都变成英文 university 的前身了。①

而在社会学的三大奠基人之一、法国社会学家、人类学家爱弥尔·涂尔干(法语:Émile Durkheim,也被音译为埃米尔·杜尔凯姆或埃米尔·迪尔凯姆,1858—1917)看来,

> 对于所有将"universitas"视作一种集体性学术建制的观念,我们必须一概放弃……事实上,这个词取自法律用语,意思不过是一个具有某种一体性的团体,其实就是一种法团……拥有一定程度一致性和道德一体性的集合。②

尽管有学者包括金耀基等人曾提出,大学的起源可以追溯到中国的先秦、西方的古希腊与罗马,但目前学界一致比较认同的说法是,近现代意义上的大学直接起源于欧洲中世纪。只是到了也只能是到了中世纪的欧洲,才形成了催生大学的经济因素、政治因素和文化因素等,以及使这些因素综合发生效应的社会条件。

---

① 金耀基:《大学之理念》,生活·读书·新知三联书店 2001 年版,第 1 页。
② [法]爱弥尔·涂尔干:《教育思想的演进》,李康译,商务印书馆 2016 年版,第 136 页。

从经济因素来说，欧洲在中世纪早期形成了城市为大学的诞生提供了最重要的物质基础。从 8 世纪开始，在商业发达的地中海沿岸，人们聚居的城堡逐渐形成为城镇。10 世纪至 11 世纪，随着手工业的发展和商业的逐步繁荣，市民阶级的居民和城市组织这两个中世纪城市的基本属性也逐渐产生了。当这两种成分逐渐融合成具有法人资格的社会组织，并开始拥有自己特有的法律和制度时，中世纪的城市便诞生了。城市的发展要求有更多的受过高深学问训练的专业人才，特别是牧师、律师、医生、教师等专门性人才。城市规模的不断扩大也为师生的聚集并能够长期留下定居提供了充足的物理空间和社会服务环境。

从政治因素来说，主要在欧洲西部国家，从 6 世纪到 11 世纪时，西欧的封建等级制度体系已经充分发展起来，并且政治权力与经济要素合而为一形成完备的封建社会组织。同时随着市民阶级力量的不断壮大，教会的控制力量式微，宗教对世俗社会的影响慢慢减弱。这就使得各种行业领域内自发形成的自治性行会组织逐渐发展起来，而学者群体作为一种特殊的行会组织也相应地获得了更有利的发展条件。

从文化因素来说，欧洲历史上持续近两个世纪的十字军东征（Cruciata，1096—1291）是"基督教世界针对异教徒而发动的一场大众民族主义战争"。这场前无古人后无来者、旷日持久的宗教性军事行动对欧洲历史尤其是地中海的历史格局产生了深远的重大影响，极大地促进了阿拉伯文化的传播，市民文化亦随之迅速崛起。基督教文化、伊斯兰文化等不同文化之间既发生激烈碰撞又相互渗透，战争回忆录的撰写和十字军史诗、十字军文学的逐渐兴盛，为学者们开拓了全新的研究领域。从总体上看，十字军东征极大地推动了欧洲走向开放。从西欧社会开始，反对蒙昧、提倡科学的呼声日隆，要求社会进步的愿望日益深入人心。

> 不仅是期望成为受教育者的人数增加了，而且，由于没有国界的障碍阻止他们，他们自然可以成群结队地游历到一些特定的地方，在那里，他们最有机会找到这种为自己所需的教育。①

这种跨国界游学的情形一直持续到 12 世纪。终于，这种主要是以学者和学生为主体的教师法团，遵循旧有的职业惯例，仿照当时较为普遍的法团（如手工业行会）的形式而组织起来的一种社团性、学术性组织"基尔特"

---

① ［法］爱弥尔·涂尔干：《教育思想的演进》，李康译，商务印书馆 2016 年版，第 104 页。

（guild）构成了近现代意义上最初的大学。

金耀基的研究也支持这样的观点。他认为，当社会上出现了一群学者+老师（masters）或者甚至只是一群学生组合成学术性的"行会社团"，来共同"探讨事物的本质"时，那么这种社团性的"基尔特"——就是专为掌握一定高深知识的人们传授知识所特有的"行会组织"。因为组成这种行会社团的目的只是为了获得知识和增长智慧，因而它应该被冠以一个特别的称谓"University"。相应地，最初的"University"也有自己独特的"行规"来规训这个学术性社团组织中成员的行为。比如缴纳听课费是必需的，以保证教师（师傅）能够获得基本的生活保障，从而能够传授相对系统完整的知识。同时，组成"University"这种独特的社团性行会组织的成员，其精神世界的追求显然是不同于商人行会、手工业行会等其他社团组织的。"探讨事物本质"的学术精神、追求知识的生活方式以及发展智慧的价值追求，使"University"获得了自身独特存在和发展的文化品格。

法国著名史学家、欧洲"新史学派"的代表雅克·勒戈夫（Jacques Le Goff，1924—   ）指出：

> 这些精神的手工劳动者，随着 12 世纪城市的繁荣而出现……在大规模的社团运动中组织起来，这些社团运动在城镇基层运动中发展到顶峰。教师和学生的团体，将是最严格意义上的大学。①

也正是由于这种文化性格，从欧洲孕育出大学教育的组织形式，中世纪的文明在此获得了最切实的发展，而这种组织也通过自身的转化，确保自身一直延续到我们自身所处的时代。之所以这么说，是因为在所有的中世纪机构中，时至今日，显然只有一种机构留存下来，尽管它的确有某些变化，但依然与当时的面貌极为相近，这种机构就是大学。②

从"University"与"大学"在形式和称谓上逐渐融合为一体的历史过程来看，"University"这种社团性行会组织最终能够留存下来并成为大学而获得进一步的发展，首先是因为"University"这一"实体组织"是"建构意义、追求价值"而赋予了大学的"价值"；同时也正是"University"追求价值实现的过程使大学获得了一种特别的"实体组织"的文化特性：学术品性和管理属性。因此，可以说，大学是学术运动历史演进的结果，是道德力量造成的后

---

① ［法］雅克·勒戈夫：《中世纪的知识分子》，张弘译，商务印书馆 1996 年版，第 58 页。
② ［法］爱弥尔·涂尔干：《教育思想的演进》，李康译，商务印书馆 2016 年版，第 108 页。

果。正如涂尔干所指出的：

> 大学是一种自然现象，一种环境之力的产物，是社会的自然产物，并且也许比其他任何机构更好地表现了社会。①

（二）大学的含义

大学的含义到底是什么？关于这个问题的探究也是见仁见智，莫衷一是。代表性的观点有：

大学是一个学术体系、一种全新的学校教育体系。涂尔干在他的著作《教育思想的演进》（*Evolution of Educational Thought*）一书中

> 直接回答了我们今天本着前所未有的急迫心情为自己提出的问题。②

该书是涂尔干于 1904—1905 年期间在巴黎大学（法文：Université de Paris，建立于 1200 年）开设的《法国教育史》的课程讲稿。其中，从第六讲探讨"大学的起源"问题开始，涂尔干逐步揭示了他对这个问题思考的答案。以现代意义上最古老的大学之一——巴黎大学的诞生为例，涂尔干指出：

> 今天，我们习惯于把大学想作一个特定的学术建制，具有明确的界定和具体的位置，就象是一所单一的学校，其中有各个方面的教师讲授着人类知识的整个内容。但是在中世纪，根本不可能像我们这样，把某种机构，或者是相类似的一些机构组成的群体当作是巴黎大学的外在象征，当作是它的物质体现。不管是在学术方面还是在其他方面，没有哪一座特定的建筑物是属于整个巴黎大学共用的。集会是在教堂或修道院里举行的，教学团体在这些地方不享有任何权利，不管怎么说，也不曾永远固定在一处，而是会根据具体情况选择地方。只是到了 14 世纪初，这种处境才有所改变。③

对此，雅克·勒戈夫关于中世纪知识分子的研究进一步指出：

---

① ［法］爱弥尔·涂尔干：《教育思想的演进》，李康译，商务印书馆 2016 年版，第 134 页。
② ［法］爱弥尔·涂尔干：《教育思想的演进》，李康译，商务印书馆 2016 年版，导言第 6 页。
③ ［法］爱弥尔·涂尔干：《教育思想的演进》，李康译，商务印书馆 2016 年版，第 134 页。

　　大学组织冲破了它的出生地城市的范围……它的成员是来自所有可能的国家的教师和大学生,由于它的活动的性质,是没有国界的科学,由于它的眼界开阔,主张普遍教学的自由,要求有到处进行教学的权利,规模宏大的大学的毕业生享有这种权利。①

　　所以,在涂尔干看来,大学是比中世纪主座教堂学校和修道院学校更高级的形式,是一个学术体系,一种全新的学校教育体系,一个史无前例的体系。关于大学的含义,不同时期的人们贡献了他们独特的理解:

　　大学首先是一种特殊的学校。随着知识分子在中世纪的城市国家里组成日益有效地相互协作的联合会、不断巩固自己的地位;随着大学规模的扩大,大学自组织的力量日益壮大。并且他们不断坚定地采取灵活的策略,一步步获得了更多自主自治的权利,从而使自己始终保持着激起忧惧的威慑力。②

　　大学还从教会那里取得了一系列特权,主要包括法权自治、自由罢课、分离独立的权利,只能由大学来授予学位的权利,等等。正是因为拥有这些特权,所以也只有大学拥有激起忧惧、分担忧惧和解除忧惧的特殊能力。崇尚科学、追求真理、学术自由、大学自治等核心价值观逐渐铸就了大学的精神传统。德国存在主义哲学的代表人物卡尔·雅斯贝尔斯(Karl Theodor Jaspers,1883—1969)明确提出:

　　大学也是一种学校,但是一种特殊的学校。学生在大学里不仅要学习知识,而且要从教师的教诲中学习研究事物的态度,培养影响其一生的科学思维方式。大学生要具有自我负责的观念,并带着批判精神从事学习,因而拥有学习的自由;而大学教师则是以传播科学真理为己任,因此他们有教学的自由。③

　　大学是实施人力投资的社会工具。大学最初作为特殊的社团行会组织而产生和发展,是为了满足城市的发展对专门性人才的需要。在这个意义

---

①　[法]雅克·勒戈夫:《中世纪的知识分子》,张弘译,商务印书馆1996年版,第65—66页。
②　[法]爱弥尔·涂尔干:《教育思想的演进》,李康译,商务印书馆2016年版,第135页。
③　[德]卡尔·雅斯贝尔斯:《什么是教育》,邹进译,生活·读书·新知三联书店1991年版,第139页。

上,大学也是一种特殊的学校。随着社会进步发展的需求更加旺盛,大学服务社会的观念和行动日渐彰显。正如英国教育家埃里克·阿什比(Eric Ashby,1904—1992)所指出的:

> 大学是实施人力投资的社会工具……它们在各时代和各地区都保持着一种传统的特征,即大学是独特的从事人力投资的工具……最突出的是,大学给受过高等教育的男女青年以一种独特的智力修养,使他们获得协调"正统思想"和"反对意见"的能力……大学是社会中的稳定力量,它使社会沿着历史的途程前进。但正统思想好似独身汉,它不能孕育新思想。如果传统不经过继续不断的反复探索和证验,它就会变成社会前进的障碍。所以大学在发展演变过程中,不仅学会把大量知识和思想传递给下代,还学会了启发学生在知识中发掘谬误和在思想中寻求疑点。①

大学是充满想象力的探索知识奥秘和保持生命热情的地方。大学存在和发展的特殊理由之一在于,一方面大学传授具有永恒价值的知识、倡导社会主流价值观以维系社会发展;另一方面给予学生质疑的权利和自由、尊重学生个性、鼓励学生自由发展,并能包容学生的批判性意见和建议。这些正是大学的特性表现,是大学能对社会作出特殊贡献的原因。著名过程哲学创始人、英国数学家、教育家阿尔弗雷德·诺思·怀特海(Alfred North Whitehead,1861—1947)充满激情地赞美大学,因为它"使青年和老年人融为一体,对学术进行充满想象力的探索,从而在知识和追求生命的热情之间架起桥梁。大学确实传授知识,但它以充满想象力的方式传授知识。至少这是它对社会所应起的作用。一所大学若不能发挥这种作用,它便失去了存在的价值。这种充满想象力的探索会产生令人兴奋的环境氛围,知识在这种环境氛围中会发生变化。某一个事实不再是简单的事实:它具有了自身所有的各种可能性,它不再是记忆的一个负担:它充满活力,像诗人一样激发我们的梦想,像设计师为我们制定目标"②。

大学是研究高深学问的复杂组织。美国医学家、高等教育改革家、20世纪30年代曾任普林斯顿大学(Princeton University,建立于1746年)校长

---

① [英]埃里克·阿什比:《科技发达时代的大学教育》,滕大春等译,人民教育出版社1983年版,第27—28页。

② [英]阿尔弗雷德·怀特海:《教育的目的》,徐汝舟译,生活·读书·新知三联书店2001年版,第137—138页。

的亚伯拉罕·弗莱克斯纳（Abraham Flexner,1866—1959）指出,大学是研究高深学问的复杂有机组织。迄今为止,还没有产生新的其他机构可以与大学媲美。因此,当社会发展对大学提出挑战时,大学应该不负厚望应对挑战。

> 如今长期以来束缚人类调整自我的障碍已被除去。社会必须采取行动——要么是明智的行动,要么是愚蠢的、盲目的、自私的和轻妄的行动施加影响。如果大学不能接受这一挑战,还有什么其他机构能够或愿意接受这一挑战？……人类的智慧至今尚未设计出任何可与大学相比的机构。①

大学是囊括大典、网罗众家的学府。1917 年,蔡元培（1868—1940,字鹤卿,浙江省绍兴市山阴县人）先生出任北京大学校长。他在就任演讲中说道：

> 诸君来此求学,必有一定宗旨,欲求宗旨之正大与否,必先知大学之性质。今人肄业专门学校,学成任事,此固势所必然。而在大学则不然,大学者,研究高深学问者也。

他还对大学的含义给出了自己特别的界定,即：

> 大学者,囊括大典,网罗众家之学府也。②

大学必定是有大师存在的地方。曾担任清华大学校长的梅贻琦（1889—1962,字月涵,天津市人）先生的名言是：

> 大学者,非谓有大楼之谓也,有大师之谓也。③

这句话通俗明了却又深刻隽永,让人想到大学含义时总会回味无穷。

---

① ［美］亚伯拉罕·弗莱克斯纳：《现代大学论——英美德大学研究》,徐辉等译,浙江教育出版社 2001 年版,第 10 页。
② 蔡元培："《北京大学月刊》发刊词",高平叔编：《蔡元培教育文选》,人民教育出版社 1980 年版,第 59 页。
③ 梅贻琦：《就职演说》,《国立清华大学校刊》第 341 号,1931 年 12 月 4 日。

而梅贻琦先生自己也被后世誉为治学大师、治校大师。

大学是最高的学府。我国近现代著名画家孟宪成（1929—1981，安徽省砀山县人）认为：

> 大学是最高的学府：这不仅仅因为在教育制度上，它达到了最高的一个阶段；尤其因为在人类运用他的智慧于真善美的探求上，在以这探求所获来谋文化和社会的向上发展上，它代表了人们最高的努力了。①

大学是过去时代的遗迹。对此，雅思贝尔斯深刻地指出：

> 今天，将全部生活都包容到机器中去的过程不能避免，生活已变成一个企业，其中的绝大多数人都是工人和雇员。因此，如果期望有一种职业或一种谋生手段可以允许从事它的人独立于他人而活动，便是枉然的。所有从事相同职业或实践相同的谋生手段的人组成利益和劳动的共同体，个人参与这样的共同体，这种参与将保卫他自己的那种被外在地规定好了目的与条件的生活。这种情况如今是不可避免的。当然，仍然残留一些相对独立的职业"飞地"，它们是过去时代的遗迹。无论何时，保留这些遗迹也许总是适当的，因为它们都是从古代传递下来的种种先前的可能性，并且能够揭示一种不可替代的人的实存类型。②

无论如何，对于大学含义的探讨从来不曾停止。随着时代的发展、社会的变迁，对于大学是什么的答案的追寻还会继续。因为，进入 21 世纪后，人类社会"对高等教育的需求空前高涨，高等教育的形式多种多样，对高等教育在社会、文化和经济的发展中，以及在为建设未来而赋予青年一代以新的技能、知识及思想中的重要作用的认识日益提高"③。

这些重大社会需求的变化也给高等教育带来诸多重大挑战，如：

> 筹资，学习机会均等和学习期间条件的公平，加强对工作人员的培养，技能的培训，教学、研究和服务质量的保持和提高，教学大纲的针对

---

① 孟宪成：《现代大学的理想和组织》，《大学教育》，商务印书馆 1933 年版，第 33 页。

② ［德］卡尔·雅斯贝尔斯：《时代的精神状况》，王德峰译，上海译文出版社 2003 年版，第 214 页。

③ 赵中建选编：《全球教育发展的研究热点——90 年代来自联合国教科文组织的报告》，教育科学出版社 1999 年版，第 411 页。

性,毕业生就业,签署有效的合作协定和从国际合作中获益的平等机会。同时,高等教育正受到与技术有关的新机会的挑战,这些技术正在改进可以创造、管理、传播、利用和掌握知识的方法。应确保在各级教育中平等地利用这些技术。①

但是,正如当代美国著名比较高等教育专家菲利浦·G.阿特巴赫(Philip G.Altbach,1941—　)所预言的:

　　尽管面临一些问题,大学还是不会消亡。大学很有可能不进行革命性的变革而幸存到21世纪。学生将照样想得到学位和证书,大学将继续为大部分专业领域提供培训,科研将依旧作为教学职业和大学的一项任务而得到开展。大学仍然是社会上最尊贵的机构之一。②

　　没有一定的高等教育和研究机构提供最基本的有熟练技术和受过教育的人才,任何国家都不可能确保真正的、依靠自身力量的可持续发展,发展中国家和最不发达国家尤其不可能缩小它们与工业发达国家之间的差距。知识共享、国际合作和新技术可以为缩小这种差距提供新的机会……几个世纪以来,高等教育已经充分证明了它的活力和改变社会、促进社会变革与进步的能力。由于变革的范围广、速度快,社会已经逐渐变成了知识型社会,因而高等教育和研究正作为个人、社区和国家在文化、社会经济和环境方面可持续发展的主要组成部分而发挥着作用。所以,高等教育本身正面临着巨大的挑战,而且必须进行从未要求它实行过的最彻底的变革和革新,以使我们目前这个正在经历一场深刻的价值危机的社会可以超越一味的经济考虑,而注重深层次的道德和精神问题。③

在所有的社会组织机构中,只有大学才能担负起"注重深层次的道德和精神问题"的责任和重担。在以知识经济、信息技术为发展基础和重要特征的21世纪里,植根于中世纪欧洲的现代大学必然处于经济、社会与文

---

①　赵中建选编:《全球教育发展的研究热点——90年代来自联合国教科文组织的报告》,教育科学出版社1999年版,第411—412页。
②　[美]菲利普·G.阿特巴赫:《比较高等教育:知识、大学与发展》,人民教育出版社教育室译,人民教育出版社2001年版,第12页。
③　赵中建选编:《全球教育发展的研究热点——90年代来自联合国教科文组织的报告》,教育科学出版社1999年版,第412页。

化发展的中心地位,成为世界范围内知识体系的中心,大学仍将扮演学问中心和智慧仓库的主要角色,大学仍将发展成为"以知识为基础的社会的火车头"①,继续引领人类生活前进的方向。

综上所述,大学是以探究学问为目的的学术组织,实施高等教育的社会组织。"大学"既是一个历史的概念,又是一个文化变迁的过程和结果。遵循一切学校教育相同的发生规律,一定历史时期、一定社会环境中社会实际生活的价值需要催生了大学这种教育组织形式。这种价值需要既包括原始的生存需要,也包括发展了的物质生活和基于物质生活发展基础的精神文化生活的需要。归根结底,大学的产生也是遵循马克思主义历史唯物主义规律的结果,其存在和发展的终极原因是人类社会物质生产和生活的结果,以及由此而派生的人类道德力量发展、精神文化演进的结果。

大学何以从完成有限教育使命的机构成为推动社会发展的"轴心机构"和"动力站"? 这都源于大学的文化本质及大学理念、大学理想和大学精神的力量。

二、大学的文化本质

要深刻回答大学是什么的问题,还需要坚持"历史的"和"价值的"立场和观点,也就是坚持"文化"的立场和观点,透过大学发展进程的历史现象去透析大学的文化本质。在社会历史逻辑的演进历程中,大学发展成为一种学术体系、一个全新的教育体系、一所特殊的学校,具有特殊的存在理由。正如英国哲学家、教育家阿尔弗雷德·诺斯·怀特海所指出的,因为有了像大学这样一个场所,为人类提供一种特殊的生存和生活方式,所以青年学生和老年学者便有了融洽相处的机会,不同年龄的人甚至年龄相差很大的人便有可能融为一体。也许前者是为了追求知识,后者却只是追求生命的热情,但大学是"文化"的"人"的聚合体,共同对学术进行充满想象力的探索就会在他们之间架起桥梁。而且在大学里,这种跨越生命连接学术的桥梁也是连接历史的桥梁。人类历史并非时间、地点、人物、事件的简单聚集,而是在"类"的范畴中"人化"的"化人"的变迁历程。大学正是这种不同时代的、不同地域的"人"的"文化"特质生成与发展变迁的记录者、见证者。所以,大学的存在和发展也是一个历史的、建构意义和追求价值的过程。

大学的本质是一种文化,大学的存在是一种文化的存在,对文化的传承

---

① [美]菲利普·G.阿特巴赫:《比较高等教育:知识、大学与发展》,人民教育出版社教育室译,人民教育出版社 2001 年版,第 2 页。

和积淀成就了大学的经久不衰。大学诞生后已历经千年,风雨如晦,坎坷丛生,但可谓愈挫愈奋,依旧"历久弥坚,基业长青"。

> 大学的存在时间超过了任何形式的政府,任何传统、法律的变革和科学思想,因为它们满足了人们的永恒需要在人类的种种创造中,没有任何东西比大学更经受得住漫长的吞没一切的时间历程的考验。①

大学能够经受时间历程的考验而百炼成钢、屹立千年,并能够超越一切世俗羁绊而烛照社会前进的方向,正是由于其能够满足人类社会永恒需要的内在逻辑力量使然。这种神奇的力量内核只能是文化。文化是大学得以产生、生存、发展的重要根基和延续血脉,文化是大学的灵魂所寄和核心所在,对永恒价值理想的文化追求是大学的本质特征。

第二节　教育理念与大学理念

一、理念、教育理念

（一）理念的含义

1. 西方哲学中的"理念"概念

"理念"（idea）一词来源于希腊文"idea"和"eidos"。其原典含义为"形相""形式""外观""通型"等,在具象上与"看"（idein）的视觉行为直接相关。后来在发展中特别是在英语内涵中,"理念"逐渐抽象为"观念""观点""本性""理想""精神"等含义。② 据考证,最早提出理念概念的是古希腊思想家、哲学家、教育家苏格拉底（Socrates,前469—前399）。他认为:

> 理念作为模型存在于自然之中,每个理念只是我们心中的一个思想（noema）,而所谓理念（eidos）正是思想想到的在一切情况下永远有着自身同一（toauto）的那个单一的东西。③

----

① ［德］卡尔·雅斯贝尔斯:《什么是教育》,邹进译,生活·读书·新知三联书店1991年版,第143页。

② 潘懋元:《多学科观点的高等教育研究》,上海教育出版社2001年版,第59—60页。

③ 转引自颜一:《流变、理念与实体——希腊本体论的三个方向》,中国人民大学出版社1997年版,第93—94页。

　　师生授受相继,到了苏格拉底最杰出的学生、堪称古希腊最伟大的思想家之一的柏拉图(Plato,前427—前347)那里,"理念"被视为哲学的基本问题(本体论)而提出,"理念"是万事万物的本原、现实世界的根源。作为一种非物质的观念实体,"理念"是永恒的精神"统一体",是具有不同层次的、与诸多事物的"本性""本质""本体"相通而"集纳"成的实体,个别事物只是完善的理念的不完善的"影子"或"摹本"。所以他提出,"人应当通过理性,把纷然杂陈的感知觉集纳成一个统一体,从而认识理念",而"最普遍的理念是相通的"。① 柏拉图以其理念为核心建立了他的唯心主义哲学体系。

　　到了18世纪,康德基于认识论对"理念"进行了深入论析。"理念"在其批判系列哲学体系中[《纯粹理性批判》(1781)、《实践理性批判》(1788)、《判断力批判》(1790)]是俯拾即是的常见关键词。在他那里,"理念"是"指从知性产生而超越经验可能性的'纯粹理性的概念'"。"我是指其对象不能在任何经验中表现出来的那些必然的概念来说的。"也就是说,"理念"这个概念只能是"必然的"被抽象出来的,必须是在"统一性的""完整的"意义上被使用的。但是在形而上的意义上,"理念""理智概念""理性概念"这三者并不是一类东西,把它们混为一谈是不严谨的。为了更清晰地阐明"理念概念",康德还进一步分析了"理念"与"理性"的关系:

> 理念也包含在理性的性质中,
> 理性在它本身里也含有理念的根据,
> 它是理念的源泉。②

　　"理性"所追求的最高级、最完整的"统一体"就是"理念","理性"对"理念"具有引领作用。比如:亚里士多德的头脑可能是历史上最富有激情的了;这种激情透过每一页、每一行。他的晦涩的文稿展示的不是"冷冰冰的思想",而是对冰冷的真理充满激情的追求。对他而言,卓越的智慧不存在"平庸"或适度。在他看来,"理论家的生活"并不意味着不动感情、不动声色的"冥思苦想",而是充满激情的、尖锐的、没有任何束缚或限制的努斯

---

　　①　北京大学哲学系外国哲学史教研室:《西方哲学原著选读》(上卷),商务印书馆1982年版,第72—99页。

　　②　北京大学哲学系外国哲学史教研室:《西方哲学原著选读》(下卷),商务印书馆1982年版第432页。

（即希腊哲学中的心灵或理性）、思辨（theoria）、理智的生活。[①]

对"理念"作了最集中、最详尽论述的是 19 世纪德国唯心主义哲学的集大成者、前柏林大学（Universitat zu Berlin，建立于 1809 年）校长格奥尔格·弗里德里希·黑格尔（德语：Georg Wilhelm Friedrich Hegel，1770—1831）。他认为：

> 理念自身就是辩证法，在这种辩证过程里，理念永远在那里区别并分离开同一与差别、主体与客体、有限与无限、灵魂与肉体，只有这样，理念才是永恒的创造、永恒的生命和永恒的精神。
>
> 因此理念也就是真理，并且惟有理念才是真理。
>
> 理念是自在自为的真理，是概念和客观性的绝对统一。

他进一步指出：

> 理念本质上是一个过程。……理念的统一是思维、主观性和无限性。

黑格尔反对把理念仅仅看作一个理念，即意见中的观念或表象：

> 理念并不是形式的思维，而是思维的特有规定和规律自身发展而成的全体，观念性的理念总体。[②]

虽然苏格拉底、柏拉图、康德和黑格尔等西方哲学家在不同情形下使用"理念"，但是总的来说，"理念"是一个含义宽泛的上位概念，它既包容了认识、观念、思想、构想、理想（预想）、信念、精神、理性、理智等含义，又包含了目的、目标、宗旨、原则、规范、追求等意蕴，是一个具有"集合性""完整性""观念性的理念总体"性的概念。

2. 汉语对于"理念"的疏解

中国汉字语义精深、含义宽泛，单字足以表达词义——"理"就是在意蕴上对应或者与西方"理念"相近相通的概念。经知识考古发现，"理"字最

---

① ［美］安·兰德：《理性的声音：客观主义思想文集》，万里新译，新星出版社 2005 年版，第 4 页。

② 北京大学哲学系外国哲学史教研室：《西方哲学原著选读》（下卷），商务印书馆 1982 年版，第 440—441 页。

早见于《诗经·小雅·信南山》"我疆我理，南东其亩"，意为整理、治理土地疆界。在词义上，经由后世引申，"理"字主要用于以下几种含义：①

和顺，通畅："发挥于刚柔而生爻，和顺于道德而理于义。"（《周易·说卦》）

道理，事理："理，道也。"（《广雅·释诂三》）"易简而天下之理得矣。"（《易·系辞上》）

条理，秩序："井井兮其有理也。"（《荀子·儒效》）"是以论如析薪，贵能破理。"（《文心雕龙·论说》）

法纪，法律："先王寄理于竹帛，其道顺，故后世服。"（《韩非子·安危》）陈奇猷集释："理，法纪也。"

琢玉，琢磨："理，治玉也。"（《说文·玉部》）"郑人谓玉未理者璞"（《战国策·秦策三》）。

治理，管理："理，治也。"（《广雅·释诂三》）"圣人之所在，则天下理焉。"（《吕氏春秋·劝学》）

到战国中期，中国古代哲学中的一个重要概念"道"出现了。"道"不仅具有"理"的意涵，而且常常与"理"一起被使用，使得"理"成为哲学范畴的另一个重要概念。

孔子提出："君子务本，本立而道生。"②这里的"道"指事理，即事物的基本道理。

老子云："道可道，非常道；名可名，非常名。"③可以直接践行、努力达到的"道"，并非自然生成永恒存在的"道"。这里的"道"，指事物发展变化的规律。

在中国古代哲学中，"道"和"理"一起使用时，"道"主要代表事物发展的客观规律或者普遍规律，而"理"只要指事物发展的特殊规律。在中国传统文化中，"理"更多地表达伦理原则、行为规范、行为准则的意涵。

现代汉语文献中最早可见"理念"一词的是李大钊（1889—1927，字守常，河北省乐亭县人）的《史观》，文中说："至于（历史进展）动因何在，则又言人人殊……或曰，在精神，如圣神、德化、理念是。"后来散文家秦牧在其《拓成功的新路　开一代的诗风》一文中写道：

①　转引自韩延明：《理念、教育理念及大学理念探析》，《教育研究》2003 年第 9 期。
②　《论语·学而》，中州古籍出版社 2016 年版，第 2 页。
③　《道德经》，中州古籍出版社 2016 年版，第 2 页。

形象思维,就是说对于要描绘的事物,脑子里有一系列具体鲜明的形象,而不是模糊的概念,更不是抽象的理念。①

综上所述,"理念"的哲学意蕴和文化内涵经历了一个动态发展过程,并且在东西方文化背景的理解下具有相近相通的意涵。简言之,所谓"理念",是指人们对于某一事物或现象的理性认识、理想追求及其所形成的哲学观点或思想观念体系。在此,基于探讨大学理念的前提性、基础性考虑,笔者赞同我国高等教育学界著名学者潘懋元先生对"理念"的阐释:

理念是一个精神、意识层面的上位性、综合性结构的哲学概念,是人们经过长期的理性思考及实践所形成的思想观念、精神向往、理想追求和哲学信仰的抽象概括,是指引人们从事理论探究和实践运作的航向,是理论化、系统化了的,具有相对稳定性和延续性的认识、理想和观念体系。简言之,所谓"理念",就是指人们对于某一事物或现象的理性认识、理想追求及所持的思想观念或哲学观点。②

（二）教育理念的含义

正如美国哲学家、教育家约翰·杜威(John Dewey,1859—1952)所指出的:

哲学是教育的普遍原理,教育是哲学的实验室。③

作为哲学范畴的"理念"应用到教育科学上,便产生了"教育理念"这一概念。教育理念是人们对教育实践及其教育观念的理性建构,是教育改革与发展的思想先导。由于所处的角度和关注的层面不同,人们对教育理念的内含与外延的理解也迥然有别。

有的学者提出:

教育理念是关于教育发展的一种理想的、永恒的、精神性的范型,它反映教育的本质特点,从根本上回答为什么要办教育;

---

① 见《汉语大词典》(第 4 卷),汉语大词典出版社 1989 年版,第 571 页。
② 潘懋元:《多学科观点的高等教育研究》,上海教育出版社 2001 年版,第 59 页。
③ John Dewey.*Democracy and Education:An Introduction to the Philosophy of Education*.Macmillan Company,New York,1937,Chap.24.

教育理念是指学校的高层管理者以学生前途与社会责任为重心，以自己的价值观与道德标准为基础，对管理学校所持的信念与态度。①

还有的学者指出：

在某种意义上说，教育理念是教育思想家乃至整个民族的教育价值取向的反映。②

韩延明认为，教育理念是：

指人们对于教育现象（活动）的理性认识、理想追求及其所形成的教育思想观念和教育哲学观点，是教育主体在教育实践、思维活动及文化积淀和交流中所形成的教育价值取向与追求，是一种具有相对稳定性、延续性和指向性的教育认识、理想的观念体系。教育理念具有民族性、国际性、导向性、前瞻性、规范性的特征。建立在教育规律基础之上的先进教育理念作为一种"远见卓识"，反映了教育本质和时代特征，蕴含着教育发展的思想，是指明教育前进方向、引导和鼓舞人们为之长期奋斗的教育理想。③

二、大学理念与大学道德教育理念

（一）大学理念的含义

所谓大学理念（the idea of a university），是人们关于大学的全部观念，是对"大学"这一社会存在的本质和特性的规定，包括对大学应该是什么、大学应该做什么、大学应该如何履行使命等这样一些有关大学基本问题的认识，是对大学本然或应然状态的形而上的价值判断及哲学思辨。实质上是对大学目的、大学目标或者说大学理想、大学精神等大学存在的理由、大学内在逻辑等根本问题的追问和回答，其中对"大学是什么"的回答构成了大学理念中的内核；它决定着对"大学应该做什么、大学应该如何做"的回答，指引着大学的功能、定位、价值选择和发展方向。在这个逻辑框架下，学

---

① 转引自罗海欧：《通识教育与大学文化发展》，《高等教育研究》1999 年第 4 期。
② 转引自朱永新：《中国古代教育理念之贡献与局限》，《教育研究》1998 年第 10 期。
③ 韩延明：《理念、教育理念及大学理念探析》，《教育研究》2003 年第 9 期。

者们从不同角度阐发了自己对大学理念的理解:

> 大学理念是人们对大学这一本体所特有的基本看法和对大学本身的理性认识,它是大学教育各种教育理念中最基本的理念,是引发或构建其他教育理念的基础理念或元理念;
>
> 对大学的定性、定位、定能认识……共同构成人们对大学的总体看法,即大学理念。①

有的学者提出,所谓大学理念,就是指"人们对那些综合性、多学科、全日制普通高等学校的理性认识、理想追求及其所形成的教育思想观念和教育哲学观点"。其中,"理性认识"是从总体上对大学进行理性审视而形成的基本看法,主要回答有关"大学是什么""大学能做什么"等根本问题,包括大学的含义、大学的宗旨、大学的使命、大学的职能等;"理想追求"是系统地理性建构对大学发展的构想、追求和展望等,主要回答"大学应该是什么""大学应该做什么"等方面的问题,包括大学的理想、大学的信念、大学的精神、大学的目标、大学的责任、大学的变革与走向等;"教育思想观念"或"哲学观点"是对大学教育改革与发展的指导思想、基本原则或理论基础的探讨,主要回答"大学需要坚持什么""大学应该把握什么"等方面的问题,包括大学教育改革观、大学教育发展观、大学教育价值观、大学教育质量观、大学教育效益观等。②

张斌贤指出,当对大学理念是什么、大学应该是什么众说纷纭、无法定义时,人们便选择一种理性方法与劝导方法结合的方式来将其变成一种劝导性定义,即:

> 利用其描述意义和情感意义的分离和重新组合而将词汇的强烈感情色彩加到定义者所选择的定义项上,并带来的是一种理性方法与劝导方法的结合。而当大学理念无法确定描述意义,或者存在多元的趋向时,劝导说服就成为了其主要的目的。这种真理到说服的过渡,并在说服中建立真理隐喻的过程,确立了大学"理念"术语使用的深层背景。③

---

① 眭依凡:《大学校长的教育理念与治校》,人民教育出版社 2001 年版,第 82—107 页。
② 韩延明:《理念、教育理念及大学理念探析》,《教育研究》2003 年第 9 期。
③ 张斌贤:《大学"理念"考辨——兼论大学"理想"与大学"观念"》,《江苏高教》2005 年第 3 期。

尽管对大学理念的理解依然是见仁见智，但正如我国高等教育学界著名学者潘懋元先生所指出的：

> 大学理念虽然是一个上位性、综合性的高等教育哲学概念，但它不仅反映高等教育的本质，而且涉及时代、社会、个体诸方面的因素。从"理念"切入，不但可以更好地把握高等教育的本质、功能、规律，而且能更好地理解高等教育规律如何制约和支持人们对高等教育的认识与追求。①

大学理念引领大学进步，大学的成长映照着大学理念的变化。国内外大学发展历史表明，没有止步不前的大学，也就没有一成不变的大学理念，大学理念的形成和发展具有相对恒定而又绝对动态的特征。大学已深深地走入社会的中心，必须随着社会的发展而发展。在守成、吸纳、整合的基础上不断创新理念是引领大学变革前进的动力，也是世界一流大学成长的必由之路。

哪些思想观念可以作为"大学理念"？对于这个问题的解答，不同时代的哲学家和教育家们仁者见仁、智者见智，都曾作出过重要贡献。

柏林大学被誉为真正现代意义上的第一所大学。而以柏林大学的创立者威廉·冯·洪堡（Wilhelm Von Humboldt，1767—1835）为代表的当时一批德国非常有影响的知识分子包括约翰·戈特利布·费希特（Johann Gottlieb Fichte，1762—1814）、弗里德里希·恩斯特·施莱尔马赫（Friedrich Daniel Ernst Schleiermacher，1768—1834）、弗里德里希·约瑟夫·谢林（Friedrich Wilhelm Joseph Schelling，1775—1854）、亨里克·斯泰芬斯（Henrik Steffens，1773—1845），甚至康德、还有德国文学史上"狂飙突进运动"的代表人物弗里德里希·冯·席勒（Friedrich von Schiller，1759—1805）等人关于德国特色大学的思想凝结成集体智慧的结晶，都曾为柏林大学灌注了独特的理念。因此，一般只把后来柏林大学实践并发展的"学术自由""学术自治""教学与科研相结合"等办学思想和教学原则作为经典的大学理念。

随着现代社会的发展和大学职能的扩展，尤其是大学从远离社会的"象牙塔"逐步走向社会的中心，逐渐成为社会发展的"动力站""服务站"，大学教育日益受到外部关系规律的制约，大学理念的内涵也愈益丰富，大学

---

① 潘懋元：《多学科观点的高等教育研究》，上海教育出版社 2001 年版，第 11 页。

理念的表述也众说纷呈。比如：

西方大学思想史上有代表性的大学理念几乎都是各异其趣的。例如，英国红衣主教亨利·纽曼（John Henry Newman，1801—1890）的《大学的理念》（*The Idea of a university*）、美国医学家、普林斯顿大学前校长亚伯拉罕·弗莱克斯纳的《大学：美国、英国、德国》（*Universities：American，England，German*，中译本名为《现代大学论——美英德大学研究》，徐辉等译，浙江教育出版社2001年版——笔者注）、美国永恒主义教育学派代表罗伯特·赫钦斯（Robert M.Hutchins，1899—1977）的《人文社会》（*The Learning Society*）、美国高等教育思想家、实践家、劳动经济学教授克拉克·克尔（Clark Kerr，1911—2003）的《大学之功用》（*The Uses of the university*）等，它们所秉持的大学理念都是自成一家的。它们共同构成西方大学理念历史演进中的主要内容。

（二）大学道德教育理念的含义

从逻辑关系上看，大学道德教育理念是从属于理念、大学理念、教育理念的下位概念。这种层级关系就决定了从内容上看，大学道德教育理念是大学理念的重要组成部分。从内涵上看，大学道德教育理念是指，人们关于大学道德教育实践活动的理性认识、理想追求及其所形成的教育思想观念和教育哲学观点，是大学道德教育实践活动中所形成的教育价值取向与追求，是一种具有相对稳定性、延续性和指向性的道德教育认识、道德教育理想的观念体系。

目前，从主题类聚上来看，国内学界关于道德教育理念的研究还比较分散，关于大学道德教育理念的研究更是比较少见。我国具有悠久的道德教育文化传统，形成了博大精深的道德教育理念，这些传统资源为我们探讨大学道德教育理念提供了丰厚的思想资源和文化底蕴。

三、西方大学理念的历史演进路径

可以说，自大学产生之日起，就有了关于大学理念的省思。大学理念是社会历史进程中的一个哲学范畴，大学发展历程中的每一次新旧大学理念范式的消融与转型都与其所处时代环境及其哲学背景等因素相关。循着不同时代有代表性的哲学流派观照下的大学理念变迁图像，让我们来考察西方大学理念的历史演进路径。

（一）理性主义主导的古典大学理念时期

自中世纪大学诞生至19世纪末20世纪初，在理性主义教育目的观的主导下，是主张自由教育的古典大学理念占据统治地位的时期。从哲学流派来看,柏拉图和亚里士多德等人可以算是最早的理性主义哲学家。而最具代表性的理性主义人物则是启蒙运动时期的法国数学家、哲学家勒内·笛卡儿(Rene Descartes,1596—1650)、荷兰哲学家巴鲁赫·德·斯宾诺莎(Baruch de Spinoza,1632—1677)、德国哲学家、数学家戈特弗里德·威廉·莱布尼茨(Wilhelm Leibniz,1646—1716)等人。这一时期的理性主义的主要观点是,以"理性"为核心概念,尊崇人的理性高于且独立于人的感官认知。认为人的理性就是人的本质。理性既是神的属性、合乎自然的、超越时间的、跨越地域的,也是人的传统本性,在任何时候、任何地点都不会改变的。

秉持理性主义大学理念的人们坚持认为,在对永恒真理的追求过程中,人必须永远作为教育的对象,教育的目的就是培养人获得智能本身和追求知识的能力。大学教育目的的最高原则始终是在教育过程中培养人的理性,使人的获得个性发展和传播理性知识的智能,逐步实现人的自我完善,为人的未来生活做准备;理性主义大学理念强调大学的修道院特质,极力主张大学是一个神圣高洁的场所,是一个超脱社会现实之外的相对封闭的独立机构,必须完全舍弃对实用性与职业性教育内容的追逐,应竭力实现知识与市场和政治分离,即大学应该作为遗世独立的"象牙塔"。

18世纪启蒙运动结束后,欧洲各国相继建立了独立的民族国家。大学逐渐脱离教权,政府从教会手中接过了对大学的管控权,大学开始与世俗政府权力结盟。贯穿于整个19世纪大学理念的主题聚焦于大学如何处理与政府的关系。这一时期的西方各国学者展开了对大学理念的争论。

关于大学理念的第一次主要交锋是以自由教育为核心,由康德发起的,他恳求普鲁士女王授予哲学家学术自由的权力。①

而提出学术自由诉求的理由基于康德将理性区分为公共理性和私人理性。康德认为,独立于社会权力之外的哲学属于"较低级的学科",它以追求知识和真理为己任,只受私人理性的控制;而服务于政府和公用事业的法学、医学和神学等属于"较高级的学科",它们受政府的管控,应纳入公共理性的范畴。② 在康德看来,追求真理是受私人理性的驱使的,而

① [英]杰勒德·德兰迪:《知识社会中的大学》,黄建如译,北京大学出版社2010年版,第105页。

② [德]伊曼努尔·康德:《论教育学》,赵鹏等译,上海人民出版社2005年版,第70—75页。

大学是一个聚集追求真理的人们的场所,因此大学必然要求形成学术自由和大学自治的大学理念。当然,康德也认识到,大学自治和学术自由的理念是有一定张力的,因为大学并不是一个纯粹远离社会、遗世独立的"象牙塔"。

创立柏林大学的洪堡是德国现代大学教育的奠基人,他积极响应康德的大学理念,在柏林大学大力倡导和践行学术自由观念。洪堡认为,大学必须具有独立性,才能成为塑造学生的民族性格、弘扬民族精神力量的重要场所。因此,大学不能在政府的统治之下成为一个培训公务员的机构。作为获得独立性的回报,大学必须在实际上成为世俗的教会,向政府和民众提供强大的道德基础和精神力量支撑。洪堡及同时代的其他思想家所阐明的大学理念主要包括:

其一,国立大学如何协调服务国家利益和坚持大学学术自由的关系。为了实现学术立国、文化国家的理念,从筹建柏林大学之始,洪堡就申明办学宗旨要服务国家利益,柏林大学要服务于帮助实现普鲁士作为一个文化国家的利益。但他同时坚持,恰恰是大学必须葆有大学自由和学术自由才能为国家利益服务。二者之间并不存在根本冲突。

其二,如何在坚持科学体系内在完整性的基础上,实现科学对整个社会的批判和文化启蒙。为此,大学必须作为国家的精神文化生活中心和典范而存在,坚持以科学为核心,强调教学与研究并重的原则,以培养出具有"全面人格"的新人才为教育目标。

英国红衣主教纽曼秉持知识本身即目的的大学理念,是历史上系统深刻阐述自由人文主义教育价值的古典大学理念的第一人。他认为大学是一个传授普遍知识的地方……大学的目的是理智的而非道德的……它以传播和推广知识而非增扩知识为目的。①

这个大学定义成为捍卫古典自由教育的古典大学理念的经典表达。

对此,英国利物浦大学(The University of Liverpool,建立于1881年)社会学教授杰勒德·德兰迪(Gerard Delanty,1960—　)评论道:

> 纽曼作为19世纪世俗主义的产物,希望宗教适应现代性的环境:在现代大学的世俗机构中神学可以作为一门认知科学有机构性的存在。②

① [英]亨利·纽曼:《大学的理想》,徐辉等译,浙江教育出版社2001年版,前言。
② [英]杰勒德·德兰迪:《知识社会中的大学》,黄建如译,北京大学出版社2010年版,第105页。

纽曼是曾经的罗马教会红衣主教,也曾担任过爱尔兰天主教教会大学(The Catholic University of Ireland,建立于 1854 年)校长,所以他试图把大学与教会重新结盟而不是与政府机构结盟。这也是纽曼大学理念中不同于洪堡大学理念的独特之处。纽曼为理性主义的大学理念辩护,坚持大学的唯一职能是通过教学而不是科学研究活动来传授知识、通过来自文化之中的博雅教育来培养造就绅士。

(二) 实用主义大学理念崛起时期

从 19 世纪末开始,受各种社会思潮的影响,传统大学理念尤其是理性主义大学理念将大学视为只是作为一个追求深奥知识的场所、一种封闭性的学术机构存在的理念受到了更多的挑战。英国社会学家、"社会达尔文主义之父"赫伯特·斯宾塞(Herbert Spencer,1820—1903)明确反对纽曼主张的"知识本身即目的"观念,主张"知识效用论"。他认为,知识必须在某种方式上对社会有用而不能只是躺在书本里被束之高阁。比如科学知识发挥了作用才算实现了知识的最高形式。整个 20 世纪上半叶,实用主义思潮在美国兴起,主张"知识效用论"的实用主义大学理念开始大行其道,但这并不意味着理性主义的大学理念轻易退出了历史舞台。这一时期大学理念发展的最基本特征就是,大学理念在这两大流派的矛盾交织斗争走向融合发展。

追溯实用主义哲学传统的思想渊源,可以看到康德的"实践理性"思想、德国哲学家、非理性主义哲学的开创者、唯意志论的代表阿瑟·叔本华(Arthur Schopenhauer,1788—1860)的"意志升华"观念,英国生物学家、进化论的奠基人查尔斯·罗伯特·达尔文(Charles Robert Darwin,1809—1882)的"适者生存论",以及功利主义"有用即是善"的论断等思想观念的影响。功利主义由美国哲学家查尔斯·皮尔斯(Charles Peirce,1839—1914)、威廉·詹姆士(William James,1842—1910)和杜威开创,并发展成为深受美国独特的文化价值观和环境影响的一个哲学流派。总的来说,它是一种主张用实际效果评价一切和检验一切的思想或观念,推崇主观经验,认为理性是解决问题的手段和工具不是目的,强调行动的实际效果。在此基础上,实用主义哲学大学理念认为教育的目标是要注重实际、努力使人舒适而不要努力使人完善。人们追求知识主要是获得理性的手段,而不是目的。大学应该走出"象牙塔",主动适应社会环境变化的需要;用自己的知识为社会提供各种服务应该作为大学的责任,为此,大学应该与社会形成合作关系,成为社会大学(Communiversity)。深受这种实用主义哲学统率的大学理念在美国的影响尤为广泛和深刻。美国"现代管理学之父"彼得·德鲁克(Peter Drucker,1909—2005)认为,大学是新思想的源泉和交流中心、新理念的倡导者和推动者,大学应该成为社会的主要服务者和社会变革的主要工具。他提出:大学现在仅次于政府,应该重新认识大学的地位和功能。大学应该"不仅是美国教育的中心,而且是美国生活的中心"①。

20世纪初,践行实用主义大学理念的典型代表是担任威斯康星大学(University of Wisconsin Madison,建立于1848年)校长14年之久的查尔斯·范海斯(Charles R.Vanhise,1857—1918)。1904年,他在校长就职典礼上发表了有名的"为州服务"(Service to the State)的主题演说。范海斯明确提出,教学、科研和服务都是大学的主要职能。但更重要的是,威斯康星作为一所州立大学,与其他各种形式的大学不同的是,它必须考虑每一项社会职能的实际价值。换句话说,它的教学、科研、服务都应考虑到州的实际需要。大学要为社会服务,州立大学要为州的经济社会发展服务。之后,范海斯制订了广泛的改革计划,旨在推动威斯康星大学帮助州政府在全州各个领域开展技术推广和函授教育,切实担负起为社会服务的使命。范海斯的理念②和业绩引起了美国高等教育学界的普遍重视,也遭到坚守理性主义大学理念学者的激烈批判。

提出"大学不是温度计""无用知识的效用"等名言的美国著名医学家、普林斯顿大学前校长、普林斯顿高等研究院(Institute for Advanced Study in Princeton)首任院长亚伯拉罕·弗莱克斯纳首先从哲学上对实用主义大学理念作出批判。1908年,弗莱克斯纳出版了《美国的学院:一种批判的观点》(The American College:A Criticism)一书;1930年,他又总结自己的思想出版了《大学:美国、英国、德国》(Universities:American,England,German)一书。弗莱克斯纳认为自己的大学理念是不同于以往的"现代大学的理念"。他主张大学必须坚守自己的立场,不能随着社会流行风尚的变化而摇摆,也不必像温度计一样随时反映社会流行风尚的变化。他认为大学是促进并解放一代代人灵魂的机构,因此,大学必须经常给予社会一些必需的(need)东西,无论社会是否意识到这些东西正是它所想要的(want)。他还认为,大学的主要任务不会随着社会的变化而改变太多。无论社会如何变化,大学的学者和科学家始终关注的目标不应该改变。即:保存知识和思想;阐释知识和思想;探究永恒真理;培养青年成为追求真理的接班人。如果大学成

---

① [美]约翰·布鲁贝克:《高等教育哲学》,王承绪等译,浙江教育出版社1987年版,第21页。

② 查尔斯·范海斯的大学理念倡导"为社会服务"。直到1912年,威斯康星大学教授麦卡锡(Charles McCarthy)出版了《威斯康星理念》(The Wisconsin Idea)一书后,威斯康星大学的办学经验和业绩才以"威斯康星理念"闻名于美国乃至全世界。

为这样的机构,那么,人们就不会苛求从这个机构走出的毕业生是否为人类知识作出过所谓"有用"的贡献。一首诗、一部交响乐、一幅画、一个数学公理、一个崭新的科学事实……,这些成就所代表的人类思想和人类精神上的意义是不能以某些"实用"来评判的,这些成就本身就是大学、学院和研究机构存在的意义。

曾任普林斯顿大学校长的奥斯瓦尔德·维布伦(Veblen Oswald, 1880—1960)是另一位对实用主义大学理念提出批评、勇敢地维护理性主义大学理念的学者。1918 年,他出版了《美国的高深学问》(*The Higher Learning of America*)一书,提出不能允许"工业巨头"对大学的腐蚀破坏。他主张大学尤其是研究型大学要坚守高深学问的传统,而不应受实用主义价值的约束。

堪称最坚定地反对实用主义理念的战士的学者非罗伯特·梅纳德·赫钦斯莫属。作为 20 世纪理性主义大学理念的集大成者,赫钦斯是美国永恒主义教育哲学的主要代表人物。他生活的时期被美国历史学家称为"经济空前增长,社会的一切混乱却与之俱来"[①]的时期。针对当时美国社会"精神理智的破产"现象,1936 年,他出版了专著《美国高等教育》(*Higher Education of American*),集中对美国大学中盛行的实用主义倾向予以深刻批判。就任芝加哥大学(The University of Chicago,建立于 1890 年)校长后,赫钦斯大力推行"芝加哥计划",也称"名著教育计划",践行他的永恒主义教育哲学大学理念。他认为,高等教育就是要设计永恒的课程,传播永恒的真理。开设"古典名著"课程实施永恒的自由教育课程是培养学生永恒人性的最好方式。大学应该是提供博雅教育(自由教育)的理智共同体。

> 如果没有普通教育(自由教育),我们决不能办好一所大学,如果学生和教授(特别是教授)缺乏共同的理智训练,一所大学必定仍然是一系列不相关联的学院和系科,除了有一个共同的校长和董事会外,没有什么东西使他们统一在一起。教授们不能谈论,至少不能互相谈论什么重要的问题。他们不能希望互相谅解。[②]

可以说,赫钦斯的永恒主义教育大学理念是对理性主义大学理念的坚

---

① [美]阿瑟·林克等:《一九○○年美国史》(中册),刘绪贻等译,中国社会科学出版社 1984 年版,第 272 页。

② [美]罗伯特·赫钦斯:《教育中的冲突》,人民教育出版社 1980 年版,第 200 页。

守和重新阐释,它的传播在一定程度上遏制了实用主义大学理念的泛滥,同时也为第二次世界大战后理性主义与实用主义大学理念走向融合发展奠定了教育哲学的思想基础。

（三）大学理念多元化并存时期

第二次世界大战(以下简称二战)结束后,从战争创伤中逐渐恢复的欧美国家里各种哲学思想流派异彩纷呈,出现了哲学流派的"丛林"现象,如国家主义、存在主义、工具主义、结构主义、新保守主义等竞相发展。与之相联系,这一时期大学理念的流派也走向多元化。其中,反思二战中纳粹独裁政治给世界带来的深重灾难,主张全民利益的国家主义(Statism)成为引领大学理念的主导力量。国家主义统摄下的大学理念主要体现在主张保守主义教育的要素主义大学理念中,代表人物有哈佛大学(Harvard University,建立于 1636 年)第 23 任校长詹姆斯·科南特(James Bryant Conant,1893—1978)、著有《教育与自由》(*Education and Freedom*)的美国"核潜艇之父"乔治·里科弗(Hyman George Rickover,1900—1986)和历史学家尤金·贝斯特(Arthur Eugene Bestor,1908—1994)等人。他们认为,教育的社会功能就是把人类遗产中共同的、不变的文化要素传递给下一代,为此,特别强调以学科为中心、以教师为主导的系统知识传授。

存在主义强调人的存在(personhood)是具象的、生动的、个别的,不是抽象的、固化的、共相的。它承认人的理性,但认为人的存在并不证明人的理性的支配性地位,还要承认人是有想象、直觉和感情的,即人(man,生物意义上的)是一个人(person,社会意义上的)。在存在主义流派大学理念的阐发中,20 世纪存在主义哲学大师雅斯贝尔斯的大学理念最具有代表性。在其《大学之理念》(*The Idea of a University*)一书中,他鲜明地提出,大学里的学者和学生是平等的价值主体,他们组成追求真理事业的共同体,在相互生存交往中,"实存"的人生成为一个"整全的人"。他强调自由是大学教育最重要的因素,要注重从内部激发学生产生一种自动的力量,采取适应人们内在自由的教育方法,唤醒学生的潜力。他还特别阐述了大学理念和大学制度的逻辑关系:大学制度是大学理念的物化载体;大学理念是大学制度的灵魂和思想内核。大学理念在建构大学制度中具有统摄和指导作用。

总体上看,还是工具(实用)主义大学理念在这一时期具有最广泛的影响力。在思想渊源上,工具主义其实是与实用主义、实验主义同根同源、一脉相承的。工具(实用)主义大学理念的核心观念是强调大学要作为最有效的工具为国家发展服务,促进社会进步。其代表人物有克拉克·克尔和德里克·柯蒂斯·博克(Derek Curtis Bok,1930—　　)等。

美国高等教育思想家克拉克·克尔是典型的工具主义者或实用主义者。他致力于从不同视角重建美国现代社会中的大学理念。在他看来,传统大学理念认为大学建立在单一理念基础上的幻想已经破灭,当代大学已不同于纽曼时代的英国牛津大学、洪堡时代的德国柏林大学,也不同于弗莱克斯纳之前领导的美国高级研究组织,如著名的跨学科研究组织普利斯顿高等研究院。他提出了"多元巨型大学"(multiuniversity)的概念,①用来描述现代美国大学已经成为一系列共同体的集合状态特征。这些观点显然已经与纽曼将大学视为单一共同体的观点大相径庭。克尔坚决认为,大学的"理念"已经为"功用"所取代,大学所拥有的就是它实际的功能,即它的"功用"。美国大学已经越来越多地介入社会,大学应该在现代社会中承担更多的功能与责任。它需要对社会负责,为社会服务,对社会需求作出响应。在大学与政府的关系上,克尔认为随着大学功能的转变,两者之间的关系日趋紧密。

博克是当代美国著名的高等教育家和社会活动家,曾于 1971—1991 年间担任哈佛大学第 25 任校长长达 20 年之久。15 年后,因美国著名经济学家、第 27 任校长劳伦斯·萨默斯(Lawrence Henry Summers,1954—　)在任内辞职,博克应邀担任哈佛大学代理校长。虽然只有短短一年(2006 年 7 月 1 日至 2007 年 7 月 1 日),但他因此成为哈佛大学校史上迄今为止唯一一位两度执掌校政的校长。多年来,博克在高等教育领域里笔耕不辍,著述丰硕。他先后出版了《走出象牙塔:现代大学的社会责任》(*Beyond the Ivory Tower:Social Responsibilities of the Modern University*,1982)、《美国高等教育》(*Higher Education in America*,1986,2015 年修订)、《大学与美国的未来》(*Universities and the Future of America*,1990)《市场中的大学:高等教育的商业化》(*Universities in the Marketplace:The Commercialization of Higher Education*,2004)、《我们正在衰退的大学》(*Our Underachieving Colleges*,2005)、《改革大学的努力》(*The Struggle to Reform Our Colleges*,2017)等一系列高等教育学著作。以其丰富的高等教育管理实践为基础,博克提出了很多关于美国高等教育发展的洞见。代表性的观点有:一、现代大学应适时走出象牙塔,不断适应社会发展的需要,随着自身规模的增长而同步调整对社会需求和干预的回应,担负起更为复杂的职能。二、现代大学应适度走出象牙塔,履行为国家、社会服务功能的同时,又不忘自身担负的文化使命,始终为美国社会的长远利益打算。

---

① 　[美]克拉克·克尔:《大学的功用》,陈学飞等译,江西教育出版社 1993 年版,第 82 页。

（四）后现代主义大学理念潮涌时期

20 世纪是现代大学快速发展的世纪。全球化浪潮汹涌澎湃，后现代主义思潮奔涌。受后现代主义理论影响，多元主义思想流派纷纷兴起，欧美国家学生运动风起云涌。英国、法国、联邦德国、意大利、美国等国家纷纷爆发学生运动，尤其是以法国"五月风暴"（May 1968 Events in France）为代表的 20 世纪欧美国家学生运动不仅规模空前，而且影响深远。欧美国家的大学理念随之发生进一步变化是其重要影响之一。彼时，虽然人们"看到的是一次资产阶级对资产阶级社会原则的造反"①，但已经足够使人们深刻地认识到，大学早已不再是社会的边缘机构，无论大学是否以学生运动这种极端形式引发社会的强烈关注，都不能掩饰它已经进入了社会中心的事实。大学的教育制度、大学理念都需要随之改变。不过，20 世纪 60 年代欧美学生运动逐渐平息之后，大学走向社会中心的步伐的确更快。以美国为例，美国人往往把高等教育视为向快速发展的社会提供所需知识和训练有素的人力资源的一种手段。②

对此，美国社会学家、加利福尼亚大学河滨分校（University of California, Riverside，建立于 1954 年）前副校长罗伯特·奈斯比特（Robert Alexander Nisbet, 1931—1996）教授在其《学术信条的坠落：美国大学（1945—1970）》（*The Degradation of the Academic Dogma*：*The University in America* 1945—1970）一书中，描述了 1945—1970 年间美国大学是怎样由追求高深学问的共同体沦落为鄙俗的职业培训机构的过程，批评那段时期美国大学学术信条已经坠落。他希望大学不要过于纠缠眼前的世俗利益，而应努力重拾以追求知识为目的的象牙塔理念。不过，这样的呼吁在喧嚣的大学"功用"理念大行其道的时代何其微弱。

20 世纪 70 年代以后，针对大学的日益功利化现象，正如当代世界最有影响的思想家之一——德国哲学家尤尔根·哈贝马斯（德语：Jürgen Habermas, 1929—　　）所指出的：

新的活力只有在大学的围墙之外才能被大学的理念吸收。③

---

① David Caute.Sixty-Eight：The Year of Barricades.London, Hamith Hamilton, 1988, p.21.

② ［美］德里克·博克：《走出象牙塔——现代大学的社会责任》，徐小洲等译，浙江教育出版社 2001 年版，第 70 页。

③ ［英］杰勒德·德兰迪：《知识社会中的大学》，黄建如译，北京大学出版社 2010 年版，第 115 页。

1967年,哈贝马斯在柏林自由大学(德文:Freie Universität Berlin,建立于1948年)进行学术讲座,主题是"民主政体中的大学:大学的民主化"。在谈及古老的大学理念问题时,哈贝马斯表达了他对大学理念的重新思考。以他的"交往的共同体"理念为核心,哈贝马斯认为,大学是人们基于"交往"的认知理性建构起来的具有批判性的科学与学术联合体。大学的角色之一是作为社会自我理解的一个解释者而存在,所以大学不能只是承担直接传递它所继承东西的功能,而是应担负起具有改革性的促进社会发展自身交往行为的重要社会职责。

另一位当代德国著名哲学家汉斯·格奥尔格·伽达默尔(Hans-Georg Gadamer,1900—2002)则用"孤独与自由"来描述大学的特质。与哈贝马斯一样,伽达默尔认为大学是一个解释的场所、对话的场所、帮助人们理解的场所。在当代世界日益走向专业化、差别化、理性化的背景下,大学是少数难能可贵的联合的"自由空间"。人们应该对大学的"孤独与自由"给予足够的尊重与珍视。

第三节　大学理想、大学理念与大学精神

一、大学理想与大学理念的融通

(一) 何谓大学理想

"理想"(ideal)一词由"理念"(idea)为基础构成,是晚期拉丁文"idealis"一词的变体,意为"完美的典范""努力的最终目标""一切值得去做的""应该如此的"。理想是对不完美现实的超越而对未来寄寓的美好希望,大学理想即是对大学应然最美好状态及臻于最完善境界美好希冀的价值判断及理性表达。显然,正是对大学在现实社会中各种不完善现实的审视和反思,才会有人们对大学理想的理性探索。纽曼的《大学的理念》(The Idea of a University)之所以被后世视为高等教育学界的经典著作,是因为书中表达了纽曼对当时英国大学现状的担忧和反思,充满了纽曼对大学理想的描绘和憧憬,所以中文版被译为《大学的理想》也是有一定道理的。

(二) 大学理想与大学理念的关系

在思想的融通性上,大学理想与大学理念的关系是紧密相连的。

一方面,大学理想构成大学理念的核心内容。大学理念是以哲学的理性思维对大学理想的审视与凝练。哲学的理性"反思以思想本身为内容,

力求思想自觉为思想"①,是"对于事物的思维着的考察"②,大学理念便是哲学地思辨大学应该追求什么、如何努力成为大学完美典范的思想及思想体系。所以,大学理念要保持其对大学理想审视思想的严密性就需要溯本求源,审视整个大学的历史,对大学历史与现实进行哲学理性考察。因为:

> 就内容来说,只有思维深入事物的实质,方能算是真思想;就形式来说,思维不是主体的私有的特殊状态或行动,而是摆脱了一切特殊性、任何特质、情况等等的自我意识。③

历史上论述大学理念的经典文献,如纽曼的《大学的理念》、雅斯贝尔斯的《大学之理念》、赫钦斯的《美国高等教育》,还有金耀基的《大学之理念》,都是在审视大学历史与现实的基础上阐述各自对大学理念的洞见,具有哲学的启迪意义。

另一方面,大学理想引领大学理念。虽然大学理想一般富有强烈的情感色彩,但这种非理性的情感成分并不能影响大学理想对于大学理念的引领作用。往往正是由于大学理想富有激情、想象甚至诗意,才牵引着历史上的众多哲人、学者以饱满的激情探究大学理念。美国客观主义哲学家、文学家、理性利己主义的倡导者安·兰德(Ayn Rand,1905—1982)以亚里士多德的激情与理性的对立统一为例指出:

> 亚里士多德的头脑可能是历史上最富有激情的了;这种激情透过每一页、每一行。他的晦涩的文稿展示的不是"冷冰冰的思想",而是对冰冷的真理充满激情的追求。对他而言,卓越的智慧不存在"平庸"或适度。在他看来,"理论家的生活"并不意味着不动感情、不动声色的"冥思苦想",而是充满激情的、尖锐的、没有任何束缚或限制的努斯(即希腊哲学中的心灵或理性)、思辨(theoria)、理智的生活。④

可以说如果没有对大学理想美好追求的激情,也就不会有西方大学发

---

① [德]格奥尔格·黑格尔:《小逻辑》,贺麟译,商务印书馆1980年版,第39页。
② [德]格奥尔格·黑格尔:《小逻辑》,贺麟译,商务印书馆1980年版,第38页。
③ [德]格奥尔格·黑格尔:《小逻辑》,贺麟译,商务印书馆1980年版,第78页。
④ [美]安·兰德:《理性的声音:客观主义思想文集》,万里新译,新星出版社2005年版,第4页。

展史上如许之多关于大学理念的探究和思想史的逻辑演进。

二、大学理念与大学精神的相通

（一）何谓大学精神

大学被视为迄今为止人类创造的社会组织中无与伦比的机构。英国哲学家、历史学家、理性功利主义创始人哈斯廷斯·拉什达尔（Hastings Rashdall，1858—1924）在其著作《中世纪的欧洲大学》（*The Universities of Europe in the Middle Ages*）丛书中认为大学是中世纪的天才创建，它们"对人类的最大贡献是把世间事务的管理，也就是世界的统治，放在受过教育的人们的手中……比大教堂更重要——它们可能证明自己是更加不朽的"。[①]

在某种意义上可以说，世界上现存时间最长的组织只有教会和大学这两种机构。历经超过千年的风风雨雨，它们还存在并必将长期存在，原因就是这两种组织的存在不为物质世界的功利所裹挟，而是有着超现实的崇高使命。宗教是为神而存在，大学是为精神而存在。

那么，何谓大学精神呢？大学精神是对一所大学在长期发展过程中形成的核心价值观的高度凝练，体现了"大学人"共同追求的大学理想和信念，是大学的灵魂所在，即"大学之道"。就一般意义而言，大学精神具有很多共同特征。

其一，大学精神的形成是一所大学被共同认同的价值观长期积淀的过程。一所大学的历史愈长，它的精神品格就愈厚重。中外历史上著名大学的大学精神无一不是长期积淀而铸就的。

其二，大学精神具有较强的稳定性和传承性。大学精神往往以一种共同的道德规范、行为准则和价值观念内化为"大学人"的精神气质和文化品格，渗透到"大学人"生活的方方面面。大学精神一旦形成，就会被"大学人"传承、发展而不断延续下去。

其三，大学精神具有导向性和凝聚力。大学精神通过代代传承，成为一所大学的灵魂和旗帜，内化成为"大学人"的习惯，在无形中形塑着"大学人"的思想、规范着他们的行为，共同铸造出学校的道德形象和大学声誉，也使"大学人"产生归属感和凝聚力。

其四，大学精神具有鲜明的独特个性。每一所大学都应该有具有特别

---

① ［美］P.克伯雷选编：《西方教育经典文献》（上卷），任钟印译，人民教育出版社2016年版，第224页。

内涵的大学精神,世界一流大学尤其追求自己的个性、风格,不人云亦云、不随波逐流。

但是从理想的角度审视,"大学精神"的内涵或者说应然追求应该包括如下几个方面的本质特征:

其一,自由精神与独立精神的统一。学术自由、思想自由是自由精神的基本内涵,也是大学探究高深学问、追求真理的首要保障。独立精神是指大学品格的独立、"大学人"人格的独立。自由精神与独立精神密切联系、相辅相成。独立精神是自由精神的根本前提和基本保障,自由精神则是独立精神的鲜明标志和具体体现。大学教育是塑造灵魂的教育,它必须赋予"大学人"以独立的人格和内在的崇高精神,鼓励他们大学是探究真理的场所,真理的客观性决定了对真理的学术探索应该是独立的、自由的、无止境的、无禁区的,这是人类理智和自由精神的最高表现。真理的客观性也决定了"大学人"应该自由地接受、自由地判断、自由地探索和思考,具有独立人格、独立思考能力、独立判断能力和独立承担自己角色责任。这就要求大学自身必须具备独立精神,必须具有宽松、自由的良好环境和氛围。同时,学术领域必须保持必要的张力和相对独立的特性,应当遵循自身独特的发展规律和原则,应当保持自身的尊严,应当在世俗力量面前保持独立清醒的价值判断,拒绝一切外在因素的诱惑、干扰和操纵,应当成为"社会的良心"、烛照"社会的灯塔"。大学的学术研究一旦屈从或追随于某种异己力量、关心外在的功利,它就丧失了自己的神圣光环、缺失了崇高理性。自由的精神和独立的品格是大学生命的首要原则,是大学精神的核心理念,也是大学其他精神产生和发展之根基。正如陈寅恪(1890—1969,字鹤寿,湖南省长沙市人)先生在 1927 年一代国学大师王国维先生自沉昆明湖之后,为缅怀他而撰写的《清华大学王观堂先生纪念碑铭》:

> 先生之学问,或有时而可商;先生之文章,或有时而不彰;唯此独立之精神,自由之思想,历千万祀,与天壤同久,共三光而永光。①

其二,科学精神与人文精神的统一。只有在大学里,人们才能期望科学和人文作为人类精神的两个基本方面获得统一。这是因为在现实的历史境

---

① 陈寅恪:《清华大学王观堂先生纪念碑铭》,《金明馆丛稿二编》,生活·读书·新知三联书店 2001 年版,第 246 页。原载清华大学《消夏周刊》1929 年第 1 期。

遇中,这两种精神构成大学精神的基本内容,缺一不可。但是它们之间存在着很多不和谐的矛盾,离理想的协调统一境界尚有不小的距离。科学精神以理性为准则和动力追问"是什么"和"为什么是","求真"是其基本要求;人文精神以伦理为准则和价值追问"应该是什么"和"应当如何","求善"是其基本取向。洪堡在创建柏林大学时,秉持的是"由科学达致修养"的大学理念,希望通过科学研究涵养"大学人"的道德修养,科学是手段和途径。但是,作为表达理性精神最典型的文化形态——科学和技术在价值上中立的性质,决定了它们本身无法给出恰当的价值选择。科学技术知识一旦游离了人文精神的约束,摆脱了价值坐标的有效范导,就难免导致悲剧性的后果。这已经为历史事实所反复证明。①

今天,大学以"全面发展的人"为培养目标,科学精神与人文精神犹如车之双轮、鸟之两翼,在大学的人才培养中缺一不可。大学"育人启智""立德树人"的这一根本性任务决定二者之间必须做到整合与协调,必须将对科学的追寻和探索统一于达至人性境界提升的目的之中。人文精神追求"善",科学精神讲究"真",科学与人文协调统一,大学才能体现一种真正的精神之"美",才能真正陶冶一代代"大学人"的精神气质,形成他们的科学良心和科学道德,才能真正实现大学的职能,使大学真正成为人类的精神家园。只有实现内在目的的根本统一,才能共同服务于人性的养成和社会的整体进步。

其三,包容精神与批判精神的融合。《尚书·君陈》提点我们:

有容,德乃大。②

蔡元培先生也曾多次强调大学应该囊括大典、兼容并包众家之思想学问。在他任北京大学校长期间,提倡"思想自由、兼容并包",一扫之前北京大学作为教育管理机构的官僚腐气和戾气,开北京大学作为高等学府追求学术自由风气之先河,为当时的中国大学树立了典范,对后世大学教育影响深远。从一定意义上来讲,大学之大,首要的在于其海纳百川、兼收并蓄的气度、博采众长、推陈出新的能力,能容纳各种不同学派、学科内容、价值观念和各种学术人才,能够允许各种思想观念兼容并包、自由发展,能够吸取

---

① 程光泉:《哲学视野下的大学理念、大学精神、大学文化》,《北京师范大学学报(社会科学版)》2010年第1期。

② 《四书五经》(上卷),北京古籍出版社1995年版,第46页。

社会政治、经济等不同领域的有利因素,能够引导多元化的文化争鸣与融合。有了这样的精神气质,然后才会有规模、人数、学科的增长壮大。大学中的吸纳和包容并不是无原则的随意接受,而是需要大学在求真、求善的基本价值原则下所形成的追求真理、批判错误、纠正错误的行为规范和精神气质,以理性精神透析着社会,在传承文化、发展科学、提升人性的同时还固守着社会的良知和人类的尊严,这就是大学的批判精神。大学的包容精神是和批判精神紧密相连、相互依存的,二者相反相成,共同构成大学精神中不可或缺的重要部分。大学是探索高深学问的机构,同时又是社会精神的守望者,以理性、智慧为武器剖析社会、批判社会、对社会现实作出反思,为现实社会构建价值理念,引领社会前进的方向。正如弗莱克斯纳所指出的:

> 大学不是风标,不能什么流行就迎合什么。大学必须经常给予社会一些东西,这些东西不是社会所想要的(want),而是社会所需要的(need)。①

这正是大学的批判精神和包容精神融合的精髓所在。

其四,创新精神与守成精神的协调。如果没有创新精神的激励和鞭策,大学不可能历经千年的风雨走到今天。一部大学发展史,就是大学在守成的基础上不断突破、与时俱进、不断创新的大学成长史。自中世纪大学的兴起开始,现代大学历史发展逻辑已经无可辩驳地证明,大学是时代进步的产物,同时代表着最进步的时代精神,引领着社会前进的方向。创新精神是大学理念的内在要求。没有创新,传承就会因循守旧,保守僵化,失去生机与活力;同时,如果没有大学不断适应新的环境发展变化、坚守和传承为社会成员普遍认同和接受的思想观念、价值取向、道德规范和行为方式,勇于提出并以新的思想引导社会,以新的知识成果服务于社会,就不会有大学的创新。作为时代的智者、时代精神的体现者和时代精神的代言人,大学应自觉把握时代脉动,从现时代人类生活实践中汲取智慧的源泉,敏锐捕捉并研究新的时代课题,以时代精神作为建构自己理想的基础,创新文化理念,引领时代潮流,烛照社会发展之方向。大学要在坚守中创新,在创新中传承。只有不忘来路、不忘初心,又能向往远方、仰望星空,大学才能永葆生机和活

---

① 〔美〕亚伯拉罕·弗莱克斯纳:《现代大学论——美英德大学研究》,徐辉等译,浙江教育出版社2001年版,第3页。

力,实现大学的历史使命。

（二）大学理念与大学精神的关系

中国话语中的大学精神(the idea of a university)不同于西方话语中的大学理念。在形式上,大学精神与大学理念(the idea of a university)都属于形而上的概念,关涉意识层面的东西;在语义上,如前所析,因"理念"具有抽象的"精神"含义,所以大学精神与大学理念比较接近,但各自的内涵与外延又有所不同。大学精神的内涵比大学理念丰富,前者外延比后者更宽泛。一方面,大学精神可以涵盖大学理念,而大学理念又能够以其核心价值观彰显大学精神。另一方面,大学理念存续的时间相对不如大学精神久远,一般会随着大学办学层次的提升及发展任务的改变而改变,具有较强的发展变化性;而大学精神则具有相对的稳定性及强大的继承性。一所大学的大学理念可以根据时代的要求作出相对较大的调整,而它的大学精神却不应该在较大程度上变来变去。所以,二者关注的角度和侧重点也相应的有所不同。凝练大学理念是对大学发展进行顶层设计,重点关注大学的功能定位、培养目标、科学研究及社会服务等发展要素之间的相互关系及内在规律等,强调高屋建瓴;而建构大学精神是对大学发展进行中观描述,重点关注"大学人"的价值取向与理想追求,展现"大学人"的志向、品格、气质和精神风貌等,强调生动形象。

就其内在关联来说,大学理念决定大学精神。大学精神的核心代表着一种价值体系,这种价值体系正是大学理念所主要表述的内容;大学精神是大学理念的重要构件和具体表现。大学精神可以是对大学理念的内化、升华、理论抽象与价值凝练,又可以具体化为大学理念、发挥于大学理念。黑格尔认为:

> 精神就是自然的真理,从而也就是自然的绝对本原。在这个真理中,自然消失了,精神则作为达到了自为存在的理念而出现。①

正是在这个意义上,我们认为:

> 大学精神蕴涵在大学理念之中,是人们投射到大学这种社会设置上的一种精神祈望与价值建构,是大学自身存在和发展中积淀而成的

① 北京大学哲学系外国哲学史教研室:《西方哲学原著选读》(下),商务印书馆1982年版,第439页。

具有独特气质的精神形式和文明成果,是大学发展的理想、信念和价值追求,是大学的本质特征在精神层面上的反映,是大学的灵魂和大学生命力的源泉,是大学文化的精髓和核心之所在,更是大学之为大学的确证依据。①

因此,大学理念在引领大学发展过程中处在核心地位,必然要对大学精神的内涵和形成起着规定性和导向性的作用。一所大学的行稳致远既需要有高远的、个性化的大学精神,又需要有切合实际的、成熟的大学理念。

改革开放40多年来,由于市场化、国际化、知识经济以及高等教育大众化的影响,我国大学理念发生了深刻的变化。主流的意识形态、西方的大学理念、中国的人文传统和市场的逻辑共同支配着大学的价值取向。如"从知识教育到素质教育";"从教书育人到学、研、产三足鼎立";"从政府办学到大学依法自主办学";"从模式办学到特色办学";"从管理大学到经营大学";"从大学管理到大学治理";"从管理育人到文化育人";"从向过去学习到向未来学习";等等。② 这些理念的转变促使我国教育和大学取得了长足的进步,并逐步走上了现代化的过路。

今天的大学已经处于人类知识之传承与科研的最顶端,该如何在愿望与可能、现实与理想、物质与精神、传统与现代之间为自己定位,进而确立自身的使命呢? 对此,那些具有远见卓识的学者其实已经为我们指明了方向。在他们看来,大学作为"象牙塔"与大学服务社会并不矛盾与对立,两者的调和应该是当代大学的一个出路。比如,雅斯贝尔斯早就思考过上述问题,而且他并不反对在当代大学要进行专才教育及大学具有的服务社会的现实目的,不过他在《大学之理念》一书中指出:

> 实现这些目的是靠着一种特殊精神的努力,这种精神一开始的时候是超越这些实际目的的,他这样做是为了以后以更大的清晰度、更冷静的态度返回这些目的中。③
> 教育的关键在于选择完美的教育内容和尽可能使学生之"思"……导向事物的本源。……通过教育使具有天资的人,自己选择

---

① 程光泉:《哲学视野下的大学理念、大学精神、大学文化》,《北京师范大学学报(社会科学版)》2010年第1期。

② 张俊超等:《改革开放30年我国大学理念的转变》,《江苏高教》2009年第3期。

③ [德]卡尔·雅斯贝尔斯:《大学之理念》,邱立波译,上海人民出版社2007年版,第148—149页。

决定成为什么样的人以及把握安身立命之根。①

　　大学是选择文化、传承文化、创造文化的场所。这里有得天独厚的文化优势引导我们确立当下中国建设世界一流大学的大学理念、大学理想，以导向大学及"大学人"灵魂觉醒之本源。

---

　　① ［德］卡尔·雅斯贝尔斯：《什么是教育》，邹进译，生活·读书·新知三联书店 1991 年版，第 4 页。

第三章　西方大学道德教育理念的演进

西方大学发展思想史表明,大学也可以被视为一个理念组织,尽管学校并不完全等同于一个理念,但理念却是学校的力量之所在。① 在大学的成长过程中,教育理念是引领大学变革与发展的灵魂,但由于它见诸无形而往往受到严重的忽视。某种意义上说,这种忽视对于大学的成长和进步往往产生致命的影响。现代意义上的大学始建于西方,在西方大学的发展历程中考察其道德教育理念的演进,无疑能够触及大学教育理念的本质,厘清教育理念变革的原因及其践行后的结果,揭示践行道德教育理念与我们建设世界一流大学的关系。

第一节　德国大学理念

始建于 1502 年的德国哈勒大学(德文:Martin‐Luther‐Universität Halle‐Wittenberg)被称为"第一所现代大学";1809 年由威廉·冯·洪堡(Wilhelm Von Humboldt,1767—1835)创办的柏林大学(德文:Universität zu Berlin)被誉为真正现代意义上的第一所大学。柏林大学贯彻并传承了洪堡开创的新大学理念,对世界高等教育发展产生了深远的影响。洪堡的大学理念自然也成了我们讨论的起点。本章我们重点讨论德国大学理念,以康德、洪堡和雅斯贝尔斯(Karl Jaspers,1883—1969)的大学理念尤其是他们的道德教育理念为代表分别进行讨论。

一、康德的道德哲学大学理念

18 世纪欧洲思想史的天空群星璀璨,而被喻为人类思想史星空中最亮星星之一的思想家,德国著名思想家、哲学家、教育家伊曼努尔·康德当之无愧。媲美于科学界改变人类宇宙观、世界观的一代自然科学伟人尼古拉·哥白尼(Mikołaj Kopernik,1473—1543),作为德国古典哲学的奠基者和集大成者,康德被誉为"人类哲学界的哥白尼"。

---

① ［美］威廉·墨菲等:《芝加哥大学的理念》,彭阳辉译,上海人民出版社 2007 年版,前言第 2 页。

1724年,康德生于德国柯尼斯堡(今俄罗斯加里宁格勒),少年时代从"诚实正直、道德高尚和遵纪守法的典范"的父母那里获得了"从道德角度来看,再也不可能更好的教育"①。1740年,康德进入柯尼斯堡阿尔贝图斯大学学习,1748年开始担任家庭教师工作,1755年取得柯尼斯堡大学编外教授职位,1770年终于获得终身教职,担任逻辑学和形而上学正教授。

经过"沉默的十年",1781年5月,举世闻名的《纯粹理性批判》发表;1785年,《道德形而上学的基础》面世。1786年,康德首次担任大学校长。1788年,《实践理性批判》发表;1790年,《批判力批判》出版;1803年,集中反映康德教育思想的著作《论教育》出版。康德哲学体系博大精深,学界较普遍接受的观点是将其深邃的哲学体系大致分为两部分:其一为理论哲学(或曰自然哲学);其二为实践哲学(也称道德哲学)。

(一) 康德的道德教育哲学

在哲学界,康德被誉为是他之前哲学的终结者,又是现代哲学的开创者。日本哲学家、被视为日本康德研究权威的著名学者安倍能成(1883—1966)认为,康德恰似一个处于贮水池地位的人。可以这样说,康德以前的哲学概皆流向康德,而康德以后的哲学又是从康德这里流出的。②

这个比喻生动地说明了康德在哲学界举足轻重的地位及其广泛深刻的影响。尽管康德的教育思想没有像其哲学思想影响如此巨大,但他一生从事教育工作50余年,把人的问题作为自己关心和研究的中心问题,并以其博大精深的批判哲学思想为基础,系统回答了"我能够知道什么"(理论哲学的贡献)和"我应该做什么"(实践哲学的贡献)两大人类世界的重要问题。在此基础上,他以"人是什么"的问题展开了对教育学思想方法的革命,提出了关于教育目的、意义和价值、教育过程和使命、教育取向和原则等一系列教育领域重大基本问题的思想观点。虽然他那半个多世纪独特的高等教育研究和大学教学实践经历具有不可复制性,但由于其哲学思想的深刻加持,他的教育哲学思想不仅为其后德国教育学的发展奠定了深厚的思想基础,也超越国界对后世的大学教育尤其是大学道德教育产生了深远影响。德国著名教育家、康德研究专家、柏林洪堡大学(德文:Humboldt-Universität zu Berlin,建立于1809年,简称柏林大学或洪堡大学)的底特里希·本纳(Dietrich Benner,1942—   )教授认为,康德的教育思想是继其理论哲学和实践哲学思想革命之后对教育思想方式的革命。

---

① [德]曼弗雷德·盖尔:《康德的世界》,黄文前等译,中央编译出版社2012年版,第12页。
② [日]安倍能成:《康德实践哲学》,于凤悟等译,福建人民出版社1984年版,第3页。

如果说,从总体上看,康德提出以三大批判思想观点为代表的哲学完成了对西方理论哲学的"哥白尼式革命";那么,在其道德哲学思想领域,为了找到确立人类"头顶的星空和内心的道德律令"的最高原则,康德提出了"绝对命令"①的思想观点为其道德哲学的中心观念,解决了萦绕一生的心头难题,最终完成了道德哲学(实践哲学)领域具有划时代意义的"哥白尼式革命"。总的来看,康德的实践哲学思想即道德哲学思想主要集中在早期的著作《道德形而上学的基础》(1785)、《实践理性批判》(1788)及晚期的著作《道德形而上学》(1797)之中。晚期的这本著作可谓是其道德哲学思想的总纲,反映在"绝对命令"观念统率下的"目的—手段"公式和"普遍—立法"公式中。其主要观点有:

第一,每个人都是道德法则的主体和目的。

康德道德哲学的"哥白尼式革命"主要体现在康德实现了在对传统道德哲学的批判基础上完成了他的道德哲学的第一项任务,即建立最高的道德原理,提出了每个人都是道德法则的主体和目的的观点。他提出:

> 无论是谁在任何时候都不应把自己和他人仅仅当做工具,而应该永远看做自身就是目的。②

> 应当这样行动,使你不仅在你这个人这里,而且也在每个别的人那里,决不把人只作为手段来使用,而在任何时候同时也作为目的来使用。③

秉持这样的观点,就像哥白尼颠覆了在他的时代之前人类的地球中心宇宙观一样,康德全面批判人类长期秉持的手段论,以目的论的新思维方式颠覆了人类道德法则的传统观念,完成了道德领域的思维革命。可以说,自亚里士多德开始的关于目的和生活方式的等级制度的观念到康德这里就被终结了。而且,远不止于此,通过提出超目的论,康德还为人类的德行指明了道德实践的科学路径。他从强调把人作为目的而不是把人只作为手段的最高原则出发,强调尊重每个人的尊严和人权,强调人人平等的观念。这是

---

① "命令"(Imperative)主要是指人类的意志除了受实践理性的规定外,还受到经验或感性的"爱好"的影响,这种影响对意志来说就成为偏离法则表象的、偶然的,此时实践理性的规定就对它成了"命令"。命令分为有条件的假言命令和无条件的定言命令。前者只是为达到某个具体目的的技术性的明智劝告,后者才是道德上的绝对命令,即实践理性自身运用的逻辑一贯性。参见邓晓芒:《康德哲学诸问题》,生活·读书·新知三联书店2006年版,第80页。

② [德]伊曼努尔·康德:《道德形而上学原理》,苗力田译,上海人民出版社2012年版,第40页。

③ [德]伊曼努尔·康德:《实践理性批判》,韩水法译,商务印书馆1999年版,第31页。

康德的道德法则。

第二,善良意志是人的最重要的道德品质。

康德的"绝对命令"是一种检验和评判行为准则的道德原则。从其作为理性体系"拱心石"的自由概念出发,康德从实践理性证明了"绝对命令"的实在性。由于人是属于"自由王国"的理智存在者,那么,人的理性就使自己具有服从道德法则制约的可能性,所以人具有是遵从自然法则还是道德原则出发进行选择、选择服从什么的自由。正是基于这种自由观念,康德认为"善良意志"是人的最重要的道德品质。这种品质因为出于为善而善的动机、因为服膺"纯粹善良"的意志,因而散发出宝石般的光芒,照亮人们的道德实践之路。人们的道德实践义务、也是道德实践使命就是努力摒除那些没有遵从善良意志准则而具有极大危害性的"极恶"。

第三,意志自律成为唯一的道德实践法则。

如何进行道德实践呢? 康德提出了人们应该遵循的行动法则,这就是以意志自律作为引领人们意志自由的立法原则。

> 应当这样行动,使你的意志的准则在任何时候同时也都能够作为普遍的立法原则。①

这条立法原则由三条命令形式来实现:

> 你的行动,应该把行为准则通过你的意志变为普遍的自然规律。
> 你的行动,要把你自己人身上的人性和其他人身上的人性,在任何时候都同样看做是目的,永远不能只看做是手段。
> 作为自己和全部普遍实践理性相协调的最高条件,每个有理性东西的意志的观念都是普遍立法意志的观念。②

这三条命令形式之间的逻辑关系是,首先在绝对命令的引导下从通俗的道德哲学进阶到道德形而上学;其次在坚持人是目的而不是工具的绝对命令指引下再进阶到实践理性批判。但是,假如意志在它的准则适宜于其本身作为普遍立法以外的别的什么地方,由于脱离了自身,故而在其客体的

---

① ［德］伊曼努尔·康德:《实践理性批判》,韩水法译,商务印书馆1999年版,第31页。

② ［德］伊曼努尔·康德:《道德形而上学原理》,苗力田译,上海人民出版社2012年版,第30—38页。

某种特性中寻找规定它的法则,那么随时都会出现他律。①

把意志行为服从于外在因素的"他律",而不是法由己出的"自律",在康德看来都是不道德的。总之,为了避免陷入意志他律,意志自律确定自己行动准则的根据时就要避免以任何一种动机和兴趣作为选择。在康德那里,"意志自律"就是道德主体排除了任何外在因素的影响,自主地设定道德法则,也就是为自己的意志"立法"。

康德的道德哲学虽然成为现代伦理学最重要的里程碑之一,但我们不能不批判其"善良意志"中的唯心主义成分,也决不能忽视其形式主义的一面。马克思在吸收德国古典哲学的合理内容时,就彻底地批判了康德并不在意他的"善良意志"是否具有社会实践性效果。恩格斯(Friedrich Engels,1820—1895)指出,尽管黑格尔是一个十足的唯心主义者,但恰恰是这个唯心主义者尖锐地批评了康德的道德观念,指出了康德"绝对命令"的软弱无力。但是康德强调人的自由、自律和理性,这些思想把教育引向自律、意志善良和理性,这对道德教育也有很大启发。

(二)康德的道德教育理念

第一,人是道德教育的根本和终极目的。

高擎着"人是目的"的最高道德法则,康德建构起其道德教育体系。"人是目的而绝非手段"贯穿在康德道德教育思想的所有方面,无论是道德教育的目的和原则还是内容与方法,无不体现着这一道德律令的最高法则。"人是目的而绝非手段"是指导人们道德实践的"绝对命令",是每一个个体获得自我尊严与他人尊重的前提,也是道德教育得以施行的基础。

第二,通过道德教育培养造就完善的世界公民是教育的根本目标。

康德的哲学是世界的、全人类的。从哲学人类学的视角展开,康德提出应当以培养完善的世界公民为教育的目标,这样的世界公民应当是有理性的、自律而自由的人。康德主张,人只有通过教育才能成为人。

其中,实践性教育或者说道德性的教育使人得到教养、具有人格、获得自由,实现人的内在价值。故而道德教育应该放在首位。因为,如果"一个人在身体上可能受到了很好的培养,他可能在智力上得到了出色的训练,但假如在道德上得到的教化却是糟糕的话,那他还是一个劣质造物"。②

所以,他指出,必须非常重视道德教育的作用。

①　[德]伊曼努尔·康德:《纯粹理性批判》,邓晓芒译,人民出版社2004年版,第97页。
②　[德]伊曼努尔·康德:《论教育》,李其龙等译,人民出版社2017年版,第32页。

它必须一开始就受到注意,甚至在自然性的教育中马上受到注意,倘若不然,就将产生根深蒂固的错误,此后一切教育艺术都将对此无济于事。①

康德对道德教育重要地位的强调对德国哲学家、心理学家约翰·赫尔巴特(Johann Friedrich Herbart,1776—1841)的影响很大。在吸收上述思想的基础上,赫尔巴特甚至走得更远。他认为:

我们可以将教育惟一的任务和全部的任务概括为这样一个概念:道德……道德,普遍地被认为是人类的最高目标,因此也是教育的最高目标。②

第三,纯粹实践理性的方法是道德教育的基本方法。

纯粹实践理性即实践理性,与纯粹理性中的纯粹理论理性相对应。纯粹实践理性的最高原则是道德自由,所以强调道德实践的高度自律。因而,纯粹实践理性的方法为人们实现道德自由的道德实践提供了一种道德的教养和训练的最普遍的方法论准则。③

正是在这种方法论准则的指导下,人们才得以正确探索那些"如何能够做到使纯粹实践理性的法则进入人的内心和影响内心准则的那种方式,也就是能够使客观的实践理性也在主观上成为实践的那种方式"④。

因为纯粹德性是人类的本性,而作为人的本性的纯粹德性要求出于义务而不是出于偏爱来遵守道德规范,并且德性是可教的,因此,纯粹实践理性的方法作为道德教育的方法是可能的,并且是德性的。

康德认为道德教育的关键是培育道德主体的主体性。因而,纯粹实践理性的方法具体而言包含四个层面的内容:

第一,指导受教育者进行道德行为练习以提升道德主体的道德判断力是基本前提。

不要用我们那些感伤文字中被如此大量滥用的所谓高尚的(过誉了的)行动的榜样来打扰这种练习,而是把一切都仅仅转移到义务以

---

① 〔德〕伊曼努尔·康德:《论教育》,李其龙等译,人民出版社2017年版,第18—19页。
② 《赫尔巴特文集》第4卷,李其龙等译,浙江教育出版社2002年版,第177页。
③ 〔德〕伊曼努尔·康德:《实践理性批判》,邓晓芒译,人民出版社2003年版,第219页。
④ 〔德〕伊曼努尔·康德:《实践理性批判》,邓晓芒译,人民出版社2003年版,第205页。

及一个人在他自己眼里通过没有违犯义务的意识而能够和必须给予自己的那种价值之上。①

第二,以合道德性的道德教育程序和伦理共同体的训练作保证,充分发挥榜样的教育性功能来训练受教育者培养敬重义务的意识。

第三,在了解受教育者的前提下因材施教,在保证道德教育程序合乎道德性的前提下因人而异地采取不同的道德教育方法,如类似于苏格拉底的"精神助产术"等。

第四,只有将道德主体联合成道德体系整体才能实现道德上的至善。

> 由于道德上的至善并不能仅仅通过单个的人追求他自己在道德上的完善来实现的,而是要求单个的人,为了这同一个目的,联合成为一个整体,成为一个具有善良意念的人们的体系;只有在这个体系中,并且凭借这个体系的统一,道德上的至善才能实现。②

所以,康德强调形成具有善良意念的人们的整体力量,以促进每一个道德主体个体实现道德上的至善。

在道德教育过程中,批判性地汲取康德纯粹实践理性的方法给予我们的启示是:

第一,应该注重道德教育方式本身的道德性。人的自由本性决定了德性的自由本质,道德教育的方法应该基于德性自由而不是出自强力制约。把受教育者看作是道德灌输的工具(客体)而不是目的(主体)的强行灌输方式或者追求某种专门教育效果的假大空全的方式本身就是不道德的。

第二,榜样教育应该以德性为目的,而不是以学习榜样本身为目的。每一个成为道德榜样的个体必然具有相同的榜样德性,也必然具有获得榜样德性的个体差异性。所以,需要学习的榜样德性本身,而不是成为榜样的具体方式。方式只具有工具性的意义,不能成为甚至取代目的。

二、洪堡的大学理念

在德国大学发展史上,如果说康德的道德哲学大学理念对于德国大学

---

① 〔德〕伊曼努尔·康德:《实践理性批判》,邓晓芒译,人民出版社2003年版,第210页。

② 〔德〕伊曼努尔·康德:《纯然理性界限内的宗教(康德论上帝与宗教)》,李秋零编译,中国人民大学出版社2004年版,第369页。

发展的意义主要是在理论建构层面,那么,创建了柏林大学的洪堡则因为亲自实践了自己的大学理念而当之无愧地堪称德国"现代大学之父"。

　　这位教育家、语言学家 1767 年 6 月 22 日生于德国波茨坦(Potsdam)的一个普鲁士贵族官僚家庭,童年在特格尔庄园度过,12 岁丧父,少年失怙。在严肃内向的母亲的操持下,数位启蒙运动中的著名学者先后被延请担任其家庭教师,其中包括启蒙主义教育学的重要代表人物、泛爱主义教育思想的主要代表人物之一、出版了第一部现代教育百科全书的海因里希·坎普(Joachim Heinrich Campe,1746—1818)。贵族家庭教育的必修课程如希腊文、拉丁文、法文和法学、政治学、经济学、哲学等,加上洪堡自己的刻苦钻研,不仅给了他严格的逻辑训练,而且为他的发展奠定了坚实的学问基础。1787 年,20 岁的洪堡进入奥德河畔法兰克福欧洲大学(Europa-Universität Viadrina,建立于 1506 年,曾于 1811 年关闭,1991 年重建)学习法律,一年过后又转学至乔治-奥古斯都-哥廷根大学(University of Göttingen,建立于 1734 年,现简称哥廷根大学)继续法学学习,同时对古希腊历史和古典文化产生了浓厚兴趣。1789 年,洪堡和家庭教师坎普一起旅行到了法国大革命的中心巴黎,见到才被推倒数周的巴士底狱,开始从政治上思考法国大革命。受启蒙运动的影响,青年洪堡开始系统地研究有关国家职能、国家与社会、个人与国家的关系、宗教和教育等问题。早期的这些研究成果形成《论宗教》《对国家宪法的思考》和《试论国家职能的界限》等文章,并于 1791—1792 年间陆续发表。这使得洪堡在当时的德国思想界崭露头角。

　　1802 年,洪堡被委任为普鲁士驻罗马教廷公使。正是在意大利担任普鲁士驻罗马教廷公使的这段时期,欧洲历史上、德国历史上的一系列重大事件发生了,如 1806 年神圣罗马帝国解体、同年法国占领柏林、1807 年因普鲁士的惨败而不得不与拿破仑·波拿巴(Napoléon Bonaparte,1769—1821)签订极为苛刻的《提尔西特和约》(The Treaty of Tilsit)等。1808 年 10 月,经历了这些重大事件的洪堡回到德国。

　　1809 年对于洪堡的生命历程来说是个极其重要的年份。从这年 2 月开始,他被任命为普鲁士王国内政部文化及教育司司长,这是全面掌管普鲁士所有教育文化事务的最高行政职务。虽然在这个职位上只有短暂的 16 个月,洪堡还是以极大的勇气改革了普鲁士实行多年的义务教育制度,包括成立新人文主义的高级中学并为其培训相匹配的教师等。其最为巨大的成就是打破了接受教育的阶层壁垒,基本上实现了所有阶层子女的教育机会均等。1809 年 10 月,洪堡克服重重困难终于创办了柏林大学,并开始实施他的大学理念。洪堡为柏林大学找来了一大批优秀教授。他在柏林大学大力提倡学术自由,鼓励各种学派之间的自由竞争,坚持将科学研究作为大学的重要职能。在洪堡的领导下,以柏林大学为样板,德国的高等教育改革迅速产生了卓有成效的影响,并深刻地影响了欧洲乃至世界各国的高等教育近代化。

陈洪捷认为,洪堡的大学理念,作为一个特指意义的专有名词,已经被赋予了高等教育史的"符号"意义。因为洪堡是柏林大学的实际建立者,其在柏林大学施行的办学思想被视为德国大学理念的核心思想。但它其实是洪堡所处时代的一批德国知识分子关于德国特色大学的集体智慧的结晶。其中有代表性的学者,如约翰·戈特利布·费希特(Johann Gottlieb Fichte,1762—1814)、弗里德里希·恩斯特·施莱尔马赫(Friedrich Daniel Ernst Schleiermacher,1768—1834)、弗里德里希·约瑟夫·谢林(Friedrich Wilhelm Joseph Schelling,1775—1854)、亨里克·斯泰芬斯(Henrik Steffens,1773—1845)等人关于大学的相关论述,甚至伊曼努尔·康德的教育哲学、弗里德里希·席勒(Johann Christoph Friedrich von Schiller,1759—1805)的启蒙文学都是洪堡大学理念这一集体思想的贡献者。自1835年4月8日洪堡去世后的近二百年来,现代大学理念的内涵不断被扩展、被完善,但其理念的核心思想如重视教学与科研的结合、提倡学术自由、注重专业的学术训练等,仍然是当代世界各国大学秉承的基本思想。

可以说,整个现代大学制度的话语体系和思想基础基本是由洪堡大学理念所奠定的。虽然进入了后现代时代,我们仍然无法超越洪堡大学理念。没有这一大学理念所提供的概念体系,我们基本无法讨论我们的高等教育。①

（一）洪堡大学理念的核心原则

从1809年2月至1810年8月最终辞去文化及教育司的职务,洪堡在担任普鲁士内政部文化及教育司司长期间全面负责教育改革。在第一次普法战争(Franco-Prussian War)普鲁士战败的阴影下,包括最主要的哈勒大学在内的7所大学也被迫随着普鲁士丧失的国土而失去。临危受命的洪堡看到在柏林建立一所新的大学具有"以精神上的力量来弥补物质上的损失"的深远意义,有助于提升和增强普鲁士乃至整个德国的民族地位和文

---

① 陈洪捷:《洪堡的大学理念:如何解读,如何继承》,《社会科学报》2017年7月13日。

化自信,深刻地将大学看作民族文化的最崇高所在,全力投入柏林大学的筹
建,并将其秉持的基本观念付诸大学教育改革行动,展现了其大学理念的一
系列基本原则,其中的核心原则有以下三条:

第一,大学的任务是"由科学而达致修养"(Bildung durch Wissen-
schaft)。

洪堡拓展了古典大学传授知识、传承文化的大学理念,提出了世界大学
发展史上影响深远的大学双重功能理念,即"由科学而达致修养"。这个理
念表达的是大学应担负双重使命:一是始终探索科学探究真理,二是通过探
求科学来提升人的精神和道德修养。这里的"科学"在洪堡那里具有"纯科
学"的特指意义,即建立在深邃观念之上统领人类社会一切学科的知识归
宿。对整个民族而言,它是"最美的花朵和最高贵的果实"。它有别于所有
人文社会科学和自然科学领域的"经验科学"。大学应该从事的就是这种
"纯科学"。洪堡认为,对人来说,科学虽然不是最终目标,但却是达到最终
和最高级目标的必经阶段。因此,应视科学为一尚未完全解答之问题,因而
始终处于探索之中。

这里的"修养"指一种道德和人格上的境界。洪堡秉持新人文主义,坚
持认为通识性的修养(allgemeine Bildung)与专门的能力和技艺无关,它是
个性全面发展的结果,是人之为人必备的素质,是大学教育应该追求的真正
目标。达致"修养"目标的唯一正确路径是探求"纯科学","纯科学"是提
升"精神和道德修养的……天然合适的材料",或者说,科学并不是为修养
刻意而准备,而是天然地适于进行修养。

"由科学而达致修养"的原则不仅概括了大学的双重任务,而且言简意
赅地指明了二者之间的关系,一方面强调大学要"把科学看做尚未穷尽、且
永远无法穷尽的事物,并不舍地探求之"①。

这是大学赖以立身的首要根本任务;另一方面,以此为基础,对科学不
懈探求的根本目标是为了促进学生道德修养的提升乃至提振整个民族的精
神。因为大学完全是从事科学的机构而非狭义的教育机构,而科学可以陶
冶性格,所以只要大学"唯科学是重",将科学置于大学的核心地位,专心于
科学并不舍地探索,修养(践行道德)的目标就会随之得以实现。

可见,在洪堡的大学理念中,"修养"(Bildung)是一个核心概念。使人
获得并提升人的"修养"是整个教育的基本出发点和最终目标,大学的最终

---

① 陈洪捷:《德国古典大学观及其对中国大学的影响》,北京大学出版社2015年版,第36—
37页。

目的是培养有修养的人。洪堡强调，探求科学的目的也是为了实现"培养有修养的人的目标，修养只能在纯科学活动中获得，任何旨在满足社会实际需要的专门性知识，只会让人趋于庸俗，背离修养的方向"①。

据此，我们有理由认为，洪堡大学理念的首要原则和核心观念可以归结为洪堡的大学道德教育理念。

第二，学术自由是大学制度的基本组织原则。

从他的"纯科学"观念出发，洪堡坚持认为：

> 自由是必需的，寂寞是有益的；大学全部的外在组织即以这两点为依据……寂寞和自由……为（大学）支配性原则。②

他坚信，无论是出于学术探索的目的，还是为了人的修养——意味着个人潜力的自由而和谐的发展，大学都必须保持其自主性，享有大学人的学术自由，包括教的自由和学的自由。在教师这一方面，从事学术研究的大学教师完全服从科学探索的内在要求，自由选择教学内容和教学方式；在学生这一方面，学生也平等地享有选择教师、选择学习内容和学习方式的自由。

在此，对于教与学的两种自由，我们必须基于前述洪堡的人文主义自由观的思想背景去理解其更深层次的含义。在洪堡看来，"教与学的自由"不能从表面上被流于肤浅地理解为，一方面教师可以随心所欲地选择教学内容；同时另一方面学生可以随心所欲地选择学校和课程。"教与学的自由"的出发点是基于学术探索和人的修养，其根本目的是通过"自我塑造"（Bildung）成一个有修养的、充满理性而又具有个性的人，最终实现个体自由。正如洪堡所强调的：

> 准则不是一致与服从，而是自由与独立。教授并不是从事教学、组织考试的国家官员，而是独立的学者。教学工作并不需要遵循既定的程序，而是将教与学的自由作为行动的出发点。教育的宗旨不是向学生灌输百科全书式的知识，而是让他们了解真正的科学文化。不再认为学生仅仅是为将来成为国家公务员做准备，而是把他们看作是需要通过无所禁忌的科学学习，在思考独立、思想自由和道德自由的环境中

① 陈洪捷：《德国古典大学观及其对中国大学的影响》，北京大学出版社 2015 年版，第 39 页。
② 陈洪捷：《德国古典大学观及其对中国大学的影响》，北京大学出版社 2015 年版，第 38 页。

得到培养的年轻人。①

也就是说,洪堡的"教与学的自由"所说的"自由"作为大学的"支配性原则",是实现洪堡人文主义自由大学理念的制度保障。

第三,通过"学术立国"实现大学与国家目标利益的一致性。

如果说前两条原则是协调大学内部关系的核心原则,那么这第三条原则就是协调大学外部关系即大学与国家关系的核心原则。而实现这一条原则的主要主张就是站在整个国家的高度来提升大学的学术地位和社会地位,在洪堡那里凝聚为"学术立国"。如果我们结合洪堡所处时代的整个欧洲历史文化背景、结合当时德国的国家遭遇、结合他本人的人生经历来看,就不难理解他为何提出这样独特的主张。1806 年 10 月,第一次普法战争以普鲁士被拿破仑战败而结束。1807 年 7 月《提尔西特和约》的签订几乎使普鲁士陷入全面崩溃的境地。正是在这样整个民族、国家和个人都处于特殊时期的情境下,洪堡筹建的柏林大学就已经不再是传统意义上的学者行会的民间社团组织,而是具有国家机构层面社会组织的地位和意义了。并且在某种程度上还可以说,当时的柏林大学是"受命于危难之际",担负着复兴德意志民族文化的时代重任。无论其后"学术立国"的成效如何、无论后世如何评判,至少通过"学术立国"实现大学与国家目标利益的一致性成为德国协调大学与国家关系的重要原则与文化传统。并且这条原则对很多后发国家具有重要的示范效应,也在 19 世纪末对日本和中国纷纷效仿柏林大学"学术立国"的理念、从国家层面出发建立大学以振兴本国民族力量都产生了深远影响。

> 洪堡在此基础上提出了所谓"文化国家"的理念,从政治的角度,从国家的层面为大学的合法性和优先性奠定了基础。从全球的角度看,进入 20 世纪之后,科学技术在国家发展中的地位日益提升,学术和科技普遍成为国家的行为和国家发展的目标。如此看来,洪堡的"文化国家"理念无疑具有一种引领作用。②

世界高等教育发展的历史证明,洪堡关于大学与国家关系的观点具有

---

① ［德］弗里德里希·鲍尔生:《德国大学与大学学习》,张驰译,人民教育出版社 2009 年版,第 53—54 页。

② 陈洪捷:《德国古典大学观及其对中国大学的影响》,北京大学出版社 2015 年版,第 39 页。

现实针对性和时代超前性。由于深谙国家权力渗透到大学内部的德意志传统，一方面，他深刻地认识到：

> 如果没有国家的参与，事情将不会最终朝好的方向发展。①

另一方面，他又坚定地捍卫大学自身的目标：

> 就总体而言，国家决不能要求大学直接地和完全地为国家服务；而应当坚信，只要大学达到了自己的最终目标，它就实现了，而且是在更高的层次上实现了国家的目标。②

正是坚定的秉持学术自由和大学自治的信念，洪堡领导的柏林大学还真正地开创了教授治校的传统并一直延续发展至今。"柏林大学校长与各院院长最初采用任命的方式，法学教授施马尔茨担任临时校长，不久改为选举。"③"柏林大学以讲座教授为主组成了校务委员会，用以决定办学方针、教学计划及有关校务，同时每年一度地推选校长。"④

从实质上看，为确保洪堡大学教育理念的实现，这三条原则始终围绕着一个核心并最终统一于一个大学教育目的，即"由科学而达致修养"。洪堡是柏林大学的实际建立者。虽然他当时掌管普鲁士教育事务仅仅 16 个月，在他短暂的任期内尚未真正全面实现其大学教育理念，但是我们不能忽略和忘却洪堡大学理念本来的初心：

> 高等学术机构作为学术生涯的顶峰，是民族道德文化汇集之地，它的概念以此为基础：高等学术机构准备从广度和深度上研究学术，要给精神和道德上的教育提供不是刻意但自然合理的材料。⑤

因此，大学应该是人的灵魂和文化的最理想的养成所——

---

①　周丽华：《德国大学与国家的关系》，北京师范大学出版社 2008 年版，第 63 页。
②　［德］威廉·洪堡：《论柏林高等学术机构的内部和外部组织》，陈洪捷译，《高等教育论坛》1987 年第 1 期。
③　贺国庆：《外国高等教育史》，人民教育出版社 2003 年版，第 202 页。
④　韩延明：《大学理念论纲》，人民教育出版社 2003 年版，第 315 页。
⑤　［德］安德烈亚斯·弗利特纳编著：《洪堡人类学和教育理论文集》，胡嘉荔等译，重庆大学出版社 2013 年版，第 90 页。

它为狂热的研究团体检视知识的不同领域,并将他们的视野延伸到开放的存在领域之中,通过更好地理解美好生活和拓宽自由的领域而探索一种人类的生存模式。①

(二) 洪堡大学理念产生的历史背景和文化语境

洪堡大学理念的最终形成与践行,是当时德国新的大学观碰撞融合的结果,也更多地依赖于洪堡所处时代的社会政治、经济和大学改革发展的历史文化语境。

洪堡大学理念形成的背景离不开德国复杂的历史文化。16世纪由马丁·路德(Martin Luther,1483—1546)领导的宗教改革并不彻底,德国依然保留了农奴制,整体上在欧洲处于落后地位。19世纪初叶,在德国启蒙运动、德国哲学(尤其是理性主义哲学)迅速发展等思想文化背景下,广大民众"在为一项充满紧张的教育纲领而战斗,这项纲领的目的是让所有个体都接受教育,在人性改善的前提下建设一个公正合理的美好社会"②。

在这样的社会风气中,人们不仅开始普遍关注人的自由、科学观念等问题,而且进一步重新审视了宗教、人和社会的关系、大学使命、大学与政府的关系等问题。大量理性思考的成果为德国大学改革奠定了坚实的思想基础和社会基础,为洪堡大学理念的一些核心概念如"科学""修养""自由""寂寞"等、一些重要思想如"重视科学研究""学术自由""教与学的自由"等被人们广泛接受创造了重要的社会条件。"德国高等教育的前古典时期"(从欧洲中世纪大学的产生到19世纪初)部分德国大学的改革,也为柏林大学的建立及洪堡大学理念的实施提供了历史借鉴。

综合起来看,德国高等教育的发展历程大致可以分为前古典时期、古典时期和近现代时期。前古典时期指中世纪欧洲大学的产生到19世纪初叶。深受法国和意大利早期大学的影响,前古典时期的德国大学主要在借鉴法国意大利早期大学中边改革边发展,同时极大地促进了德国思想文化的发展和经济社会的进步。19世纪后半叶德国经济迅速崛起,书写了德国"整个近现代史中最令人惊异的篇章之一",德国高等教育的发展可谓功不可没。

被誉为德国第一所国立现代大学的哈勒大学(德文:Martin-Luther-Universität Halle-Wittenberg,简称 Uni Halle 或 MLU,其前身建立于1502年,

---

① Schadel Bach.*Philosophy in Germany* 1831–1933.Cambridge,Cambridge University Press,2012,p.108.

② 张慎:《德国启蒙运动和启蒙哲学的再审视》,《浙江学刊》2004年第1期。

自身建立于 1694 年）是欧洲历史上最为古老的大学之一。1508 年聘任了
牧师马丁·路德讲授神学后，在这位欧洲宗教改革倡导者、基督教新教路德
宗创始人的影响下，哈勒大学迅速成为 16 世纪德国乃至欧洲宗教改革的知
识中心。17—18 世纪期间，主要由自然科学家、德国"启蒙运动之父"克里
斯蒂安·托马西乌斯（Christian Thomasius, 1655 — 1727）和数学家、哲学家
克里斯蒂安·沃尔夫（Christian Wolff, 1679 — 1754）等著名学者倡导并大力
推动，哈勒大学率先在学术自由和教学自由等方面施行推进大学现代化的
重大改革。其中尤为突出的是，它设置了很多跨学科课程，从而率先突破了
"哲学、数学和自然科学之间的经院哲学的樊篱"①。哈勒大学注重在教学
内容中吸纳新科学知识和新思想文化，被称为"欧洲最严格的研究机构和
专业学习的高等教育机构"②。德国著名的德国教育史研究学者、柏林大学
教授弗里德里希·鲍尔生（Friedrich Paulsen, 1846 — 1908）认为：

> 作为普鲁士振兴新基石的哈勒大学，是第一所现代大学。它不仅
> 是德国的而且是欧洲的第一所具有现代意义的大学。哈勒大学之所以
> 声望昭著，由于它有两个主要特点。第一，它采纳了现代哲学和现代科
> 学；第二，它以思想自由和教学自由为基本原则。在此之前，新教设立
> 的大学和天主教的大学一样，都以教会肯定的教条为教育原则，教授要
> 保证不触犯这些教条。③

正是坚持大力倡导思想自由、学术自由和教学自由，并且引领"研究自
由和教学自由已成为人所公认的原则"④。哈勒大学成为 18 世纪德国新大
学的代表，长期在欧洲高等教育史上享有盛誉。

1734 年创办的哥廷根大学（德文：Georg-August-University of Göttingen，
英文：George-August-University of Göttingen）也是古老的、以"没有校门和围
墙的大学"著称的另一所享有卓著声誉的德国大学。受到哈勒大学的影
响，哥廷根大学也在教学内容、教学形式等多方面进行了一系列改革。同时
吸取哈勒大学的教训，哥廷根大学更为彻底地推进研究自由与教学自由。
其中最有代表性的改革就是举办"塞米纳"（Seminar），这种将教学和科研
紧密结合的教学形式后来被欧美大学界广泛接受。直至今日，"塞米纳"依

---

① 贺国庆：《外国高等教育史》，人民教育出版社 2003 年版，第 133 页。
② 贺国庆：《外国高等教育史》，人民教育出版社 2003 年版，第 135 页。
③ ［德］弗里德里希·鲍尔生：《德国教育史》，滕大春译，人民教育出版社 1986 年版，第 79 页。
④ ［德］弗里德里希·鲍尔生：《德国教育史》，滕大春译，人民教育出版社 1986 年版，第 83 页。

然成为世界各国大学学术训练和教学模式的常规。

这一时期德国哲学的迅猛发展并达到欧洲领先水平也极大促进了对大学理念的探讨。根据欧洲有关大学发展史的论著观点,当时的思想家主要是哲学家关于德国大学发展的理论"形成了不同以往的高等教育的哲学基础"。如被称为德国"近代大学发展史上正式展开大学论说的第一人"的康德,在 1798 年的《系科之争》(*The Strife of Faculties*)论文集中已经论述了学术自由、学术界与国家的关系等论题。其教育哲学秉持大学是守护真理的"学问的共同体"的基本观点,坚持大学应拥有高度的自治权等,就为德国大学改革提供了哲学理论支持。尤其是在 19 世纪初叶,出现了为数众多的要求大学改革的论文,这些论文对大学的改革以及新大学的设立产生了强有力的影响。其中,施莱尔马赫、费希特、谢林、洪堡等人的大学构想成为19 世纪初期以后大学改革的基础。①

如谢林关于"研究与教学统一"的思想体现在他不同时期有关大学教育目的、教师的作用和教学方法的论述中。1808 年,施莱尔马赫在其《德国特色之大学断想录》(*Reflections on Universities With German Characteristics*)中系统表达了自己关于大学精神的理想追求等大学观念。费希特则主要在《论学者的使命　人的使命》(*On the Mission of Scholars, On the Mission of Human*)和《柏林高等教育机构建校计划演绎》等著述中提出了有关大学改革和创建新大学的构想。洪堡形成自己的大学理念也不是偶然的心血来潮,他在筹建柏林大学之前已经对大学组织及其运行模式等问题进行了深入思索,有关成果凝结在他的《论柏林高等学术机构的内在和外在组织》一文中,这些观点是他长期深思熟虑的结果。

那一时期德国思想界秉承理性主义倡导的一系列新大学思想观念超越了实用主义大学观,即:

> 大学应当根据社会经济的实际需要来组织,大学应主要传授各种实用的专门知识,培养各种实用的专门人才,而且大学主要是传授知识而非研究知识的机构。②

最终确立了"教学和科研相结合""学术自由""科学研究领先"等大学

---

① [德]汉斯·帕赫:《大学制度内社会史》,山本尤译,日本法政大学出版局 1988 年版,第180 页。

② [德]弗里德里希·鲍尔生:《德国教育史》,滕大春译,人民教育出版社 1986 年版,第 83 页。

发展理念,将德国的大学推向一个新的高度,引领了同时代欧洲大学乃至世界大学的发展。

并且,上述诸多思想家并不仅仅满足于在理论上建构德国大学,他们其中的不少人还亲自践行推进德国大学发展的理念。如在著名哲学家、数学家、微积分发明者之一戈特弗里德·威廉·莱布尼茨(Gottfried Wilhelm Leibniz,1646—1716)大力倡导下,柏林科学院终于得以在1700年成立。他本人亲自出任首届院长,开始竭力消除传统神学对科学院的影响。

在世界高等教育史上,洪堡的名字与柏林大学密不可分,他以建立柏林大学并实施大学改革的卓著成就为后世所敬仰,而他在其他方面的成就往往被人们忽视。其实,洪堡学术兴趣广泛,涉猎颇多。就个人思想观念基础而言,西方学界普遍认为,深受人文主义思想影响的洪堡属于欧洲大陆早期的自由主义者。此外,他也被公认为比较语言学创始人之一,一生研究过包括巴斯克语、希腊语、爪哇语甚至汉语在内的多种语言,著有《论爪哇岛的卡维语》。洪堡将语言视为个体思想和民族精神的表达、人类不同存在形式的载体。

> 我想我发现了把语言作为手段来使用的方法,为了研究整个世界最高级和最深刻的东西以及它的多样性,我越来越深信这点。①

他还提出"语言左右思想"的观点,算得上是一位卓有建树的语言学家。同时,他还对自然科学保持浓厚兴趣,与他那个时代的许多自然科学学者交往,并亲自进行自然科学研究。当然,洪堡的历史影响更多的在于他对世界高等教育的贡献。他融通了前人及同时代知识分子的观点,提出并领导柏林大学践行了"研究和教学相结合"的原则,倡导思想独立和学术自由、"教与学的自由",提升哲学院在大学中的地位,形成较为完整和相对稳定的大学办学的基本理念。洪堡大学理念正是在他的人文主义自由观、"统一"的世界观以及大学与国家民族利益统一的大学观等观念的碰撞和整合中逐渐萌发、不断系统化而走向成熟的。

(三) 洪堡大学理念的解读、阐发和继承

洪堡的大学理念对于引领德国大学的迅速发展产生了深远影响,德国也随之成为19世纪国际学术和各国学者学生心中的大学世界"圣地"。历

---

① [德]安德烈亚斯·弗利特纳编著:《洪堡人类学和教育理论文集》,胡嘉荔等译,重庆大学出版社2013年版,第14页。

经两百多年,洪堡的大学理念被不断解读和阐发,其核心原则"学术自由、教学与科研统一、学术立国"等观念及"修养、科学、自由、寂寞"等核心概念也一直引发人们的深入思考。直到今天,解读、阐发和继承洪堡大学理念的基本问题,对于把握大学理念的本质以指导大学建设尤其是"双一流"建设仍然具有重要的理论意义和实践意义。

今天的大学已经深深走入社会生活的中心,再也无法回到"象牙塔"之中。要寻求解决今天世界各国高等教育所面临种种问题的答案,洪堡的大学理念也无法提供所有的解决之道。事实上,柏林大学建立后不久,其发展状况并没有迅速达到理想的状态,反而很快陷入"可悲的日常事务"之中,导致当时的很多人对柏林大学深感失望。即便如此,我们依然相信洪堡点燃的大学精神之火一直都不曾熄灭,它给我们以启示、以国际化的视野、坚持本土化情怀,最终形成具有中国气派、中国特色、中国风格、中国情怀的大学理念,并用于实践,服务于我们的教育强国战略。

三、卡尔·雅斯贝尔斯的大学理念

卡尔·雅斯贝尔斯,20 世纪德国存在主义(existentialism)哲学先驱,精神病理学家。1883 年 2 月 23 日出生于北海沿岸附近的奥尔登堡(Oldenburg)。在"遵从理性与忠诚可靠"的银行经理父亲的影响下长大,早在读人文中学时,雅斯贝尔斯就拒绝盲从在他看来时毫无理由的规定。他很早就习惯于自己寻找问题的答案。对于自己看不出意义何在的事情,他懂得不一定非做不可。雅斯贝尔斯的教育思想主要体现在他去世后于 1977 年在慕尼黑出版的《什么是教育:一份读物》(*What is Education: A Reading Book*)中,核心观点为:

> 教育活动关注的是,人的潜力如何最大限度地调动起来并加以实现,以及人的内部灵性与可能性如何充分生成,简言之,教育是人的灵魂的教育,而非理智知识和认识的堆积。通过教育使具有天资的人,自己选择决定成为什么样的人以及自己把握安身立命之根。①

1923 年,柏林出版的《大学之理念》(于 1946 年再版)集中代表了雅斯贝尔斯的高等教育理念和目标思想。翻译雅斯贝尔斯的任何一本著作都并

---

① ［德］卡尔·雅斯贝尔斯:《什么是教育》,邹进译,生活·读书·新知三联书店 1991 年版,第 4 页。

非易事,所以当该书被译成英文出版时,关于这本小册子的独特写作背景,哈佛大学教授罗伯特·尤里希(Robert Ulich,1890—1977)在前言中作了深情的说明:

> 本书的作者是在经历了十多年的禁锢和苦痛之后,再次重新将自己对于真理恒久而且在本质上是压服不了的价值的信念告白于天下人,对于这样一个人的声音,我们该用心聆听。我们应该把他的话作为金石之言,以之作为反观自身处境的镜鉴。①

(一) 雅斯贝尔斯大学理念的核心原则
在雅斯贝尔斯看来,我们每个人都会徜徉在走向哲学的路上。

> 这条路通向未来,未来在展示出最为可怕的前景的同时,也会展示出光明的前景——要么我们沉沦,在沉沦中,每个人都可以靠哲学来拯救自身的尊严;要么我们升华,而哲学为我们的升华带来了道德意识。没有道德意识,升华必遭失败。②

以其道德哲学指引的大学理念包括以下三条核心原则:
第一,大学是追求真理的生存共同体。
在其《大学之理念》(*The Idea of a University*)一书绪论的开篇,雅斯贝尔斯就直奔主题:

> 大学是一个由学者与学生组成的、致力于寻求真理之事业的共同体。③

本书认为:

> 在卡尔·雅斯贝尔斯那里,"共同体"具有独特的含义。作为内在的"生存共同体"(existential community),人类与生俱来的内在使"人类共同体"能够找到自己的本质自我存在。正是这种独特的共同体内

---

① [德]卡尔·雅斯贝尔斯:《大学之理念》,邱立波译,上海人民出版社2007年版,第15页。
② [德]维尔纳·叔斯勒:《雅斯贝尔斯》,鲁路译,中国人民大学出版社2008年版,第24页。
③ [德]卡尔·雅斯贝尔斯:《大学之理念》,邱立波译,上海人民出版社2007年版,第19页。

在,使得大学中教师与学生成为平等的价值主体,因而他们之间的相互生存交往才成为可能。同时,他们作为自由的生存主体在"生存共同体"——大学内,以"寻求真理"为共同行为目标,超越各自原初实存的自我,超越理性和非理性的界限,超越传统西方哲学的绝对主客二分。由此,在相互生存交往中,"实存"的人生成为一个"整全的人"。①

在此基础上确立的这条核心原则包含着如下两层递进的逻辑关系:

其一,教育是通过"全部文化导向人的灵魂觉醒之本源和根基的生存交往"。可以说,基于其生存哲学观念,雅斯贝尔斯作为哲学家关于教育的定义可谓独树一帜。

> 所谓教育,不过是人对人的主体间灵肉交往活动……使他们自由的生成,并启迪其自由天性……教育是人的灵魂的教育,而非理智知识和认识的堆积……教育的过程是让受教育者在实践中自我练习、自我学习和成长……教育的关键在于选择完美的教育内容和尽可能使学生之"思"……导向事物的本源……通过教育使具有天资的人,自己选择决定成为什么样的人以及自己把握安身立命之根。
>
> 教育的原则,是通过现存世界的全部文化导向人的灵魂觉醒之本源和根基。②

雅斯贝尔斯的生存哲学中,生存交往是两个独立价值主体以确立了绝对意识为交往的前提,在自由性质的交往中指向存在和灵魂觉醒的本源,通过主体精神、生命意志与文化遗产的传递,努力实现人的主体性的构建而成为人自己。

> 如果生存交往成为现实的话,人就能通过教育既理解他人和历史,也理解自己和现实,就不会成为别人意志的工具。③

---

① 郑忠梅:《立德树人:研究生导师职责的学术逻辑及其实现》,《学位与研究生教育》2019年第6期。

② [德]卡尔·雅斯贝尔斯:《什么是教育》,邹进译,生活·读书·新知三联书店1991年版,第3—4页。

③ [德]卡尔·雅斯贝尔斯:《什么是教育》,邹进译,生活·读书·新知三联书店1991年版,第2页。

其二,大学是在交往中寻求真理的生存共同体。

真理与交往密切相关,不能在交往中表达的真理就等于非真理。①

那么,大学作为交往的生存共同体之中最典型最重要的实现形式——必然会踏上寻求真理的道路,因为

大学是实现人类基本求知意志的一种法团组织……大学就是一个将以献身科学真理的探索和传播为志业的人们联合起来的机构……所以,大学里面对真理的追求需要那种整全的人(the whole man)的认真投入……它们的目标应该是塑造整全的人,实现一种最宽泛意义上的教育。②

因此,雅斯贝尔斯希望大学教育"走一条既不是不着边际,也不是僵化刻板的道路。这种风格的教育,一方面对于追根究底和清明理智的精神内核怀有无限的忠诚,另一方面又包含了一种对于整全的人来说命攸关的理性和哲学的冲动"。③

为此,他强调自由是大学教育最重要的因素,必须采取适当的教育方法来尊重和保障学生的自由。因此,教师要努力唤醒学生的潜力,促使学生从内部产生一种自动的力量,而不是从外部施加压力;教师要把学生的注意力从教师身上转移到学生的自身,而教师本人则退居暗示的地位。④

雅斯贝尔斯把自由平等的交流看作是师生探究真理的最典型方式。他希望老师和学生是在同一个水平上彼此遭遇的,他们将共同致力于以一种清晰而精确的风格阐明问题,这种清晰而精确的风格将会唤起双方的激情,促使他们通过自身的努力……以一种严肃而又活泼的、有来有往的方式⑤

---

① Karl Jaspers.*Reason and Anti-Reason in Our Time*.translated by Stanley Godman.Hamden.Conn:Arch on Books,1971,p.43.

② [德]卡尔·雅斯贝尔斯:《大学之理念》,邱立波译,上海人民出版社2007年版,第21—22页。

③ [德]卡尔·雅斯贝尔斯:《大学之理念》,邱立波译,上海人民出版社2007年版,第83—84页。

④ [德]卡尔·雅斯贝尔斯:《什么是教育》,邹进译,生活·读书·新知三联书店1991年版,第8页。

⑤ [德]卡尔·雅斯贝尔斯:《大学之理念》,邱立波译,上海人民出版社2007年版,第92—93页。

平等地展开亦师亦友般的切磋与交流。

第二,学术自由是大学生命的本源。

"自由"是雅斯贝尔斯存在主义哲学思想的核心概念。他把获得个人的独创性,根据自己的见解行动,从而在保持自己的本质之连续性中生活即获得个人自由当作其哲学的主要使命之一。真理、交往与自由一直是他思考的主题。他认为:

> 大学是一个由学者与学生组成的、致力于寻求真理之事业的共同体。它是一个管理自身事物的团体……就像教会一样,它的自治权——这种自治权甚至都得到国家的尊重——是来自一个具有超国家、普世性特点的不朽理念:学术自由……学术自由是一项特权,它使得传授真理成为一种义不容辞的职责,它使得大学可以横眉冷对大学内外一切试图剥夺这项自由的人……因为这是一项人权:即在某个地方人们可以不受任何限制地探求真理,并且为真理而真理。①
>
> 自由是大学教育最重要的因素……大学教育是一个潜移默化的过程,目的是为了获得一种意义深远的自由。②

一方面,没有学术自由,追求真理就成为空谈和想象,大学的精神生活、创造和科学研究也都将归于终结。另一方面,因为大学享有学术自由的特权,享受这一特权的同时意味着大学担负着义不容辞的职责或者义务,即传授真理。大学只有真真切切地做到"为真理而真理",才能实现大学的功能是要成为一个时代的心智良知。③

第三,大学是通过统一性的科学来寻求真理的。

雅斯贝尔斯认为:

> 大学是一所学校——但也是一种特殊类型的学校,创立大学的初衷不仅只是把它作为一个传授学问的场所,更重要的是,在大学里面,学生可以积极主动地参与科学研究,并且凭借这个经验获得终生受用的学术训练和指导……大学是这样一处所在,在这里……人们出于寻求真理的惟一目的而群居于此……人们可以不受任何限制地探求真

---

① [德]卡尔·雅斯贝尔斯:《大学之理念》,邱立波译,上海人民出版社2007年版,第19—20页。

② [德]卡尔·雅斯贝尔斯:《大学之理念》,邱立波译,上海人民出版社2007年版,第83页。

③ [德]卡尔·雅斯贝尔斯:《大学之理念》,邱立波译,上海人民出版社2007年版,第174页。

理,并且是为真理而真理。①

大学通过专门的探究领域即分为不同的学科领域来探求真理的统一性和整体性。在雅斯贝尔斯看来,统一性的科学包括所有的自然科学、人文科学和社会科学,那么相应地,真理也包括自然科学的真理、人文科学的真理和社会科学的真理。因此科学只是真理的一部分,真理的范围是远远大于科学的范围的。如果大学要通过统一性的科学来寻求真理,帮助人们拓展更大更深远的精神生活背景,那么人们必须在不懈追求真理的道路上走得更远。

(二) 雅斯贝尔斯大学理念产生的历史背景和文化语境

1908 年,攻读完法学和医学并获得医学博士学位后,雅斯贝尔斯的职业生涯以精神病医生为开端。1913 年,他取得了心理学专业的授课资格,成为哲学系编外讲师。到了 1922 年,39 岁的雅斯贝尔斯则已经在德国最古老的海德堡大学(德文:Ruprecht-Karls-Universität Heidelberg 英文:Heidelberg University,建立于 1386 年)担任正教授,讲授哲学等课程。但在1937 年,他被希特勒纳粹政权独裁统治的国家剥夺了教职,1938 年出版了小部头著作《生存哲学》(*Philosophy of Existence*)后就被禁止发表任何著述,生活变得贫困交加,并且时时处在危险当中,精神上饱受折磨,直到 1945 年才恢复教职。1946 年,出版《负罪问题》(*The Question of German Guilt*);1947 年,出版《论真理》(*On Truth*)。1948 年,他接受瑞士巴塞尔大学(University of Basel,建立于 1460 年)的聘请,任教于巴塞尔大学哲学系直至1961 年退休。期间,陆续出版了《论历史的起源与目的》(*On the Origin and Goal of History*,1949)、《通往智慧之路》(*Way to Wisdom*,1950)、《大哲学家》(*The Great Philosophers*,1957)等著作。1958 年被授予德国书业和平奖。1969 年 2 月 26 日,雅斯贝尔斯在巴塞尔去世。雅斯贝尔斯自幼便患有心机能不全症。因此,当身体的病痛、生活的坎坷、国家的灾难等艰难困苦一起加诸雅斯贝尔斯之身时,以广泛的学术涉猎为深厚学术底蕴并基于其独特的"哲学信仰",雅斯贝尔斯深入思考了个人与大学如何在最具挑战性的严酷时代,面对纷至沓来的危机来寻求捍卫和拯救德国大学荣誉的解救之路等问题。

雅斯贝尔斯撰写《大学之理念》的那段时期,德国正处在阿道夫·希特

---

① [德]卡尔·雅斯贝尔斯:《大学之理念》,邱立波译,上海人民出版社 2007 年版,第 19—20 页。

勒(Adolf Hitler,1889—1945)纳粹专政的末期,也是德国在第二次世界大战中已然处于战败之际。第二次世界大战使当时的整个德国都处于残酷战争的深重灾难之中,战争阴云笼罩下的德国大学也经受了内外灾难的洗礼,其所遭受的"外在的破坏是显而易见的,证据就是城市里的瓦砾。而内在的劫祸虽不触目,但回忆起来却更加惊心:有成千上万的学生,他们因为受到戈培尔(Geobbels)高音喇叭的蛊惑,因为受到党卫军长筒皮靴的诱惑,而把康德的书丢在了一边;有这样一些教授,他们轻而易举地听信了国家主义和种族主义的宣传,放弃了独立思考的基本标准;还有另外一些教授,尽管他们并不相信第三帝国的那些个说教,但他们……其实是成了欺骗者的帮凶"①。

在当时不少欧洲国家的大学都非常"不体面地崩溃了"的背景下,在惊慌失措的德国知识界,不少著名的哲学工作者在国家社会主义的冲击下背叛了自己的哲学理念、丧失了哲学工作者的人格,但是即使处在性命之忧的阶段,雅斯贝尔斯依然壁立千仞,坚如磐石地显示出一种特殊的人格。而且,正是怀着对当时德国大学和整个德国知识界所面临内外危机的深刻担忧,雅斯贝尔斯开始撰写自己的《大学之理念》。在这本凝练而隽永的书中,雅斯贝尔斯认为当时德国大学所面临的内外危机主要表现在如下三个方面:

第一,大学追求真理捍卫真理的信念淡漠。雅斯贝尔斯认为,处在第二次世界大战的特殊时期,当学术界天空上的黑云逐渐越积越厚重时,战争阴云笼罩下的德国大学科学研究最需要的是一种清晰的方向感,即追求真理的坚定信念。但是,当时德国大学在希特勒纳粹政权独裁统治下实际上已经迷失了方向,表现出

> 与科学思维水火不容的,是随心所欲的主观臆断和一厢情愿的迷信盲从。②

缺乏坚定信念、放弃独立思考,这正是当时部分大学师生思想状况的真实写照,也是导致他们迷信盲从纳粹国家主义和种族主义论调的根本原因。

第二,大学缺乏高远的精神追求,变得急功近利、臣服于权威。对于当时周遭的现实,雅斯贝尔斯明确指出:

---

① [德]卡尔·雅斯贝尔斯:《大学之理念》,邱立波译,上海人民出版社2007年版,前言。
② [德]卡尔·雅斯贝尔斯:《大学之理念》,邱立波译,上海人民出版社2007年版,第27页。

　　在过去,如果说一种世界观是单凭信仰被接受的,而现在,就如同我们已经看到的,是出于科学的权威而被接受。①

　　这种现象是大学缺乏追求真理的笃定信念而盲从迷信科学的直接表现。雅斯贝尔斯透过现象看到本质,深刻地指出:

　　　　研究工作也只限于那些有实际用途之物上,于是学术就被限制在可了解、可学习的客体范围内,本来应是生存在永无止境的精神追求的大学,这时也变成了普通的学校。②

　　第三,大学缺乏学术自由。在战争阴云笼罩下,追求学术自由显然已经成为奢望。但是雅斯贝尔斯依然坚持认为,大学缺少了自由,也就失去了独立思想的可能性本源,将岌岌可危,甚至将会面临灭顶之灾。他一针见血地指出,当人们开始分不清哪些人是具有独到精辟见解的学者、哪些人是会掉脑袋的研究者之时,"那便是大学衰退的信号"③。也是大学开始走向极其可悲境地的信号。

　　正是在当时整个德国处在极其特殊的历史时期、整个德国大学都在战争阴云笼罩下存在着上述危机的背景下,雅斯贝尔斯建构起他独特的大学理念体系。

　　(三) 雅斯贝尔斯大学理念的解读、阐发和继承

　　为了更清晰地阐释自己的大学理念,雅斯贝尔斯在《大学之理念》一书的第二部分"大学的目标"中专章论述了"大学作为一种制度"(university as an institution),阐述了大学理念与大学制度的逻辑关系,提醒人们要正确认识与理性处理大学理念与大学制度之间的关系。

　　在雅思贝尔斯看来,一方面,大学理念是大学制度的灵魂和思想内核。大学理念在建构大学制度中具有统摄和指导作用,"大学在多大程度上将理念转化成了具体实在的制度,这决定了它的品质。倘若将它的理念剥离出来,大学就一文不值了"。④

---

　　① 〔德〕卡尔·雅斯贝尔斯:《大学之理念》,邱立波译,上海人民出版社 2007 年版,第 60 页。
　　② 〔德〕卡尔·雅斯贝尔斯:《什么是教育》,邹进译,生活·读书·新知三联书店 1991 年版,第 140 页。
　　③ 〔德〕卡尔·雅斯贝尔斯:《什么是教育》,邹进译,生活·读书·新知三联书店 1991 年版,第 141 页。
　　④ 〔德〕卡尔·雅斯贝尔斯:《大学之理念》,邱立波译,上海人民出版社 2007 年版,第 108 页。

也就是说,即使大学理念不是某种具体可见的实物,但作为灵魂内核,它却可以在某种制度成为废墟以后仍然焕发光彩,时不时地在某些个人或者组织里面重现光明。①

另一方面,大学制度是大学理念的物化载体。

> 大学是在一个制度框架之内完成它的任务的:科学研究、教学、学术训练、沟通⋯⋯通过它自身的构造,大学表现出了自己作为一个独立法团之整体的一面⋯⋯大学只能作为一个制度化的实体才能存在。②
>
> 理念必须要附着于大学制度,舍此,这个理念就是残缺的、贫乏的和孤立的。③

大学制度为大学理念在现实世界得以实现提供场所。它也是学者共同体在大学得以存在的保障。因为:

> 倘若没有一种制度存在,单个学者学术生命和学术工作就有付诸东流的危险。学者的学术生命和学术工作应该成为由制度条文来保护的传统的一部分⋯⋯它们只有在一个永久的制度里面才是可能的。④

这个永久的制度就是要充分体现大学理念的内核。唯其如此:

> 在这样的制度里面,大学的理念变得具体而实在。
>
> 寄身于这样一种制度安排之中,也能够使人感到一种特别的满足。⑤

因此,雅思贝尔斯热切地希望并由衷地呼吁:

> 我们要珍惜作为一种制度安排而存在的大学,我们也要热爱大学,

---

① 〔德〕卡尔·雅斯贝尔斯:《大学之理念》,邱立波译,上海人民出版社 2007 年版,第 115 页。

② 〔德〕卡尔·雅斯贝尔斯:《大学之理念》,邱立波译,上海人民出版社 2007 年版,第 108 页。

③ 〔德〕卡尔·雅斯贝尔斯:《大学之理念》,邱立波译,上海人民出版社 2007 年版,第 115 页。

④ 〔德〕卡尔·雅斯贝尔斯:《大学之理念》,邱立波译,上海人民出版社 2007 年版,第 114—115 页。

⑤ 〔德〕卡尔·雅斯贝尔斯:《大学之理念》,邱立波译,上海人民出版社 2007 年版,第 108 页。

因为它将抽象的理念具体化了,使之成为可以实现的目标。①

同时,雅斯贝尔斯也清醒地认识到:

> 在大学里面,即便是最好的制度都有可能退化或者被扭曲……不宁唯是,在已经泾渭分明的院系分工的体制内,一个优秀的学者很可能觅不到一席容身之地。而一个平平无奇的学者,仅仅因为他的工作贴合传统的组织体系,则可能要更受欢迎。②

为什么会出现这种本来理想的大学理念在作为制度付诸实践时的不足呢? 雅斯贝尔斯尖锐地指出:

> 所有的制度安排都倾向于以自我为中心……在实践当中,这套人才选拔制度往往倾向于选拔第二流的人物。大学……由于受比如惧怕竞争、嫉妒这一类反智(anti-intellectual)的蛊惑,在下意识里面往往都倾向于维持一种针对优秀者和庸才的团结。③

以治理上述人才选拔制度的弊端为例,雅斯贝尔斯认为,首先必须在原则上坚持毫不懈怠地对它进行补漏纠偏,才能保证它不偏离正轨,尽心尽力地服务于大学之理念。④

在具体举措上,他坚定地认为:

> 不能把空缺教授职位的任免权毫无保留地交给相关的院系,而是必须交由某个第三方来控制……应该由学术成果的数量和质量来决定一个新人应不应该当选,对于这条原则,是绝对没有可以商量的余地的。否则,大学的衰落就指日可待了。⑤

在更深层次上,雅斯贝尔斯认识到:

---

① [德]卡尔·雅斯贝尔斯:《大学之理念》,邱立波译,上海人民出版社2007年版,第115页。
② [德]卡尔·雅斯贝尔斯:《大学之理念》,邱立波译,上海人民出版社2007年版,第109页。
③ [德]卡尔·雅斯贝尔斯:《大学之理念》,邱立波译,上海人民出版社2007年版,第109页。
④ [德]卡尔·雅斯贝尔斯:《大学之理念》,邱立波译,上海人民出版社2007年版,第109页。
⑤ [德]卡尔·雅斯贝尔斯:《大学之理念》,邱立波译,上海人民出版社2007年版,第110—111页。

对于大学的生存来说,最关键的是它要依靠人,而非制度,因为制度说到底不过就是一个物质前提而已……制度是一种有目的的机制(mechanism),设计制度的目的是为了更加安全也更有保障地处理事务……引入人的因素,是为了给制度灌注生机。①

要通过大学制度实现大学理念的理想的模式,只有通过人格健全的人们的工作才能实现。②

综上所述,存在主义哲学家雅斯贝尔斯的大学理念建构于特殊的时代背景之下。他继承并吸收了德国前辈哲学家如康德的知识理性来探索大学的时代地位和根本使命,也继承并吸收了德国前辈教育家如洪堡的教育实践而探索教学与科研相结合的大学制度。虽然他的《大学之理念》一书中并没有明确讨论存在哲学,但是绪论开篇的"大学是一个由学者与学生组成的、致力于寻求真理之事业的共同体"的论断已经明白无误地晓谕了该书的全部主旨,即大学应该是一个人们可以自由地探索真理、传承真理的地方,也应该是一个人们可以因为这个崇高目的而有足够的底气和勇气蔑视一切想要剥夺这种自由的人的地方。

这个地方远离只是知道关于世界的知识这样一种做法,远离约定俗成的言说方式,远离陈规和傀儡的把戏——远离所有一切只是前景(foreground)和表面的东西。③

尽管作为时代的产物,他的大学理念因时代背景的影响而具有一定的局限性,他的教育思想具有明显的精英化倾向,甚至某些理念过于理想化,但他在德国大学命运多舛的特殊时期,仍然深刻思考并阐释大学理念、大学使命、学术自由、大学制度等若干高等教育哲学的重要命题,展现了一位哲学家的远见卓识和强烈使命感、责任感。他提出的那些真知灼见,尤其是他探索真理、坚持真理的执着信念,依然宛如高塔上的指明灯,指引着我们不懈地探索大学的本质、大学的使命。

---

①　[德]卡尔·雅斯贝尔斯:《大学之理念》,邱立波译,上海人民出版社2007年版,第117—119页。

②　[德]卡尔·雅斯贝尔斯:《大学之理念》,邱立波译,上海人民出版社2007年版,第120页。

③　[德]卡尔·雅斯贝尔斯:《大学之理念》,邱立波译,上海人民出版社2007年版,前言。

第二节　英国大学理念

一、亨利·纽曼的大学理念

尽管早已时过境迁,红衣主教亨利·纽曼的大学理念仍在世界高等教育史上占有重要地位。亨利·纽曼(John Henry Newman,1801—1890),英国维多利亚女王时代(Victorian Era,1837—1901)著名的神学家、教育家。他于 1801 年 2 月 21 日出生于伦敦,1817 年仅仅 16 岁就进入牛津大学学习神学,1820 年不满 20 岁就毕业。年轻的纽曼最初笃信英国国教,毕业后一直担任牧师为英国圣公会工作。1845 年,纽曼皈依罗马天主教,后被罗马教皇授予头衔成为罗马天主教红衣主教。

1851 年,爱尔兰教会筹建爱尔兰天主教大学(Catholic University of Ireland,现在的都柏林大学学院,University College,Dublin),50 岁的纽曼被任命为该校的创校校长(founding rector)。在筹建这所教会大学期间,纽曼在不同场合发表了一系列演讲,内容大多是关于他自己办学理想的诸多思考,涉及大学的定位、办学的目的、大学教育的原则及方法、大学与教会的关系等大学教育主题。这些演讲在 1852 年被结集出版为《大学理念的界定与诠释》一书。1854 年 11 月,爱尔兰天主教大学正式创建。纽曼也开始将自己的大学理想付诸实践。但是,因对天主教派主教干涉大学事务而无法实践自己对大学理想的设计心存不满,也因为名为校长实际上并无执掌大学的具体权力、当学校发展遭遇困境时自己却无能为力等原因,1858 年 11 月 12 日纽曼最终辞去了校长职务。其后主要从事文学创作,撰写杂志文章等。

1890 年 8 月 11 日,纽曼在伯明翰与世长辞。纽曼也被后世称作语言学家,他留下来的文学作品有诗歌集《哲朗提斯之梦》(*The Dream of Gerontius*,1865)等,还有辞去都柏林大学校长后写作的长篇自传《为生命辩解》(*Apologia Pro Vita Sua*,1865—1866,也被译为《生命之歌》)等。相比较而言,纽曼的大学理念对后世的影响远远超过了他的文学作品。

(一)　纽曼大学理念的核心原则

纽曼的《大学的理念》(原书全名为《大学的理念:界定与诠释》,*The Idea of a University:Defined and Illustrated*)①虽然只是一本并不厚实的小书,

---

① 　徐辉、顾建新等根据梅·亚德利选编的节本译为《大学的理想》。尽管书中的很多大学理念其实代表了纽曼的大学理想,并且很多理念的确即使在纽曼执掌爱尔兰天主教大学期间也未曾践行和最终实现,但是笔者以为,"理想"对应的英文单词是"ideal","idea"还是译为理念更恰当。

而且只是他在不同时间、不同地点演讲的集合,但是其中的内容却是紧扣大学理想主题展开的哲学思考,文字间充满激情、洋溢着热切的期望,而且逻辑严密,随处可见普遍知识、自由知识、大学目的、真理、理智、道德性、崇高性等关涉大学教育的关键词,串起这些相互关联的核心概念就清晰地呈现了纽曼关于古典教育和自由教育的思想体系。其中很多在今天看来是大学教育的一些基本问题,但在当时堪称是欧洲高等教育普遍面临的巨大挑战性问题,有的甚至可以说是对于大学生死攸关的重大问题。例如教会力量如何面对政治革命、政治自由的挑战来处理与大学的关系,大学自身一方面如何对外应对教会的影响、另一方面对内平衡知识传承、道德教育、职业准备等之间的关系等。总的来看,这本书可以看作是纽曼借出任爱尔兰天主教大学校长的际遇全面梳理了自己的大学理想,极力捍卫英国引以为傲的古典教育传统;同时也是当时英国大学教育现行模式的系统反思、对教会强力干涉大学内外部事务表达不满和抗议。这本书的全部内容可以归结为由他所提出的三个最基本的问题,以及由他所提供的答案构成的以下核心原则:

第一,大学是一个传授普遍知识的地方。

为了回答"大学是什么"的问题,纽曼在对"大学"一词自身的意义及使用情况进行精心考证的基础上,首先从词源学的角度提出大学是一个传授普遍知识的地方(A University is a Place of Teaching Universal Knowledge)。①

对这个高等教育中看似最简单问题的诘问和回答,构成了纽曼探索大学性质以及大学目的的逻辑起点,这种认知以及其后全部论述的认识论基础都是建立在纽曼认为所有的知识是构成一个完整的整体的哲学思想观念之上的。纽曼认为大学应该平等地提供普遍性的知识(具有普遍意义的真理)、向学生完整地传授各种知识而不是狭隘的专业知识(不能把神学排除在大学教授的知识之外),知识必须被"当做一个由各个部分组成的有机系统来掌握和运用。这些组成部分在一个整体中相互关联、相互解释"②。

据此,纽曼关于大学的目的观念的核心内容是:

　　大学的目的是理智的而非道德的……它以传播和推广知识而非增

---

① [英]亨利·纽曼:《大学的理想》,徐辉等译,浙江教育出版社2001年版,第1页。
② [英]亨利·纽曼:《大学的理想》,徐辉等译,浙江教育出版社2001年版,第99页。

扩知识为目的。①

一言以蔽之,大学的存在既非研究性、也非道德性(纽曼认为美德是不可教的,只能来自宗教),也不是为了其他更多实用的、功利的目的或价值,而是为了获取知识做准备(为知识而知识的理性——知识本身即为目的)。如此,纽曼便确立了他的基本原则:

> 即知识本身就是回报。并且……从这一角度看,它应被称做"自由知识"(liberal knowledge),并且应该是学校的天地。②

第二,大学教育应为自由教育(liberal education)而设。

基于上述认识,基于为知识本身的目的而追求知识、获得知识的途径,19世纪自由教育的伟大倡导者纽曼提出大学教育要以培养人的智性为目标,即大学教育应为自由教育而设,并且十分强调自由教育的理性内容。这就是要培养学生的领悟力、独立思考、独立探究的能力,以及对事物追本溯源的习惯等综合素质。为此,纽曼所希望的大学自由教育包含那些能够促进理智训练、性格修养、心智发展的课程内容及其操作活动,以帮助受教育者提升自己、获得杰出理智,最终培养出心智发达,集理性、智慧、勇敢、正直、宽容等品质于一身的社会公民,即绅士。他认为,最适宜于个体的理智训练,能使个人最好地履行社会职责。③

鉴于此,虽然纽曼强调"大学的目的是理智的而非道德的",但实际上,要实现他的自由教育的培养目标,这种由内而外全面来形塑绅士的自由教育与道德教育和宗教教育是很难完全分得开的。

第三,大学的唯一功能应当集中于教学。

从他的认识论哲学出发,纽曼明确表达了以教学为大学唯一功能的观念。将教学功能提至如此高的地位,反映了以牛津大学、剑桥大学的学院制为代表的英国大学古老传统对纽曼的深刻影响。尽管他谈论的重点是知识而几乎看不到他对学院制的论述,但我们不能忽视的是,纽曼的一生中有20余年都在牛津大学度过,学院制、导师制、寄宿制等作为牛津大学的精髓也深入纽曼的骨髓,构成他的大学理念的重要内容。

---

① [英]亨利·纽曼:《大学的理想》,徐辉等译,浙江教育出版社2001年版,第1页。
② [英]亨利·纽曼:《大学的理想》,徐辉等译,浙江教育出版社2001年版,第99页。
③ [英]亨利·纽曼:《大学的理想》,徐辉等译,浙江教育出版社2001年版,第97页。

（二）纽曼大学理念的历史背景和文化语境

马克思主义唯物史观告诉我们,经济基础决定上层建筑,社会存在决定社会意识,纽曼及其大学理念的产生必然具有深刻的时代背景特征。19 世纪的英国维多利亚女王时代,多种思想观念激烈交锋,欧洲高等教育处于历史的转折点上。自 18 世纪起轰轰烈烈的法国大革命(The French Revolution,1789—1830)还有美国的政治革命使得西方社会中政治自由的力量影响日增,英国工业革命使得科学技术的地位在社会中迅速上升。与此同时,宗教对社会的控制力日渐减弱,这些都对英国乃至整个欧洲高等教育及带来了变革的机遇,也使古老的欧洲高等教育传统面临重大危机与挑战。

面对这些社会变化,英国高等教育作出了不同选择。轰轰烈烈的工业革命快速推动了经济社会发展,极大地推动了社会进步,也强有力地提出高等教育改革的要求,因而,英国社会出现了所谓的"新大学运动"。一批新大学和专门学院迅速建立起来,它们大力实施科学教育以寻求新的历史时期大学的"非常规"的"迂回"发展路径。与以牛津和剑桥为代表的英国传统古典大学延续了几百年的英国人文主义教育传统不同,这些"新大学"以市场需求为导向,入学门槛低、收费低,注重职业教育、排斥宗教教育,注重课程设置的实用性而不讲究知识的整体性。无论是办学目标,还是教学内容、教学方式都对传统的英国古典大学模式构成强大挑战。这毫无疑问会引起牛津大学和剑桥大学的强烈反对,并极力维护英式古典大学理想教育传统。但不可忽视的是,"新大学运动"不仅使新兴资产阶级获得了教育权,而且也适应了工业革命带来的社会进步的需要。充满人文主义情怀的纽曼适逢其时,凭借"大学校长"的身份,以其渊博的知识展开理性思考、以其深刻的洞见发表激情演说,充当 19 世纪捍卫英国古典"理想大学"的代言人。

二、亨利·纽曼大学理念的回响

在世界高等教育史上,纽曼大学理念的影响不仅超越时间,而且跨越国界。一个多世纪之后,1978 年,美国著名的高等教育哲学家约翰·布鲁贝克(John.S.Brubacher,1898—1988)出版了《高等教育哲学》(On the Philosophy of Higher Education)一书。布鲁贝克写作该书的文献述评部分时,首先选介了为建立高等教育的基本原理作出重大贡献的作者和那些能够作为高等教育哲学里程碑的著述。在重要著述部分,他指出:

在高等教育哲学领域的所有著述中,影响最为持久的或许当推红衣主教纽曼的《大学的理想》(1852,即《大学的理念》)。虽然书名已经提示此书涉及整个大学领域,但事实上纽曼集中注意的是自由教育。①

作为西方高等教育史上的经典著作,纽曼的《大学的理念》界定了众多与大学功能有关的核心主题,并为这类争论奠定了一种持久的文字形式,启发了学者对大学是什么和应该是什么的无限思考。②

经历了一个多世纪的文化变迁之后,世界高等教育发生了巨大变化,但我们依然能从这部经典中获得很多有益的思考。当然,其中的一些观念经历岁月的检验,值得重新审视。这个议题留待本书第五章来讨论。

至此,摘引纽曼《大学的理念》中的一段文字来全面总结并深刻表达纽曼那些充满理想、充满激情、发人深省的大学理念。即使过去的150多年间我们经历了社会的巨大变迁,大学从"象牙塔"走入社会的中心,甚至大学把自己委身于市场,大学放弃了自己身份的合法性和德性,时光中的尘霾依然无法遮掩纽曼大学理念中那些闪耀着光辉的大学理想。但是,大学作为社会智识良知的道德之光依然照耀在大学的上空,理想的大学依然深深召唤着人们对她的景仰,激励人们执着追求逐渐被侵蚀的大学理想、大学精神和大学文化:

> 大学教育,是通过一种伟大而平凡的手段去实现一个伟大而平凡的目的。它旨在提高社会的益智风气,旨在修养大众身心,旨在提炼民族品味,旨在为公众的热情提供真正的原则,旨在为公众的渴望提供固定的目标,旨在充实并约束时代的思潮,旨在便利政治权利的运用和净化私人生活的种种交往。这种教育能给人以对自己的观点和判断有一种清晰和清醒的认识,给人以发展这种观点和判断的真理,给人以表述这种观点和判断的口才,给人以倡导这种观点与判断的力量。③

第三节　美国大学理念

毋庸讳言,当今时代的世界一流大学主要集中在美国。各所美国世界

---

① [美]约翰·布鲁贝克:《高等教育哲学》,王承绪等译,浙江教育出版社1987年版,第147页。

② 王晨等:《宗教情怀中的理性精神——纽曼〈大学的理想〉研读》,《高校教育管理》2009年第1期。

③ [英]亨利·纽曼:《大学的理想》,徐辉等译,浙江教育出版社2001年版,第97—98页。

一流大学的大学理念可谓不拘一格、精彩纷呈,即使是在常青藤联盟(The Ivy League)大学里,每一所大学在自身不同时期的大学理念都可以自成体系。对关涉大学理念众多基本问题系统进行哲学思考的,首推布鲁贝克及其代表作《高等教育哲学》。尽管此书面世后世界高等教育发展之路已经走过40多年,但该书从哲学高度跨越时空论述关于高等教育的基本问题、充满哲学预见性地对美国乃至世界高等教育发展的多元走向发出深刻预警,堪为美国大学理念的经典总结。

一、布鲁贝克《高等教育哲学》的解读

约翰·布鲁贝克,1898年10月生于美国马萨诸塞州,是美国著名的教育学家、高等教育哲学家。1920年从耶鲁大学(Yale University,建立于1701年)本科毕业,获得文学学士学位;1923年又获得哈佛大学(Harvard University,建立于1636年)法学学士学位,随后进入一家律师事务所工作,但很快发现自己对律师职业生涯没有兴趣。1924年,获得哥伦比亚大学(Columbia University in the City of New York,建立于1754年)文学硕士学位后,进入达特茅斯学院(Dartmouth College,建立于1769年)讲授了一段时间的高等教育课程;1925年再次进入哥伦比亚大学教育学院攻读博士学位,师从大名鼎鼎的杜威(John Dewey,1859—1952)。1927年获得哲学博士学位。随后在1928—1958年的30年间,他主要在耶鲁大学担任教育史和教育哲学的教授,多次讲授高等教育专业的课程。1958年,他出版了与美国历史学家威利斯·鲁迪(Willis Rudy,1920—2004)合著的《美国高等教育思想述评》(*Higher Education in Transition:An American History:1636—1956*),该书是一部研究300年美国高等教育史的学术著作,成为美国各所大学高等教育史的经典教材。1959—1969年间,他在密歇根大学(The University of Michigan,建立于1817年)讲授《高等教育政策的基础》。1969年退休之后依然笔耕不辍,继续从事高等教育相关的教学研究与著述,直至1988年3月去世,享年90岁。

(一) 关于《高等教育哲学》

1978年,在80岁高龄时,布鲁贝克出版了《高等教育哲学》一书,1982年该书再版。该书是布鲁贝克从哲学角度对自己从事60余年高等教育教学工作、高等教育问题研究所进行的全面总结和思考。全书总共八章,作者以“高深学问”为核心概念和逻辑起点,以具有代表性的、相互对立的“认识论”和“政治论”两种高等教育哲学长期的冲突、此消彼长的演进过程为主线,统览关涉高等教育基本问题的各家之言,第一次在世界高等教育史上构建了一个

相对完整的高等教育哲学体系。全书从高等教育存在的哲学基础、学术自治与学术自由、高等教育对象的选择标准、高等教育内容的确定(普通/专业)、高等教育学、治学的伦理道德,以及高等教育的宗教内涵等七个方面展开具体论述和深刻分析,为人们研究高等教育提供了具有哲学方法论意义的分析框架。尤为重要的是,该书首次从高等教育哲学的视角审视了高等教育中的道德问题,呈现了布鲁贝克的大学道德教育理念,本书予以单独分析。

在《高等教育哲学》一书中,布鲁贝克以"高等教育研究高深的学问"的论断来界定高等教育区别于中等、初等教育的身份、程度和性质,并以此为逻辑起点,运用整体分析的方法,在"对高等教育的一些基本概念作一次痛苦的重新评估"①的基础上,力图通过对高等教育哲学思想流派的系统评估和比较分析,建立一个调和不同高等教育哲学流派的参照框架,以检验高等教育的理论基础,"通过更为根本性的理论思考来澄清问题,平衡问题的正反两个方面"。彰显高等教育哲学对大学面临的"本体性危机"和"合法性危机"的应对,尝试对触及高等教育本质价值观念的冲突问题提供哲学性的解决路径。他围绕着"高深学问""学术自治""学术自由""高等教育为谁服务""普通教育和专业教育""高等教育学""治学的道德""作为教会的大学"等8个主要议题展开论述,旁征博引、纵横推演、反思历史、警示未来。那些生动流淌在书中"涓细的智慧溪流"具有深刻的哲学洞察力和穿透力。在此,本书首先讨论其逻辑起点及其哲学意涵,其余关涉布鲁贝克大学道德教育理念的内容部分下文专述。

(二) 高深学问的合法性赋予高等教育的合法性

布鲁贝克认为:"凡是需要人们进行理智分析、鉴别、阐述或关注的地方,那里就会有大学"②。

换句话说,在现代社会,大学作为一个社会组织机构的功能主要是传授人类历史上的深奥知识、分析批判现存的知识、探索未知的新知识领域。如果有一天大学失去了存在的理由,毫无疑问,"社会所赖以取得的新的发现和明智判断的'涓细的智慧溪流'将会干涸"③。

因此,探讨大学赖以存在的哲学基础就具有极为重要的意义。在系统分析评估了西方大学发展思想史上若干有代表性的高等教育哲学流派后,布鲁贝克提出使大学地位得以确立,换言之,使高深学问合法存在的高等教

---

① [美]约翰·布鲁贝克:《高等教育哲学》,王承绪等译,浙江教育出版社1987年版,第2页。
② [美]约翰·布鲁贝克:《高等教育哲学》,王承绪等译,浙江教育出版社1987年版,第13页。
③ [美]约翰·布鲁贝克:《高等教育哲学》,王承绪等译,浙江教育出版社1987年版,第13页。

育哲学主要有两种：要么以认识论哲学为基础，要么以政治论哲学为基础，舍此无他。高深学问的合法性赋予高等教育的合法性。

其一，以认识论哲学基础为高等教育提供存在合法性论证的代表性观点是主张：

> 以"闲逸的好奇"精神追求知识作为目的。①

耶鲁大学早在《耶鲁学院 1828 年报告》（*The Yale Report of 1828*）中就已经讨论过这类高等教育哲学范畴的问题。该报告提出，出于"训练"和"装备"心灵的需要，大学应该设立传统的古典课程，如同英国和德国的古典大学的课程设置一样，这些课程同时具有精神训练和道德训练的因素。例如，古代语言课程中的句法不仅十分难学，而且几乎没有使用价值，但是在攻克学习句法难关的过程中所形成的坚韧性格及所需要的自我克制精神却足以增强个性、提高个人的道德水平。另外，像拉丁语和希腊语等经典的古典课程一样，数学课程也是具有道德影响的。可见，探讨深奥的知识是以学术为志业的大学赖以存在的不证自明的目的。因此，罗伯特·赫钦斯（Robert Maynard Hutchins，1899—1977）也认为，如果没有大学，这世上将不会有任何一个社会组织或机构对社会的最令人困扰的问题进行尽可能深刻的思考，甚至思考那些无法想象的问题。②

著名的英国数学家、唯心主义哲学家阿尔弗雷德·怀特海（Alfred North Whitehead，1861—1947）也表达了相同的观点。他认为，正是因为有大学的存在，年轻人和老一辈人才有可能联合起来"富于想象"地探讨学问。并且正是在这个过程中、并通过这个过程，那些丰富的想象、那些激发想象的氛围才可能毫无征兆地最终却转化为知识。而只有在大学里才可能营造出这种独特的气氛：

> 在这种气氛中，一件事实就不再是一件事实，而被赋予了不可言状的潜力。③

人类之所以需要传承高深知识、探求高深学问的大学，是因为大学追求

---

① ［美］约翰·布鲁贝克：《高等教育哲学》，王承绪等译，浙江教育出版社 1987 年版，第 13 页。
② ［美］约翰·布鲁贝克：《高等教育哲学》，王承绪等译，浙江教育出版社 1987 年版，第 14 页。
③ ［美］约翰·布鲁贝克：《高等教育哲学》，王承绪等译，浙江教育出版社 1987 年版，第 14 页。

高深学问的过程就是探索真理的过程,这个过程中不仅有发现客观真理的成就感,还能获得理论简洁、解释有力、表达文雅和逻辑严密的美感。所以在对越来越精确的知识的验证过程中,深奥的高深知识会让追逐它的人们获得极大的满足。德国大学重视研究的传统进一步强化了高等教育以认识论哲学作为合法存在的依据,因为大学也可以被看作一个"按照自身规律发展的独立的有机体",而正是大学的科学研究成果帮助人们获得关于这些规律的认知。所以,这就是大学被比喻成"象牙塔"的缘由——

　　　　它摆脱了外界的束缚,放弃了暂时的利益,成为保护人们进行知识探索的自律的场所……教堂的钟声就是它的生活节律。①

　　其二,政治论哲学基础赋予大学存在合法性的缘由在于大学对国家发展的深远影响。以满足社会的需要为其存在的逻辑起点,布鲁贝克认为,高等教育在政治上具有合法地位没什么奇怪的,因为历史上很多伟大的教育哲学家都把教育看作政治的分支,政治论的合法基础来自高深学问。柏拉图的《理想国》(The Republic)、亚里士多德的《政治学》(The Politics)还有杜威的《民主主义与教育》(Democracy and Education:An Introduction to the Philosophy of Education)等历史上的重要著作都曾表达这样的观点,解决国家治理中各种问题需要极深奥的高深学问,而只有高等学府才能为国家提供这些深奥知识和掌握高深学问的人才。大学存在的政治性合法依据自欧洲古典大学时期就已经拥有并传承下来,那就是,大学和学院一直被视为提供牧师、教师、律师和医师的专门场所。所以,在哲学家们深邃的视野里,大学教育一直都被视为治理国家的灵丹妙药。而到了20世纪的美国,当托马斯·威尔逊校长(Thomas Woodrow Wilson,1856—1924,美国第28任总统)在普林斯顿大学(Princeton University,建立于1746年)提出"为国家服务的大学"的理念被州立大学以及其他私立及公立院校接受时,大学的政治性合法地位已经上升到国家层面了。理所当然的,神圣的"象牙塔"越来越经常地被喻为世俗的"服务站"了,以至于后来克拉克·克尔(Clark Kerr,1911—2003)毫不客气地指出:

　　　　大学已经成为实现国家目标的一个主要工具。②

①　[美]约翰·布鲁贝克:《高等教育哲学》,王承绪等译,浙江教育出版社1987年版,第16页。
②　[美]克拉克·克尔:《大学的功用》,陈学飞译,江西教育出版社1993年版,第46页。

随着社会的发展,两种高等教育哲学之间必然存在冲突。为了共存并继续产生影响,大学本身就得像社会秩序一样富于弹性才能充满活力。否则,无论是单方面强调价值自由的认识论逻辑还是任由政治论哲学盛行的大学都已经落后于时代。经验即历史表明,大学不可避免地要卷入到复杂的社会生活中去。对此,布鲁贝克指出:

> 那么我们就既需要专业方面的高深学问,也需要研究方面的高深学问……当这两方面相互结合起来的时候,它们各自都得到繁荣并发展。①

但是他还是引述法国著名社会学家、"行动社会学"理论创始人阿兰·图海纳(Alian Touraine,1925——　)的观点告诫道:

> 学术体系一定不能完全变为商业性质,不能仅仅生产文凭和知识。我们希望政治化永远不要发展到教育和权力不分的地步。②

二、布鲁贝克的道德教育理念

在布鲁贝克《高等教育哲学》中所论述八个方面的主要议题中,有四个方面的内容直接关涉他的道德哲学及其道德教育理念。以下分别讨论:

(一)　学术自治的道德合理性与限度

虽然学术自治并非随着大学的产生而产生,但是一经被确立下来,它就成为大学学术共同体竭力捍卫并传承的传统,被视为高等教育的精华、高深学问最悠久的传统之一。学术自治是受到大学制度规训和学术道德约束的。

第一,大学作为学术共同体必须享有学术自治权。

高等教育作为一种培养高层次人才的实践活动,总是具有自己的问题域与观念系统及其由此而衍生的一系列的管理机制和运行机制,因而它是一个独立于社会要素的"单质性存在",这是高等教育得以存在的根本。③

这也是雅斯贝尔斯将大学称作"特殊的学校"的原因。其特殊性在于,

---

① 　[美]约翰·布鲁贝克:《高等教育哲学》,王承绪等译,浙江教育出版社1987年版,第27页。
② 　[美]约翰·布鲁贝克:《高等教育哲学》,王承绪等译,浙江教育出版社1987年版,第29页。
③ 　[美]约翰·布鲁贝克:《高等教育哲学》,王承绪等译,浙江教育出版社1987年版,第31页。

只有大学才能成为高深学问的探究所,从而成为凝聚学者的学术俱乐部。那些没有经过复杂而漫长的艰苦学习、严格系统的专业训练的普罗大众根本不具备探究高深学问神秘性的兴趣和能力,因为每个学术领域的高深学问都是一套复杂而精致的知识体系,只有通过大学教育成为高深知识领域中的专家学者才能深刻理解它的复杂性,才能作为学者单独解决这些学术领域关涉的问题。这就是专门研究院和大学常常被称作"学者王国"的原因。

关于大学必须坚持学术自治的理由,布鲁贝克从认识论的高等教育哲学观念出发给予了充分论证:

> 既然高深学问需要超出一般的、复杂的甚至是神秘的知识,那么,自然只有学者能够深刻地理解它的复杂性。因而,在知识问题上,应该让专家单独解决这一领域中的问题。他们应该是一个自治团体……那么按照逻辑推论,教师就应该广泛控制学术活动。[①]

这些广泛的学术活动包括在大学里所有涉及研究和传承高深学问相关要素的活动,它们只能由专家学者单独裁决,并且绝不应该受到外在行政权力和经济因素的干扰。比如,关于教授的晋升资格;关于课程设置以及教学方式;关于学生录取标准、学业测试标准以及毕业要求、授予学位标准等。更为重要的是,上述这些方面的自治是否被真正地执行而没有受到侵犯等。显然,除了能够深刻理解这些活动复杂性的专家学者,没有其他人可以替代这些需要高深学问的社会职能。正是因为如此,在国家治理体系中,专家学者往往会被让渡相关权力:

> 宏观上由国家赋予其市场垄断权;微观上是把组织中的重要权力让渡给专业人员,并使其享有充分的专业自主权。[②]

以保证学术专业活动的正常开展。因此,作为学术共同体存在的大学必须享有学术自治权。

伯顿·克拉克(Burton R. Clark,1921—)的观点进一步解释了学者掌握学术自治权力的"理由"和"资格":

---

① [美]约翰·布鲁贝克:《高等教育哲学》,王承绪等译,浙江教育出版社1987年版,第31页。
② 朱新卓:《教师专业化的现代性困境》,《高等教育研究》2005年第1期。

为了保证知识的准确和正确,学者的活动必须只能服从真理的标准,而不受任何外界压力,如教会、国家或经济利益的影响。要想享有这种追求复杂的、深奥的高深学问的自由,学者行会必须在处理知识的技术方面具有专长。①

这段话表明学术自治是为保障学术共同体活动的正常秩序所"必须"拥有的权力,同时也表明学者必须拥有享受学术自由的独特资格,而赋予这种独特资格的标准只能是服从真理。

第二,学术共同体的道德自治是学术自治的根本保障。

学术自治是学术共同体享有的学术权力和独特资质,这种学术权力或曰学术自由和独特资质是建立在遵守相应的学术道德规范基础上的,并且是基于高深学问的非同一般的伦理道德标准。否则,没有了学术共同体的道德自治、道德自为、道德自觉,便没有了学术自治的根本保障。这是由于"高深的学问处于社会公众的视野之外,在如何对待学问上遇到的问题方面,公众就难以评判学者是否在诚恳公正地对待公众利益。基于学者是高深学问的看护人这一事实,人们可以逻辑地推出他们也是他们自己的伦理道德准则的监护人。那么,谁是这些监护人的监护人呢?没有,只有他们的正直和诚实才能对他们自己的意识负责。学者们是他们自己的道德的唯一评判者。他们的确拥有自治权。因为,在理论上除了其他学者,再也没有什么人能够检验学者的道德"。②

（二）学术自由的道德合理性与限度

关于学术自由合理性的高等教育哲学基础,布鲁贝克认为可以归结为认识论、政治论和道德论这三个支点。认识论高等教育哲学支撑学者的活动只服从真理的标准,还支撑运用真理标准的自治得到妥善保护的诉求。学术界并不是人人平等的民主政体,而是享有追求复杂深奥的高深学问自由的人的天地。因为这些人拥有足够的才智,所以他们才拥有对学术领域内的事务的裁决权。在1957年美国联邦最高法院确认学术自由的具有历史意义的判决（即 The Sweezy Case,笔者注）中,支撑学术自由的政治论哲学得以充分体现,毕竟联邦宪法第一修正案对言论自由的保护是长期政治斗争的结果。

完全是为了增进公众利益是支撑学术自由的道德论高等教育哲学依据——人们通过大学获得新知识、新视野、新技能,因此人们能够更好地了解

---

① ［美］约翰·布鲁贝克:《高等教育哲学》,王承绪等译,浙江教育出版社1987年版,第126页。
② ［美］约翰·布鲁贝克:《高等教育哲学》,王承绪等译,浙江教育出版社1987年版,第120页。

世界、利用世界,获得更好的生活。但是对于专家学者个人来说,专家学者追求真理也出于他们个人的道德责任感。因为:

> 在道德上产生困惑的主要根源之一就是对与道德难题有关的事实缺乏认识。如果把研究这些事实作为天职的学者以自由和安全保障,那么,我们就会更深刻地认识到应该做哪些事情。①

但是,人们绝不可以只是无条件地恣意享有自由而不承担相应的责任和义务。同样的道理,大学的学术自由亦是以担负相应义务为前提的自由,是一种受到学者道德义务限制的学术权力。所以,大学学术自由是针对学术共同体内特定学术秩序下担负特殊学术任务的自由。

> 一所大学拥有自我认同的诸多理念,其核心是指向真理的旨趣:大学的首要任务是传播和发现关于重大现象的真理。这些理念无形中为学者们确立了学术规范、行为准则以及对社会所负的责任。②

对于学者身份和学者使命的自我认同是学者享有学术自由的前提,学术自由也意味着学者掌握了管理学术事务的权力、同时担负着一系列相关责任。比如,在选择研究主题时,学者们完全可以异想天开地满足自己"闲逸的好奇"、充满好奇心地探寻前人未曾涉猎的领域,尝试以新的研究方法阐释别具一格的研究结论。事实上,正是充分享有这样的学术自由,自然界和人类社会的众多重大现象的真理才被不断地呈现出来。但同时,没有哪一位学者可以在道德真空里去探究自然界和人类社会的所有事物,道德责任和社会责任必须随时被学者们刻在心里、担在肩上。布鲁贝克通过讨论给予高等教育的捐赠尤其是工业界的捐赠问题来阐明他关于学术自由的道德限度的观点。对于这些情境,他充满谨慎地对学者们发出了善意而严肃的预警:

> 必须小心谨慎,确保自己不被剥削和利用……必须做好工作,仔细审查捐赠单位以保持道义上的自由,避免因接受钱财而不得不去支

---

① [美]约翰·布鲁贝克:《高等教育哲学》,王承绪等译,浙江教育出版社1987年版,第48页。
② [美]爱德华·希尔斯等:《论学术自由》,《北京大学教育评论》2005年第1期。

持它。①

并就每一个可能的环节都给予细心的指导,学术权威们应当扪心自问,提出的科研项目是否具有教育意义? 是否真存在这样一个值得探究的学科领域? 建议进行的项目是不是吸收或者丰富了现有的学术成就?②

还有,发生捐赠时,毫无疑问,捐赠者和基金提供者可以按他们的意愿来支配这些财产,从而为教育目的服务。但是,不可能所有的情形都皆大欢喜、尽如人意。比如,也许任性的捐赠者和基金提供者提出资金使用的附加条件有悖于学术自由和大学自治,但是资金数额巨大且为大学所急需,大学应该如何在两难境地中做出取舍呢? 布鲁贝克引用哈佛大学前校长德里克·博克(Derek Curtis Bok,1930—　　)的话来阐明自己的立场:

高等学府有道德义务拒绝任何侵犯学术自治的捐赠。
学者道德要求负责地行使这种自由。③

并进一步阐释说,要想确保学术自治不受侵犯——即保证学术自由,学者们就必须牢记:

没有限制的学术自由会像没有限制的经济上的不干涉主义一样成为灾难。④

(三) 治学道德的准则

第一,治学需要伦理道德标准的高等教育哲学依据。

关于高深学问的治学需要非同一般的道德原则和伦理标准,认识论和政治论的高等教育哲学依据在这一点的认知上实现了难得的一致认同。布鲁贝克坚持认为,治学是专属于学术共同体的生活方式,这个学术共同体中学者的角色担当就有别于学术界以外的普通社会公众。

基于学者是高深学问的看护人这一事实,人们可以逻辑地推出他

---

① ［美］约翰·布鲁贝克:《高等教育哲学》,王承绪等译,浙江教育出版社 1987 年版,第 125 页。
② ［美］约翰·布鲁贝克:《高等教育哲学》,王承绪等译,浙江教育出版社 1987 年版,第 125 页。
③ ［美］约翰·布鲁贝克:《高等教育哲学》,王承绪等译,浙江教育出版社 1987 年版,第 126 页。
④ ［美］约翰·布鲁贝克:《高等教育哲学》,王承绪等译,浙江教育出版社 1987 年版,第 50 页。

们也是他们自己的伦理道德准则的监护人。①

　　学者们无权直接或间接地支持或庇护违法行为,学者也不能假借学术自由的名义公然违背公认的道德规范。②

唯有诚实和正直才能对他们自己的意识负责。而且,也只有学者们自己才具有足够的专业水平去制定学者公认的自我约束的基本规范,担负起决定学者行为准则的责任。费希特曾指出:

　　提高整个人类道德风尚是每个人的最终目标,不仅是整个社会的最终目标,而且也是学者在社会中全部工作的最终目标。③

第二,学者道德的基本准则。

如果学者们能够切实遵循以下三条治学道德的基本准则:其一,崇尚学业精深。这就要求学者社团中的所有成员必须经历艰苦复杂的学习、领受长期系统的专业领域及学术操守的科学训练。其二,坚守学术自由。这就要求专家学者必须能够追随自己的好奇心而不是某种外部强加的方法和目的去自由地开展学术研究。其三,献身学术研究。这就要求专家学者必须在理智上具有彻底的对本学科领域研究的献身精神,诚实地面对事实,一切以客观事实为判断依据,保证学术研究精细的正确性不受主观臆断影响,保证自己的研究目标不被个人情感和职业前途利益所损坏。那么在布鲁贝克看来,专家学者们就能自觉践行治学道德,切实担负起学术自治的责任。

（四）大学与教会的道德精神内核

布鲁贝克以"作为教会的大学"作为全书的终章,让我们更有充分的理由将他的高等教育哲学视为他的高等教育道德哲学。尽管不像亨利·纽曼那样对大学的存在与发展充满理想主义的激情,我们依然可以从字里行间感受到布鲁贝克对希望大学作为世俗的教会——成为一座人类精神的圣殿的热切期盼。当然这种热切期盼同样建立在布鲁贝克高等教育道德哲学对大学的道德影响的冷静演绎之上。

大学已经存在千年,大学与教会的无形契约就已经存在千年。古典大学时期的大学几乎都有修道院式的特点,这在某种程度上应归因于大学与

---

① ［美］约翰·布鲁贝克:《高等教育哲学》,王承绪等译,浙江教育出版社 1987 年版,第 120 页。
② ［美］爱德华·希尔斯等:《论学术自由》,《北京大学教育评论》2005 年第 1 期。
③ ［德］约翰·费希特:《论学者的使命　人的使命》,梁志学等译,商务印书馆 1984 年版,第 44 页。

教会的世代联系。教会曾经像张开自己的羽翼一样庇护过大学，甚至在13世纪早期，在巴黎大学拿到的博士学位被视为从整个教会拿到的博士学位，也就是"doctor universalis ecclesique"。①

而早先的学院和大学基本上都是教会的"婢女"和"附庸"；教会也曾经以神学主导过、引领过大学，大学里传授的关于人的本性、关于宇宙万物联系的道理甚至包括福祸的知识都曾经以形而上的形式和神学的术语来表达，"象牙塔"里有规律的清修生活也亦步亦趋地回应着修道院的钟声。大学学者就如同高级牧师一样发现和传授高深学问。随着高深学问激增形成的知识爆炸，远在社会活动边缘高冷孤寂的"象牙塔"被知识爆炸的巨大能量推到社会生活的中心，越来越化身为社会的"服务站""动力站"等，便越来越世俗化了，而且逐渐摆脱了教会的统治。但在走向世俗化的同时，大学也迷失了方向，失去了它的清廉，失去了对自身命运的控制。大学成了生产知识、加工知识的工厂，大学也成了现代社会的思想库，却缺少了整体原则和完整理性来不仅为其成员提供知识，还要为他们提供自我控制的标准以掌控自己的命运。

对此，布鲁贝克希望，在社会的道德水准下降到从未有过的水平之时，大学必须继续坚持对高深学问的探索，运用高深学问来找寻曾经的精神路标、来把握区分善恶是非的标准、来把握区分真理与谬误的标准，继续坚持对人类命运的真实信念。全体学者、只有追求掌握高深学问的全体学者，才是这些关于自然、宇宙、个人与社会、道德与文明等认识问题答案的看管人。无论如何，对通过学者研究获得的不断揭示真理的信念，就其本质而言，要比其他任何一种对完美的宗教启示的信念都更加具有宗教性。②

他引述"20世纪美国最出色的公共知识分子之一"、著名社会学家丹尼尔·贝尔（Daniel Bell，1919—2011）的话提醒人们重视大学作为人类精神殿堂的地位、重拾对大学的信念：

> 对于许多人来说，大学已成为社会中的超自然的机构，因为它似乎发展着社会的观念。在这里，人们感到自己身后有强大后盾——学者、学问、书籍、思想和过去。③

---

① ［法］爱弥尔·涂尔干：《教育思想的演进》，李康译，商务印书馆2016年版，第130页。

② ［美］约翰·布鲁贝克：《高等教育哲学》，王承绪等译，浙江教育出版社1987年版，第141页。

③ ［美］约翰·布鲁贝克：《高等教育哲学》，王承绪等译，浙江教育出版社1987年版，第142页。

对仍然渴望"发现自己"的青年人来说——对那些希望在与人类的过去和未来的关系中认识自己的青年人来说,在今天已没有比大学更合适的去处了。①

因为在试图"发现自己"的过程中,青年人最感困惑的是众多繁杂的道德问题。正如"一位优秀的精神治疗专家可以使他的学生病人得到犹如一次旧时皈依宗教式的新生"那样,只有大学能够凭借一种世俗教会的力量继续充当世俗社会的伦理道德论坛,能够一如既往地承担起"社会的良心"的角色,利用高深学问和道德影响去为他们答疑解惑,继续发挥"造就公众心灵"的职能,以虔诚和德行提供"民主或人道的价值"等道德价值观念,引领社会前进。毕竟,大学一直是或者试图为人类利益和真理服务的机构。历史已经证明并将继续证明:

　　　没有什么机构能担当起大学的职能,没有什么机构能够占据这个大学已长久地注入了如此多的才智和道德影响的位置。②

---

① [美]约翰·布鲁贝克:《高等教育哲学》,王承绪等译,浙江教育出版社 1987 年版,第143—144 页。
② [美]约翰·布鲁贝克:《高等教育哲学》,王承绪等译,浙江教育出版社 1987 年版,第143—146 页。

第四章　中国大学道德教育理念的传承

在一般意义上,我们讨论的大学都是指现代意义上的大学。无论在学术争鸣的意义上,有些研究如何坚持古代中国的"大学"要比西方早数百年的观点,本书还是坚持认为,古代中国并没有严格意义上的、类似于由欧洲中世纪早期的教育组织或教育机构发展而来的大学。虽然西周时期已设立国家最高学府太学,其功能与教育层级与今天的大学相类似,并延绵数个朝代,但近现代中国大学都是直接移植欧洲的大学制度并模仿其组织方式而建立的,并不是自古代的太学传承演化而来。国内关于古代高等教育相关方面的比较研究还很匮乏。①

不过,如果将大学视为继初等教育、中等教育之后培养高层次人才的高等教育机构,那么,具有悠久教育文化传统的中国,自古以来在教育组织形式上并不缺少相较于"小学"的"大学";而且,古代的"大学"与现代意义上的大学在高等教育理念、大学精神方面也是相通的。诚如著名的清华大学前校长梅贻琦(1889—1962,字月涵,天津市人)先生所言:

> 就制度言,中国教育史固不见有形式相似之组织,就精神言,则文明人类之经验大致相同,而事有可通者。②

可见,"山川异域,风月同天"。无论如何比较东西方的高等教育,"大学者,大人之学也"。

何谓"大人"?《易经·乾·文言》有云:

> 夫大人者,与天地合其德,与日月合其明,与四时合其序,与鬼神合

---

① 刘河燕在《宋代书院与欧洲中世纪大学之比较研究》一书中详细比较了二者产生的背景、兴起的过程,并对二者的师生情况、课程内容、教学方式、经费收支等方面进行了比较研究。遗憾的是,宋代书院可谓是中国古代"高等教育"的代表性组织形式,但该书缺乏对宋代书院与欧洲中世纪大学在大学理念上的比较研究。见刘河燕:《宋代书院与欧洲中世纪大学之比较研究》,人民出版社2012年版。

② 梅贻琦:《大学一解》,《梅贻琦教育论著选》,人民教育出版社1993年版,第99页。

其吉凶,先天而天弗违,后天而奉天时,天且弗违,而况于人乎! 况于鬼神乎!①

《孟子》一言以蔽之:

　　大人者,不失其赤子之心者也。②

用南怀瑾(1918—2012,浙江省温州市乐清人)先生的解释就是:

　　凡有志于学,内养的功夫和外用的知识,皆能达到某一个水准,称之做"大人"。③

在古代中国,古人8岁入小学,学习洒扫的人生基本劳作,应对、进退的人伦礼节,学习"礼乐射御书数"等"六艺";15岁束发而冠入大学,学习"穷理正心,修己治人"的学问,④思考人生和社会的重大问题,准备从心智、学识、修养等方面做一个真正的"大人"。

统率大人之学、大德之学的教育理念就是大学之道,即成人之教、成人之道。不同时期,古代教化成人之道"大学之道"表述有所不同。但是到了中国传统文化典籍的代表之一《大学》里就被高度凝练为一句话:"大学之道,在明明德,在亲民,在止于至善。"——大学之道申明了中国古代大学教育的根本价值取向,彰显了人文学术的崇高价值和社会地位,以"文"来"化"人、以"传道"来"育人",构成中国古代大学教育理念的根本目的和鲜明特色。

第一节　大学之道与大学理念

一、"大学之道"的含义

所谓"小学之事,知之浅而行之小;大学之道,知之深而行之大"。中国

---

① 南怀瑾:《原本大学微言》,东方出版社2015年版,第36页。
② 南怀瑾:《孟子七讲》,东方出版社2012年版,第269页。
③ 南怀瑾:《原本大学微言》,东方出版社2015年版,第50页。
④ 王夫之在阐释朱熹《大学章句》中"大人之学"时曾说:"大人者,成人也。十五而入大学,乃为内圣外王之道。"见王夫之:《读四书大全说》,中华书局1975年版,第4页。

古代育人成才的大学问——大学之道集中体现在古代儒学经典"四书"之首的《大学》里。唐代著名经学家孔颖达（574—648）在唐太宗时期（626—649）曾任国子监祭酒①，认为：

> 此《大学》之篇，论学成之事，能治其国，章明其德于天下，却本明德所由，先从诚意为始。②

对《大学》给予极高的评价。《大学》的主旨贯联四书，高度概括总结了儒家的核心价值观和道德教育理念，对后世影响深广而久远。著名古文学家、文史学家、被誉为"中国现代学术史上真正全面精通经史的一代硕学通儒"的钱基博（1887—1957，字子泉，江苏省无锡市人）先生认为：

> 《大学》之书，文章典则，辞趣宏深，扩其量以平天下，引其绪于明明德。故圣人能以天下为一家、中国为一人者，非意之也；六通四辟，运用无乎不在矣！③

可谓是非常全面、精确地概括了"大学之道"的历史价值和教育功用——它既是延绵数千年的中国传统道德教育的主流价值取向，也是影响深远的中华民族道德教育经典范式。

据中国当代佛学家、知名学者南怀瑾（1918—2012，浙江温州乐清人）先生的考证，列于"四书"之首的《大学》开篇原文是：

> 大学之道，在明明德，在亲民，在止于至善。知止而后有定，定而后能静，静而后能安，安而后能虑，虑而后能得。物有本末，事有终始，知所先后，则近道矣。④

南怀瑾先生认为这就是"大学之道"的"开宗明义"。

与"三纲"之称的解读不同，"大道""明德""亲民""止于至善"被南怀

---

① 国子监（Imperial Academy），又称国子学、国子寺，是中国古代教育体系中的最高学府，最早设立于隋朝大业年间（公元607年）。祭酒是国子监的最高主管，由年高德重位尊之人担任。
② 阮元：《十三经注疏·礼记正义》，上海古籍出版社2008年版，第1673页。
③ 钱基博：《〈四书〉解题及其读法》，载《大家国学——钱基博卷》，天津人民出版社2008年版，第216页。
④ 南怀瑾：《原本大学微言》，东方出版社2015年版，第4页。

瑾先生称为"大学"教育之"四纲",完全可以算作是人类历史上最早,也是最好、最精辟的大学理念。它首先申明了大学之道的本质和根本目的在于培养人,不是培养一般的人,而是培养能"彰显大德"、能"亲民新民"、能追求"尽善尽美"的人。而这样的人,就是道德上合格的人,就是能够顶天立地的"大人"。"四纲"既精辟地表述了"大学"培育学问上高层次人才、道德上高境界人才的性质,又明确了对"大学"的人文理想和道德追求,也完全可以算作是最鲜明的大学道德教育理念。

其次,它指明了践行大学之道的目标、思路和途径,也就是如何完成一个真正大人的人伦、人道的本分。"大学之道"的"道",是基本理念,也是根本目标,或者也可以说是本体。由"道"出发,"明德"修身,是以立己;立己(内圣)然后能外用(外王)到立人,爱人"亲民",推己及人,推人及物,"己欲立而立人""己欲达而达人",由独善其身而兼济天下,最终达成"至善"的境界。这一大学理念、尤其是大学道德教育理念的精义,在 2000 多年后的今天,仍然闪耀着智慧的光辉,依然不断喷涌着有活性的教育理念基因。

二、大学之道即大学理念

与《大学》开篇即开宗明义如出一辙,《道德经》开篇原文也可谓是开门见山:

> 道可道,非常道。名可名,非常名。……此两者,同出而异名,同谓之玄。玄之又玄,众妙之门。①

这样玄妙的"道",可道又不可道,可名又不可名,真是博大精深、玄之又玄、没有穷尽啊。这个被视为探究天地万物奥妙的门户的"道",可谓是中国传统文化中最高深精妙的哲学概念了,其繁复精绝的哲学思辨也让很多人晕头转向、望而生畏。司马云杰致力于中国大道哲学及其精神精义的研究,对"道"进行了全面系统的阐释。在其《大道哲学全书》序言中,他写道:

> 正如印度人从来没离开过自己的"梵"文化精神,西方人从来没离开过"逻各斯"与上帝的存在一样,中国人、中华民族也从来没有离开过自己的文化哲学"道"的精神。中华民族五千年的垂续绵延,就是这

---

① 《道德经》,中州古籍出版社 2016 年版,第 2 页。

种精神的绵延。因此，道的精神，大道哲学或大道本体论的精神，就是中国文化哲学的根本精神，就是中华民族的根本精神。①

或者说，中华传统文化哲学的核心和灵魂就是中华民族几千年"大道"的根本精神和根本理念。

通过本书第二章对西方哲学大师们"理念"概念的梳理，我们很容易感受到，中西方文化中，"理念"与"道"两个概念的内涵有很多相似相通之处：他们都属于认知范畴的概念，不仅都含有规则、原理、理性、精神等意蕴，而且思维路径方面的阐释过程和方式上都有异曲同工之妙。

以中国之"道"与西方之"理念"的相通性逻辑思维技术来分析，"率性之谓道，修道之谓教"。我们完全可以认为，无论是意蕴上的相通性、还是逻辑上的关联性，"大学之道"与"大学理念"在意涵上是相同的两个概念，它们相互映射着概念基底的理性亮光。"大道""明德""亲民""止于至善"的"四纲"可以说是人类历史上最早、至今仍然堪称最精辟的大学理念，并且主要是大学道德教育理念。2006 年 7 月 12 日，第三届中外大学校长论坛在上海举行。时任国务委员陈至立出席并在开幕式上致辞指出：

> 这一教育思想与一千多年后发祥于欧洲的近代大学开启智慧、弘扬文化、传播知识的精神是相通的。千百年来这一传统薪火相传，经历了历史长河的洗礼而历久弥新，显示出蓬勃的生命力。②

可以说，正是中华民族在历史上从不间断地甚至九死而不悔地孜孜以求"道"，孜孜以求通向信仰"道"的路径，"大学"之"道"才能统摄"德"所本真传承的精神含义；而也正是有了以中国传统文化语境做厚实基底，中华民族智慧凝练、阐释出来的"德"才能具有真正泽被世界的精神和透射世界的力量。

经过条分缕析的文本解读，我们对如何践行大学之道便了然于胸了——必须通过"明""明德"、"亲""民"以最终"止于""至善"。并且我们能够进一步深切地感悟到：三者之间的独特构架独到而精深地表达大学的理想追求，深切而清晰地揭示了大学之道的实现路径。即使中国古代的彼

---

① 司马云杰：《大道运行论》，陕西人民出版社 2004 年版，序言。

② 陈至立：《在中外大学校长论坛开幕式上的致辞》，载《中外大学校长论坛文集》，高等教育出版社 2002 年版，第 1 页。

"大学"非中国近现代意义上的此"大学",由"四纲"统率的"大学之道"依然具有穿透千年时空的深邃影响力,为我们探析当下"双一流"建设中的大学道德教育理念提供智慧启迪。但是,即使我们追求大学之道的信念也许并未改变,可实践中的现实种种也许力不从心。就像梅贻琦先生当年作《大学一解》时已经明白地提出了自己的洞见:

> 今日之大学教育,骤视之,若与"明明德""新民"之义不甚相干。然若加深察,则可知今日大学教育之种种措施,固始终未能超出此二义之范围,所患者,在体认尚有未尽而实践尚有不力耳。①

毋庸讳言,尽管我国不少大学建校已逾百年,近年来尤其在"双一流"建设的洪流中一路高歌猛进,但在理解和践行"大学之道"上,依然没有走出梅贻琦先生在半个多世纪以前的洞察和忧患之中。传承大学之道,立德树人,路漫漫其修远兮!

第二节　大学之道的传承

一、古代中国大学道德教育理念

鉴于中国古代的高等教育最开始都是官学,并且以"学而优则仕"为最终目标和最高理念,这样的价值取向并不能代表中国古代大学的道德教育理念,因此,我们需要更多地关注和讨论古代一种非常重要的教育组织形式,一种能体现中国古代大学道德教育理念、古代高等教育精神特质的教育组织形式,这就是书院教育。书院教育是指以私人创建或主持为主,收藏一定数量的图书,聚徒讲学,重视读书自学,师生共同研讨,高于一般蒙学的特殊教育组织形式。②

书院几经盛衰,延续千年。书院萌芽于唐朝末年,在五代时期初具规模,北宋时声震天下,到南宋时得到蓬勃发展,进入成熟的制度化发展阶段。书院集教学机构、研究机构和学术团体于一身,书院教育集读书、藏书、著书、刻书、讲学、研究、祭祀等多种教育形式与教育功能于一体,被视为古代私学的最高层次和最高形态。而两宋时代书院教育的兴盛,既反映了两宋

---

① 梅贻琦:《大学一解》,载《梅贻琦教育论著选》,人民教育出版社1993年版,第99页。
② 王炳照:《中国古代书院》,中国国际广播出版社2009年版,第8页。

时代经济文化的繁荣发展,也达到了中国古代书院教育的最理想状态。尤其以四大书院为代表,①宋代的书院教育成为中国古代书院教育的典范。

作为一种独特的教育组织形式,中国古代书院的教育理念和教育精神集中体现在书院学规之中,其中,最有代表性的当以宋代南宋时期著名理学家、教育家、儒学集大成者朱熹(1130—1200)的《白鹿洞书院揭示》(又名《白鹿洞书院学规》《白鹿洞书院教条》《白鹿洞书院教约》《白鹿洞书院教规》《朱子教条》等)为首。《白鹿洞书院揭示》规定了封建社会"大学"的教育目的、教育内容和教育方法,特别是将知识学习与道德修养融为一体,集中代表了封建社会的教育精神和大学道德教育理念。尤其是《白鹿洞书院揭示》被宋理宗诏令颁行天下后(宋淳祐元年,1241年),成为南宋统一的书院学规,也成为后世元明清各个朝代书院的范本乃至官学的办学准则,影响极其深远。

《白鹿洞书院揭示》原文如下:

> 父子有亲。君臣有义。夫妇有别。长幼有序。朋友有信。
> 右五教之目。尧、舜使契为司徒,敬敷五教,即此是也。学者学此而已。
> 而其所以学之之序,亦有五焉,其别如左:
> 博学之。审问之。慎思之。明辨之。笃行之。
> 右为学之序。学、问、思、辨、四者,所以穷理也。
> 若夫笃行之事,则自修身以至于处事、接物,亦各有要,其别如左:
> 言忠信。行笃敬。惩忿窒欲。迁善改过。
> 右修身之要。
> 正其义不谋其利。明其道不计其功。
> 右处事之要。
> 己所不欲,勿施于人。行有不得,反求诸己。
> 右接物之要。
> 熹窃观古昔圣贤所以教人为学之意,莫非使之讲明义理,以修其身,然后推以及人,非徒欲其务记览,为词章,以钓声名,取利禄而已也。
> 今人之为学者,则既反是矣。然圣贤所以教人之法,具存于经,有

---

① 受到近现代学者普遍认可的北宋四大书院是:江西白鹿洞书院、湖南石鼓书院、河南应天府(睢阳)书院、湖南岳麓书院;南宋四大书院是:湖南岳麓书院、浙江丽泽书院、江西白鹿洞书院、江西象山书院,分别代表南宋理学的四大学派:湖湘学派、金华学派、考亭学派、象山学派。

志之士,固当熟读、深思而问、辨之。

苟知其理之当然,而责其身以必然,则夫规矩禁防之具,岂待他人设之而后有所持循哉? 近世于学有规,其待学者为已浅矣。而其为法,又未必古人之意也。

故今不复以施于此堂,而特取凡圣贤所以教人为学之大端,条列如右,而揭之楣间。诸君其相与讲明遵守,而责之于身焉,则夫思虑云为之际,其所以戒谨而恐惧者,必有严于彼者矣。

其有不然,而或出于此言之所弃,则彼所谓规者,必将取之,固不得而略也。诸君其亦念之哉。①

(一)《白鹿洞书院揭示》与朱熹的教育理念

有书院,便有山长。山长是历代对书院的讲学者、组织管理者的称谓。书院是私学,没有官府的强制性,所以,山长是影响和主导书院教育的灵魂人物。能够吸引、留住学生到书院求学,书院山长的名望、学养和德行是学生作出选择的根本原因。

> 书院何以有如此魅力,竟引不同时期的名师学子共折腰,其根源就在书院那可称"永恒"的精神及维持其精神的制度保证。而书院精神与制度则尽藏于各种各样的学规、章程之中。②

朱熹正是通过《白鹿洞书院揭示》来宣示他的教育理念的。作为复兴白鹿洞书院的标志性举措,朱熹制订了《白鹿洞书院揭示》,在跋语中明确表达了自己的理学家基本价值取向:

> 熹窃观古昔圣贤所以教人为学之意,莫非使之讲明义理以修其身,然后推己及人;非徒欲务记览、为词章,以钓声名取利禄而已。

意思是,重建白鹿洞书院就是要反对把书院变成考科举、求功名、钓声誉、获爵禄的场所,恢复大学之道,《大学》所设定的道德修养的目标,使读书人回归明德修身、亲民爱人、止于至善的本来之道。

孔子开启私学教育,改变了"学在官府"官学一统天下的局面。并且首

---

① 转引自王炳照:《中国古代书院》,中国国际广播出版社2009年版,第72页。
② 邓洪波主编:《中国书院学规集成》第一卷,中西书局2011年版,第22页。

倡"有教无类",广泛传播儒学以化民成俗、教化天下。其后,民间自主办学的传统与儒家文化一起薪火相传。到宋代,朱熹作为程朱理学的代表,通过重新注释《论语》《孟子》《大学》《中庸》,以继承、确证先秦儒学中奠定的信仰,并进一步以理性主义的思想方法与哲学化的逻辑体系,来解决人文准则与终极实体的内在联系,建立一条以道德理性、日用实践来实现终极关切的程式化途径,以真正完成儒家人文信仰的建构。①

成为毋庸置疑的"新儒学"集大成者和积极践行者,并且以书院教育的新形制将私学教育传统发扬光大,开创了新的儒家教育模式,构建了新的"儒家人文信仰"实践途径。这些都集中体现在朱熹复兴白鹿洞书院的系列教育、教学、研究、交流活动之中,并开创了中国古代书院教育的诸多典范。

相比较而言,如果《四书集注》代表了朱熹在理论上对"儒家人文信仰"的系统宏大建构,那么,《白鹿洞书院揭示》则是纲领性地对朱熹教育理念的简明扼要阐发和诠释,具有强烈的实践性和可操作性,是以得到迅速推广和普及。《白鹿洞书院揭示》成为天下书院教育共同尊奉的学规、教规总纲,使得朱熹的教育理念在理论上和实践上相互诠释、相得益彰,达到了儒家教育文化提倡躬身践履践行道德教育理念的新境界。

(二)《白鹿洞书院揭示》的书院道德教育理念阐析

如原文所示,《白鹿洞书院揭示》短小精悍,通篇只有 79 个字,精选了儒家教育文化的精要,以格言警句的形式呈现儒家道德教育理念的基本纲目,念诵出来朗朗上口,好记易学,便于践行,鲜明地体现了古代教育尤其是道德教育"劝谕式"的"劝学"教化特点。"把握书院的学规、章程,即可把握书院的精神,把握书院教育制度的本质。"②《白鹿洞书院揭示》是朱熹刻意借儒家圣人先贤之言表达自己的"新儒学"教育理念与教育意志,通过精心设置的"五教之目""为学之序""修身之要""处事之要""接物之要"的纲目化形式呈现出来,逻辑严密、结构严谨。朱熹开创的"章句""集句"体例,"引证"儒家经典文献来进行"创造性地阐释",自创一格,是为"紫阳纲目",对后世影响深远。除了内容上的精妙,形式上的独特创制也是《白鹿洞书院揭示》能够超越时空、具有流芳后世的文化影响力的重要原因。试对《白鹿洞书院揭示》所包含的教育理念探析如下:

首先,同《大学》一样开宗明义,以"五教之目"明确提出书院教育的目

① 朱汉民等编著:《宋代〈四书〉学与理学》,中华书局 2009 年版,第 298 页。
② 邓洪波主编:《中国书院学规集成》第一卷,中西书局 2011 年版,第 22 页。

的。朱熹认为,学规可以"示学者立心之本,用力之要,言下便可持循,终身以为轨范"①。

因而,首先必须明示书院教育的目的是立足于"圣贤所以教人为学之大端",从教育原则上明确"为谁培养人""培养什么样的人""怎样培养人"的根本性问题。由此,书院教育的目的不是为了通过科举考试"学而优则仕",而是为了引导学生明人伦、明事理,修身为本、立己达人以至于兴国安邦、经世济民、止于至善。

"五教之目"是为学育人的根本目的。"父子有亲,君臣有义,夫妇有别,长幼有序,朋友有信"被称作"五常",也就是朱熹列出的"明人伦""学而止于礼"的基本规范。"五教之目"既是对《大学》中"自天子以至于庶人,一是皆以修身为本"主张的继承,也是对荀子在《劝学》篇里的"故学止于礼而止矣,夫是之谓道德之极"观念的继承,突出强调了儒家道德教育的根本理念和基本出发点在于教育学生明白做人的本分、知道基本的礼数。

"为学之序"是读书求学、践行人伦事理道德目标的根本途径。遵循《大学》的逻辑,"四纲"之后需要"知、止、定、静、安、虑、得"七步学养的程序来求证与践行大道明德。同理,"五教之目"树立了为学育人的道德目标,接下来当然需要"为学之序"来指明确实践的路径。"博学、审问、慎思、明辨、笃行"既是求证大学之道的学问程序,也是修身明德成大人的步骤,或者说是学养的功夫。这是一个循序渐进的过程,也是一个渐入佳境的次序。因此,朱熹主张研读"四书"是有不可逾越的次序的:

> 先读《大学》,以定其规模;次读《论语》,以立其根本;次读《孟子》,以观其发越;次读《中庸》,以求古人之微妙处。②

这样由浅入深,知所先后,就能尽快地接近"大道"了。

"修德"为"修身之要";"义利之辨"为"处事之要"。《大学》举起"四纲"后提出"格物、致知、诚意、正心、修身、齐家、治国、平天下"的"八目"作为儒家道德教育理念的内圣之学,或者说内明之学,强调无论自立的"内明"还是立人的"外圣(外用)",又要以达到"至善"的最高境界,即实现"为己"与"为人"整体和谐,才算是完成了人伦大道。朱熹深谙此道,将"义利之辨"定为"处事之要",正是强调"正其义不谋其利,明其道不计其功"的修

---

① 邓洪波编著:《中国书院学规》,湖南大学出版社 2000 年版,第 226 页。
② 朱熹:《朱子四书语类》,上海古籍出版社 1992 年版,第 1 页。

养做人原则。"德"者，"得"也，"虑而后能得"，"人行正道而心有所得"，所谓佛家的"明心见性"、道家的"修心炼性"，或是理学家们的"存心养性"，都是为了达到儒家的"诚意正心"。这一套儒家的道统心法能够被遵从传习，主要原因在于儒家道德教育理念代表了儒家教育思想乃至整个中国古代教育思想中的中心理想，即尽最大努力创造及维持一个完美的、道德的社会。因此个人的教育是社会制度或运作中不可或缺的一部分。孔子的教育思想固然强调知识和道德的融合；但是这种融合也必须是能建成社会整体的融合才具有价值。一个人固然必须全心追求个人的道德完善以及与知识的融合，他也必须同时不忘自己的道德成长带有社会意义。①

"己所不欲，勿施于人，行有不得，反求诸己"为"接物之要"。孔子提倡的以"己所不欲，勿施于人"为核心原则的忠恕之道是儒家协调人与人之间关系的基本伦理。以现代观念来看，以"己所不欲，勿施于人"为伦理底限的、贯穿于一切行为中的"仁"道精神……实际是一种彻底的人道主义精神。②

朱熹刻意将"己所不欲，勿施于人，行有不得，反求诸己"定为最一般的"接物之要"，实际上是非常实事求是地划定了书院教规学规的道德底线，也是努力想要将儒家"修齐治平"的实际学问变成天地万物中人人都能践行的最一般行动。

以人对人的相互理解和人与人的相互关爱为处世的基本出发点，这一条儒家道德教育理念中协调人伦关系的最朴素原则今天已经越来越多地获得全球性的认同。1993 年 8 月 24 日至 9 月 4 日，世界宗教议会（The Council of the Parliament of the World's Religions）第二届大会在美国芝加哥举行。会议发表的世界历史上第一份全球伦理宣言——《世界宗教议会宣言》倡导为协调全世界人类行为的"全球伦理"规范，这种"新的全球伦理"作为一些有约束力的价值观、不可或缺的标准以及根本的道德态度的一种最低限度的基本共识。③

其中包括：

> 我们希望别人怎样对待我们，我们就必须怎样对待别人。我们承

①　李弘祺：《学以为己：传统中国的教育》，中文大学出版社 2012 年版，第 9 页。

②　邹昌林：《从"金规则"看儒家伦理"仁"的思想体系的本质特征及其与基督教伦理的异同》，《世界宗教研究》2010 年第 3 期。

③　［瑞士］孔汉思、费舍尔：《全球伦理：世界宗教议会宣言》，何光沪译，四川人民出版社 1997 年版，第 12 页。

诺敬重生命与尊严,敬重独特性与多样性,以使每一个人都得到符合人性的对待,毫无例外。我们必须耐心和宽容。我们必须能够宽恕,从过去吸取教益,但绝不让自己受制于仇恨的记忆。我们必须彼此敞开心怀,为着世界共同体的事业而埋葬我们的种种狭隘分歧,实行一种团结一致和相互关联的文化。①

显然,从这样的全球伦理原则或者说是普世伦理规范之中,我们不难看到,当世界"比以前任何一个时期都更多地由世界性政治、世界性技术、世界性经济、世界性文明所塑造,它也需要一种世界性伦理"时,中国儒家的伦理精神正穿越时空而来,为建构全球伦理提供着古老东方的思想资源,闪耀着智慧的光芒。

综上所述,朱熹殚精竭虑所订立的《白鹿洞书院揭示》继承了《大学》的精要,并发扬了大学之道的精髓,将儒家的道德教育理念提升到新的层次。朱熹总结历史上书院教育的经验,又借鉴吸收了隋唐以来佛教禅林清规的长处,拟订的《白鹿洞书院揭示》不仅作为复兴书院的重要举措,为改变当时的南宋朝廷尊儒不力的状况发挥了重要作用,而且对书院教育的制度化建设发挥了决定性的作用,具有深远影响。

(三) 中国书院精神的历史意义

作为中国古代独特的教育教学组织形式,书院尤其是两宋书院的成熟,是对中国传统教育制度的补充和完善;而书院教育所凝结的书院精神,也显示了中国传统教育理念的不断发展乃至成熟。书院之名虽始于唐朝②,但两宋书院其实是在形式和内容上继承了先秦诸子百家争鸣、汉代私学(经馆、精舍、精庐)、魏晋清谈(魏晋玄学)、唐代禅修的精神传统和文化精髓,不仅在教育组织形式上逐渐发展成为一种新的独特教育形态,为中国古代知识分子在生活中践行"为天地立心,为生民请命,为往圣继绝学,为万世开太平"的学术信仰和道德人格提供了最佳场所,而且在教育理念上发展了中国传统儒家士大夫的人文取向、道德理想和知识价值。其核心教育理念是儒家的"成人之教""大人之学""大学之道",成为中华优秀传统文化的重要组成部分。只是正如胡适(1891—1962,字适之,安徽省宣城市绩溪

---

① [瑞士]孔汉思、费舍尔:《全球伦理:世界宗教议会宣言》,何光沪译,四川人民出版社1997年版,序言。

② 唐开元五年至十二年(717—724),唐玄宗先后在乾元殿、光顺门外、明福门外三处设置丽正书院,专设检校官,抄书、修书和校书。参见王炳照:《中国古代书院》,中国国际广播出版社2009年版,第9页。

县人）先生痛心疾首所感叹的：

> 所可惜的，就是光绪政变，把一千年来书院制度完全推翻，而以形式一律的学堂代替教育。要知道我国书院的程度，足可比外国的大学研究院……书院之废，实在是中国一大不幸事。一千年来学者自动的研究精神，将不复现于今日了。①

所以，当潘懋元先生也一针见血地指出：

> 当前大学正面临着"理念危机"——大学理想的黯淡，大学观念的落后，大学精神的失落，大学形象的扭曲，大学使命的弱化，大学目标的混乱。②

在此情形下，汲取并弘扬书院精神的精华——崇尚理性、心忧天下；德业为本、淡薄功利；修身为要、格物致知；学术自由、兼容并蓄；自主办学、民主管理等，对于推进"双一流"建设具有较强的现实意义。

二、近代中国大学道德教育理念

近代中国大学产生于甲午战争失败后的特殊历史时期，创建于清末国人图强变革之时，各所大学建立的背景迥异。在半殖民地半封建社会纷繁复杂的社会形态大背景下，各所大学的发展状况也是参差不齐。既有由清光绪皇帝御笔朱批、北洋军阀盛宣怀亲自督办的中国第一所现代大学北洋大学堂（1895 年建立，今天津大学）；也有作为当时中国最高教育行政机关的京师大学堂（1898 年建立，今北京大学）；也有因美国退还"庚子赔款"而设立的"清华留美预备学校"（1911 年建立，后名清华学堂，今清华大学）；还有由四所美国及英国基督教会联合在北京开办的教会大学之一燕京大学（Yenching University，1919 年建立，1952 年被撤销）。因而，很难描述近代中国大学的教育理念。在此，选取大学校训作为切入点来透析近代中国的大学道德理念。

何谓"校训"？《辞海》（中华书局 1999 年版）中对"校训"条目的解读为：

---

① 胡适：《书院制史略》，载《胡适教育论著选》，人民教育出版社 1994 年版，第 193 页。
② 潘懋元：《多学科观点的高等教育研究》，《高等教育研究》2002 年第 1 期。

学校为训育上之便利,选若干德目制成匾额,悬之校中公见之地,是校训,其目的在使个人随时注意而实践之。①

对这条释义我们可以作如下几方面的理解:首先校训是大学精神的高度浓缩与核心表达,是一所大学彰显其教育理念、美德追求的一种教育方式、教育途径;其次,校训以若干简明扼要的德目承载了对全体师生员工德性与德行的期望;再次,校训一般显示在公共场合,以便让所有人都能从直观的视觉、听觉、触觉等多重感官感知、勾画学校的文化图景,并时时刻刻都能起到勉励、规训、警醒、导向的作用。优秀的大学校训应该是在本校独特的办学传统、特有的历史底蕴基础上高度凝练而成的德目,既要汲取中华优秀传统文化典籍的精粹、菁华,又要体现与时俱进的时代气息;既要有厚重的历史感,又要能回应时代的召唤,具有超越时空的文化力量。内容上要尽可能全面地体现学校的办学理念和办学特色,形式上则要尽可能地简洁,易读好记、格调高雅、韵律优美。

中国古代官学以培养统治阶级的接班人为目标,难以形成类似今天校训的东西。书院教育形式产生后,一般会选录古代文化典籍中的格言警句来体现自身办学理念和价值取向,也用以规训学生,这就形成了具有校训功能的院训。著名的有:江西白鹿洞书院的院训取自《中庸》:"博学之,审问之,慎思之,明辨之,笃行之。"这既昭示了白鹿洞书院为学的目的、也是书院育人的目的;湖南岳麓书院秉承的院训是"忠孝廉节";江苏无锡东林书院的院训因为一副著名的对联而闻名天下,那就是明朝东林党领袖顾宪成所作的:"风声雨声读书声,声声入耳;国事家事天下事,事事关心。"上联下联对仗工整、音律和谐、格调高雅、意境高远;同样地,贵州永宁书院也选择了通过对联表达院训:上联是"格致、诚正、修养,知所先则近道";下联是"孝悌、谨信、亲爱,行有余以学文"。亦可谓内涵丰厚、形式工整。从格调和功能上看,这些声名远播的院训完全具有校训的地位,可以算是我国近代大学校训的先声和渊源。

(一) 近代中国大学校训及其大学道德教育理念

近代中国大学的诞生都具有大致相同的文化背景,既受益于中西文化交流的社会发展,又困窘于传统与现代碰撞的环境嬗变;既从西方大学文明中吸收精华,又从中华优秀传统文化中汲取力量,从而形成了丰富多元、各具特色的近代中国大学校训,并多维度、多层次地表达了近代中国大学的道

---

① 舒新城等:《辞海》,中华书局 1999 年版,第 1493 页。

德教育理念。以下选取部分有代表性的校训分别予以解析。

自强不息，厚德载物——清华大学（Tsinghua University，建立于1911年）校训。

1914年11月5日，梁启超到清华大学（当时名为清华学校）发表关于《君子》的主题演讲，其间特别提到"天行健，君子以自强不息；地势坤，君子以厚德载物。"两句话以勉励清华学子。梁启超慷慨激昂地说：

> 君子自励犹如天体之运行不息，不得一暴十寒，不应见利而进，知难而退，而应重自胜、摈私欲、尚果毅，不屈不挠，见义勇为，不避艰险，自强不息；同时，君子待人接物应度量宽厚，如大地之博，无所不载。君子责己甚厚，责人甚轻，气度雍容。清华学子，荟中西新收文明，改良我社会，促进我政治。所谓君子人者，非清华学草。今日之清华学子，将来即社会之鸿儒，集四方俊秀，为师与友，相磋相磨；他年遨游海外，吸表率，语、默、作、止，皆为国民所仿效，设或不慎坏习，惯之传行，急如暴雨，则大事偾矣。深愿及此时机，崇德修学，勉为真君子。异日出膺大任，足以挽既倒于狂澜，作中流之砥柱，则民国幸甚矣！①

近代中国外强环伺、积弱积贫，聆听一代大家声情并茂的演讲，现场清华学子群情激奋、深受激励。后来清华大学便提取了《周易》中的这八个字——"自强不息，厚德载物"为校训。这两句话的意思是：君子应效法天道自然的刚劲强健，永不停息，奋发图强，不屈不挠，努力向前；君子还应效法大地气势的深厚博大，宽厚待人，兼蓄并包，有容乃大，承载万物。"自强不息，厚德载物"高度概括、集中体现了中华民族精神，是中华文化的精髓之一，被现代新儒家学派代表、哈佛大学亚洲中心资深研究员杜维明教授认为是世界上最好的大学校训。

"实事求是"——天津大学（Tianjin University，建立于1895年）、中国人民大学（Renmin University of China，建立于1937年）、中共中央党校（国家行政学院）（Party School of the Central Committee of C.P.C National Academy of Governance，建立于1933年）校训。

三所著名大学相同的校训出自东汉班固所著《汉书·河间献王传》中"修学好古，实事求是"②一语。本意指汉代河间献王刘德在学经典、学"六

---

① 清华大学校史研究室：《清华大学九十年》，清华大学出版社2001年版，第13页。
② 班固：《汉书》卷五三，中华书局2012年版，第2410页。

艺"时,对古书"求真是",考证古书时只求真本,所得的旧书中只留下先秦诸子的"正本"古书。班固赞扬刘德这种"实事求是"的实证治学态度和方法。"实事"就是事实,指事情本来的面目;"求是"就是去探究事情本来的面目、还原事情真相的过程。古人倡导"实事求是"主要是注重在读书做学问中要坚持穷经证理。"君子之学,唯求其是","务得事实,每求必真"是古代考据学派治学修史的原则、态度和方法,尤其被明末清初的隆嘉学派奉为座右铭,成为"崇实黜虚"、反对宋明理学末流"空文""空疏""虚学""虚文"的有力口号。作为院训学规,"实事求是"的匾额至今还悬于岳麓书院。1941年,为改造党的学风,毛泽东发表了《改造我们的学习》一文,并对干部战士讲解说:

> "实事"就是客观存在着的一切事物,"是"就是客观事物的内部联系,即规律性,"求"就是我们去研究……有实事求是之意,无哗众取宠之心。这种态度,就是党性的表现,就是理论和实际统一的马克思列宁主义的作风。这是一个共产党员起码应该具备的态度。①

1978年中国共产党十一届三中全会重新将"实事求是"确立为党的思想路线,为改革开放奠定了思想基础。湖南大学、河海大学、河北大学校训中也含有"实事求是"。

"博学　审问　慎思　明辨　笃行"——北京大学(Peking University,建立于1898年)、中山大学(Sun Yat-sen University,建立于1924年)校训。

两校不约而同选取了相同的校训,原文源自《中庸》第二十章:

> 诚者,天之道也。诚之者,人之道也。诚者,不勉而中,不思而得,从容中道,圣人也。诚之者,择善而固执之者也。博学之,审问之,慎思之,明辨之,笃行之。有弗学,学之弗能,弗措也;有弗问,问之弗知,弗措也;有弗思,思之弗得,弗措也;有弗辨,辨之弗明,弗措也;有弗行,行之弗笃,弗措也。人一能之,己百之;人十能之,己千之。果能此道矣,虽愚必明,虽柔必强。②

南怀瑾先生认为这五个方面是教育学生达到"诚"的中道的五个学养

---

① 《毛泽东选集》第三卷,人民出版社1991年版,第801页。
② 南怀瑾:《话说中庸》,东方出版社2015年版,第99页。

方法。"博学"就是要博览群书、广见多闻,不能固守藩篱、不可坐井观天;"审问"就是不能盲从或迷信,对任何学识都要穷究探源、考察清楚;"慎思"就是不能听风就是雨,要经过严谨审慎的思考后再发表意见;"明辨"就是对学识见闻进行逻辑归纳、科学分析。经过上述四种治学过程后,确证了"道"之所在,明白了"理"之所真,接下来的"笃行"就是要执着地实践于做人做事做学问的行为之中,达到知行合一。《中庸》提倡的博学、审问、慎思、明辨、笃行被广泛地尊崇为做学问的方法和程序,也被视为人们提升道德修养的功夫和步骤。正如南怀瑾先生所说:

> 由"博学""审问""慎思""明辨""择善而固执"的理念,也就是阐明"大学之道""笃行""止于至善"的普及法门。①

2006 年,华南理工大学(South China University of Technology,建立于 1918 年)正式启用新校训:"博学　慎思　明辨　笃行"。

"博学而笃志　切问而近思"——复旦大学(Fudan University,建立于 1905 年)校训。

复旦大学也是从中华优秀传统文化典籍中提取校训。这条校训原文可见于:

> 子夏曰:博学而笃志,切问而近思,仁在其中矣。(《论语·子张第十九》)②

意思是,学识广博、志向坚定,能够审慎地询问和考虑眼前的问题,仁德就在其中了。其理念与意义和"博学、审问、慎思、明辨、笃行"如出一辙。1905 年,马相伯(1840—1939,又名钦善,字斯藏,江苏省镇江市丹阳人)先生在于右任、邵力子等原震旦公学学生拥戴下,在上海吴淞创立复旦公学,表示不忘之前"震旦"之旧,更含自主办学、复兴中华的志向。1915 年,为纪念复旦公学创校十周年,时任校长李登辉组织国文系教授商议、并最终由老校长马相伯先生选定了这两句话为校训。

"自强不息　止于至善"——厦门大学(Xiamen University,建立于 1921 年)校训。

---

① 南怀瑾:《话说中庸》,东方出版社 2015 年版,第 103 页。
② 《论语》,中州古籍出版社 2016 年版,第 264 页。

这条校训德目原文出自不同的典籍。前四个字来自《周易》,释义同前面的清华大学校训。后四个字来自《礼记·大学》:"大学之道,在明明德,在亲民,在止于至善。"意思如前面引自南怀瑾先生的详细解析:

　　　　大学的道,首先在明白明德的修养,然后才能深入民间做亲民的工作,达到极其圆满的至善境界。①

　　兰州大学校训为"自强不息　独树一帜";江南大学校训为"笃学尚行　止于至善";东南大学校训仅为"止于至善"。

　　"刚毅坚卓"——国立西南联合大学(National Southwestern Associated University,建立于 1938 年,1946 年解散)校训。

　　1937 年 7 月,日本帝国主义发动全面侵华战争后,中华大地无法安放下一张平静的书桌。但大学承载着中华民族文化血脉,绝不可以被斩断。由是,当时的国民政府决定,国立北京大学、国立清华大学、私立南开大学三校率先分别南迁,暂到湖南长沙组成国立长沙临时大学。战火纷飞、筚路蓝缕,到 1938 年 4 月,三校历经艰辛,最终辗转西迁至云南昆明组成国立西南联合大学。这就是中国高等教育史上荡气回肠的"西南联大"。尽管各校先前都有自己的校训,北京大学、清华大学的校训如前所述,南开大学的校训为"允公允能　日新月异"。但在抗日战争中华民族救亡图存的特殊时期,西南联大作为一个新的大学联合整体,需要确定新的校训整合三校的精神力量、整体展现中国大学的精神气质,带领这个新联合体共克时艰。1938 年 11 月 30 日,西南联大举行第 95 次校务常委会,坚持以"内树学术自由,外筑民主堡垒"为基本原则,最终议决了以"刚毅坚卓"四字为西南联大校训。② 后来的历史充分证明,"刚毅坚卓"字字千钧、简洁隽永、气壮山河,完全可以说是抗日战争时期西南联大学校品格和全体师生精神风貌的生动白描与真实写照。自 1938 年 5 月 4 日开始上课至 1946 年 5 月 4 日西南联大解散,三校北返北京、天津复校。在昆明办学的八年时间里,在山河破碎、中华民族面临生死存亡的危难时期,正是刚毅坚卓的精神自始至终支撑着西南联大师生的科学救国理想,激励着全体西南联大人不畏强暴、精诚团结、同仇敌忾,艰难困苦、玉汝于成,在抗战时期保存重要的科研力量,产生了大

---

　　①　南怀瑾:《原本大学微言》,东方出版社 2015 年版,第 48 页。
　　②　西南联合大学北京校友会:《国立西南联合大学校史(1937—1946 年的北大、清华、南开)》,北京大学出版社 1996 年版,第 92 页。

量卓有影响的科学研究成果,培养了大批杰出人才和治国栋梁,堪称创造了世界高等教育史上的伟大奇迹。

其他像"厚德、明德、崇德、明法、重法、诚朴、雄伟、博学、励学、忠信、笃敬、笃行、敦行、惟真、惟实、弘毅、致远、求实、鼎新"等,也多是中国古代常用的伦理警句和道德格言。

分析解读以上部分有代表性大学校训的来源及意义,不难发现,以"四书五经"为代表的中华优秀传统文化典籍是近代中国大学确定校训时竞相引用的依据。近代中国大学不约而同地选取、体现"大学之道",一方面体现了校训基本上都取法于优秀的中华传统文化经典,恰如前文引用朱熹所说的读书顺序依次研习《大学》《论语》《孟子》和《中庸》,以吸取"古之大学所以教人之法";另一方面也表现出近代中国大学在校训的制定方面继承中国优秀传统文化核心价值观念的共同特点。

（二）近代中国大学对大学道德教育理念的践行

在古代书院教育中,山长是影响和主导书院教育的灵魂。山长通过制定书院学规来提出和实现他的教育理念。同理,在近代中国大学发展过程中,校长是一所大学的灵魂;而在近代中国大学道德教育中,校长的道德教育理念及其道德领导力是关键内核。校长在办学治校中体现出来的学术造诣、学术领导力、人格魅力等等,尤其是在制订及践行大学校训、凝聚大学精神中发挥的作用,体现了一所大学的道德教育理念及其践行状况,直接影响一所大学的成长路径和精神风貌。

例如,蔡元培(1868—1940,字鹤卿、孑民等,浙江省绍兴市山阴县人)先生之于北京大学、梅贻琦先生之于清华大学、张伯苓(1876—1951,名寿春、字伯苓,以字行,天津市人)先生之于南开大学等,都是极具代表性的案例。可以说,每位先生都成就了各自的大学校长丰碑,也引领了各自的大学成长。并且,三位先生和各自的大学一起对中国近现代的高等教育产生了举足轻重的深远影响。在此,仅以浙江大学竺可桢先生(1890—1974,字藕舫,浙江省绍兴市人)执掌国立浙江大学时期践行以"求是"为核心理念的办学实践为例展开进一步的讨论。

竺可桢,近代中国地理学和气象学的奠基者,中国物候学、历史气象学的创建者,一生在现代气象学、历史气候学、历史地震学、自然科学史等众多研究领域取得卓著成就,蜚声中外的著名气象学家、地理学家,在国内外科学界享有崇高声誉。1909年考入唐山路矿学堂(今西南交通大学)学习土木工程;1910年考取留美公费生进入伊利诺伊大学农学院学习;毕业后转入哈佛大学地学系潜心研读,1917年被接纳为美国地理学会会员,1918年获得哈佛大学气象学博士学位。1934年与中国第一位地质学博士、中国早期最著名地质学家翁文灏(1889—1971,字咏霓,浙江省鄞县人)先生一起创建中国地理学会。1948年当选中央研究院院士、1955年选聘为中国科学院院士(中国科学院学部委员)。1936年开始担任浙江大学校长(兼任浙江大学气象研究所所长),1949年卸任后,被任命为中国科学院副院长,兼任生物学、地学部主任。曾参与修改具有中华人民共和国临时宪法性质的《中国人民政治协商会议共同纲领》。2010年3月26日,在纪念竺可桢先生诞辰120周年大会上,中国科学院院士、土壤地理与土地资源学家孙鸿烈(1932—　,河南省濮阳人)教授发言说:

> 竺可桢先生是我国现代气象学和地理学的奠基人,在台风、季风、中国区域气候、农业气候、物候学、气候变迁、自然区划等领域,取得过辉煌的成就;竺可桢先生是我国现代教育的先行者和实践家,他执着的"求是"精神、先进的教育思想和卓越的办学成就,在我国教育史上书写了光辉的篇章;竺可桢先生是中国科学院和中国科学院学部的奠基人和卓越的领导者之一,领导和指导了我国自然区划综合考察、国家大地图集编纂、地学规划制定、自然科学史研究等工作,为新中国科技大厦的奠基立业、为中国科学院的建立和发展作出了卓越贡献。[1]

浙江大学,我国著名的高水平大学、"双一流"建设大学。其建校历史可追溯至1897年的求是书院,由当时杭州知府林启创办,是浙江第一所、也是近代中国最早学习借鉴西方大学组织架构和学制模式创办的少数新式高等学校之一;1901年改名为浙江求是大学堂,后易名为浙江高等学堂但几度停办;1927年在求是书院原校址成立"国立第三中山大学";1928年4月1日定名为浙江大学;1928年7月1日起,冠以"国立"二字,称国立浙江大学,下设工、农、文理三个学院。抗日战争期间,举校西迁。历经江西、广西、贵州,筚路蓝缕,最终在贵州遵义、湄潭等地艰苦卓绝办学七年,1946年秋回迁杭州。求是书院时期制定了"求是"校训,倡导"务实求学,存是去非"的治学育人理念,在办学中逐渐形成了"正其谊不谋其利,明其道不计其功"的"求是"校风,一直延续到后来的浙江大

---

① 孙鸿烈:《在纪念竺可桢先生诞辰120周年座谈会上的发言》,2010年3月26日,见http://www.cas.cn/xw/zyxw/ttxw/201003/t20100326_2807816.shtml。

学并被发扬光大。

1936 年初,竺可桢先生出任浙江大学校长。同年 4 月 25 日,他第一次对浙江大学全体学生发表演讲。他指出:大学教育的目的,决不仅是造就多少专家如工程师、医生之类,而主要是培养"公忠坚毅,能担当大任、主持风气、转移国运的领导人才"。那么,"办中国的大学,当然须知道中国的历史,洞察中国的现状。我们应凭借中国的文化基础,吸收世界文化的精华,才能培养成有用的专门人才;同时也必须根据本国的现势,审察世界的潮流,培养成的人才才能合乎今日需要。"①

1937 年 10 月 25 日,竺可桢先生曾语重心长地对新生说:"国家为什么要花这么多钱来培植大学生? 为的是希望诸位将来能做社会上各行各业的领袖。"他认为,要成为"领导人才"和"各行各业的领袖",当具备四个基本条件:一是具有肯牺牲自己、努力为国、以天下为己任的精神;二是具有清醒而富有理智的头脑和深思远虑、不肯盲从的品质;三是具有明辨是非而不畏权势的气概;四是具有健全的体格。他对学生提出了两个问题,这两个后来被浙江大学誉为校史上的经典问题,每年都被印在浙江大学新生录取通知书上和毕业生纪念册上:"诸位在校,有两个问题应该自己问问,第一,到浙大来做什么? 第二,将来毕业后做什么样的人?"这两个经典之问已成为浙江大学每年对新生进行入学教育的独特传统。后来被刻石纪念,伫立在浙江大学校园里,时刻提醒着莘莘学子思考上大学的意义。

1938 年 11 月 19 日,因为日军侵占江西而被迫再次向贵州西迁途中,在例行的校务会议上,由竺可桢校长提出并决定:以"诚、勤"二字诠释"浙大精神",以"求是"二字作为"国立浙江大学"校训。(1988 年 5 月 5 日,浙江大学校务会议决定以"求是创新"为新校训。)并请著名国学大师马一浮(1883—1967,字一佛,浙江省绍兴市人)先生创作国立浙江大学校歌。"诚"即诚实,"勤"为勤勉。"学生不浮夸,做事很勤恳";"求是"就是追求真理,忠于真理,实事求是,就是"只知是非,不顾利害"。他说:"大学能彻底地培养理智,于道德必大有裨益。凡是有真知灼见的人,无论社会如何腐化,政治如何不良,他必独行其是。惟有求真理心切,才能成为大仁大勇,肯为真理而牺牲身家性命。"此后,竺可桢先生多次因时因境、因事因境、因势因境,深入浅出地阐释了"求是"的意涵。

1939 年 2 月 4 日,又一批学生在抗日战争的艰难时期入学。竺可桢先

---

① 　樊洪业等:《竺可桢文录》,浙江文艺出版社 1999 年版,第 73 页。

生对新生发表了《求是精神与牺牲精神》的专题演讲。他指出：

> 到如今"求是"已定为我们的校训。何为求是？英文是 Faith of
> Truth。美国最老的大学哈佛大学的校训亦是求是，可谓不约而同。……
> 所谓求是，不仅限为埋头读书或是实验室做实验。求是的路径，《中庸》
> 说得最好，就是"博学之，审问之，慎思之，明辨之，笃行之"。①

在这次演讲中，竺可桢校长不仅阐释了"求是"的精义，还从治学育人角度对学生成才提出殷切期望。

1941 年初，浙江大学《思想与时代》杂志出版。竺可桢先生为之撰写了《科学之方法与精神》一文，这是竺可桢先生不多见的专文论述"求是"校训的代表作。文章还深刻诠释了"海纳江河、启真厚德、开物前民、树我邦国"的浙大精神。

通过浙江大学的传承与践行，"求是"的精义被诠释、在不同时期展现为革命精神、牺牲精神、科学精神和开拓创新精神。而堪称我国地理学界、气象学界一代宗师竺可桢先生的一生，也是践行求是精神、执着奋斗的一生。他学识渊博深邃、胸襟豁达开朗、治学严谨勤奋、待人宽厚至诚，堪称是"品格和学问的伟人"，堪称是我国现代科学家、教育家的一面旗帜。在抗日战火中，正是竺可桢先生以惊人的魅力、非凡的胆略，率领浙江大学师生辗转西迁，由浙江至江西、广西、贵州，流动办学，成就了中国高等教育史上荡气回肠的"文军长征"。他以执着的求是精神团结大众、身体力行，使浙江大学在极其艰难困苦的条件下，筚路蓝缕，崛起成为当时国内有影响的几所著名大学之一。在他担任校长的 13 年间，浙江大学的办学规模和人才培养质量都得到显著提升，为新中国的科学技术发展和教育事业培养了大批卓著人才，在中国现代教育史上书写了光辉灿烂的一页。

著名英国近代生物化学家、科学技术史专家约瑟夫·尼达姆（Joseph Needham, 1900—1995）即著名的李约瑟博士曾于 1944 年 4 月和 10 月两度到西迁至贵州湄潭的浙江大学考察，听取竺可桢先生等学者的学术演讲，参加学术交流活动。他认为当时的浙江大学是中国最好的四所大学之一，在空袭不断、疾病困扰、物资匮乏的情形下依然一片科学研究紧张繁忙的景象，其学术氛围完全不亚于英国的牛津大学和剑桥大学。他惊叹于浙江大

---

① 樊洪业等：《竺可桢文录》，浙江文艺出版社 1999 年版，第 89 页。

学师生在艰苦卓绝的办学环境下,"英雄的""以大无畏的努力取得极光辉的成就",由衷地盛赞中国科学家,"并谓联大、浙大可与牛津、剑桥、哈佛媲美云云"。① 认为当时的浙江大学是"东方的剑桥"②。这样重要的赞誉一直激励着浙江大学砥砺奋进、走向未来。

---

① 陈淡宁:《从一张 1944 年的旧报纸寻找——李约瑟看到了怎样的"东方剑桥"》,《浙江在线》2017 年 6 月 4 日,见 http://js.zjol.com.cn/ycxw_zxtf/201706/t20170604_4163753.shtml。
② 吕洪年:《西迁浙大被誉为"东方剑桥"的由来》,《联谊报》2016 年 11 月 26 日。

第五章　大学道德教育理念的
　　　　　文化哲学审视

大学理念发展思想史证明,大学理念、大学道德教育理念在不同国家和地区的不同历史时期,呈现不同的特点,是随着社会经济、政治、文化的发展而演进变化的。在世界高等教育史上,大学理念的发展不曾停步,也不会停步;同样的道理,大学道德教育理念的发展也必将直面更多不可预见的挑战。在我国"双一流"建设已经成为势不可挡的重大公共政策的背景下,以文化哲学的立场、观点和方法审视大学道德教育理念的核心问题,厘清大学道德教育理念的演进逻辑,有助于我国的高水平大学更好地肩负道德使命,引领社会的发展。

第一节　对认识论大学理念的反思

秉持何种大学理念、践行何种大学道德教育理念,实际上关涉人们对大学这种组织在社会上存在并发挥作用的功能的价值判断。正如约翰·布鲁贝克(John S.Brubacher,1898—1988)早就意识到的:

> 实际上,公众对(大学)自治的态度在整个历史上像月亮的盈亏一样变化着。①

布鲁贝克认为:

> 在二十世纪,大学确定它的地位的主要途径有两种,即存在着两种主要的高等教育哲学,一种哲学主要是以认识论为基础,另一种哲学则以政治论为基础。②

长期以来,布鲁贝克关于使高等教育合法存在的哲学划分的经典论断

---

① 〔美〕约翰·布鲁贝克:《高等教育哲学》,王承绪等译,浙江教育出版社1987年版,第19页。
② 〔美〕约翰·布鲁贝克:《高等教育哲学》,王承绪等译,浙江教育出版社1987年版,第12页。

奠定了两种截然不同的大学理念认知依据。随着时代的发展,在文化哲学的透视镜下,基于不同高等教育哲学基础的大学理念产生了不同的道德后果。以下分别予以文化哲学的反思。

一、认识论大学理念的合理性

认识论大学理念以亨利·纽曼(John Henry Newman,1801—1890)的经典表述为代表:

> 大学是一个传授普通知识的地方。这意味着,一方面,大学的目的是理智的而非道德的;另一方面,它以传播和推广知识而非增扩知识为目的。①

这个代表性的核心理念强调大学是一个保存知识、传授知识、探索新知的学术机构,知识具有"自成目的性",大学以忠实客观地追求知识为目的。这种认识论大学理念基于大学是一个学术系统的出发点,强调大学的纯学术价值,坚持大学必须按自身的学术规律,保持"象牙塔"的高贵气质,远离社会的喧嚣和复杂,追求纯粹学术上的发展。面对外界的干扰,尤其是面对强势的政治和经济上的纷扰,必须秉持学术立场,不能"失位""失节"。

部分学者不仅认同这一理念,而且还将其付诸实践。威廉·冯·洪堡(Freiherr Von Humboldt,1767—1835)是其中的著名代表之一。他反对政治论大学理念,指出:

> 学术意味着超脱于政治……世界各地的国家及其官僚机构经常会窒息创造性并断绝其新鲜空气……没有政府,知识工作会进行得较好。②

因此,在论及大学与政府的关系时,洪堡坚持认为:

> 国家决不应指望大学同政府的眼前利益直接地联系起来;却应相信大学若能完成它们的真正使命,则不仅能为政府眼前的任务服务,还会使大学在学术上不断地提高,从而不断地开创更广阔的事业基地,并

---

① ［英］亨利·纽曼:《大学的理想》,徐辉等译,浙江教育出版社 2001 年版,前言。
② ［美］G.卡斯帕尔:《21 世纪的大学》,北京大学出版社 1999 年版,第 103 页。

且使人力、物力得以发挥更大的功用,其成效是远非政府的近前布置所能意料的。①

　　这些论述作为德国古典大学理念的代表性观点后来深深影响了到柏林大学留学的蔡元培先生。1917 年蔡元培先生长校北京大学后,一直秉持"大学者,研究高深学问者也"的认识论大学理念,热切期望大学生当以研究学术为天职,不当以大学为升官发财之阶梯。②

　　上述纽曼的经典表述强调大学应该以传播和推广知识而非增加扩充知识为目的。这个代表了古典大学理念的表述看似与科研无关,其实深究起来,其中已然关乎教学与科研的关系。大学的发展已经证明,一方面,正如与英国维多利亚时代的"精神同道"红衣主教纽曼就大学理念问题展开对话的美国"有信仰的杰出学者"雅罗斯拉夫·帕利坎(Jaroslav Pelikan,1923—2006)所指出的:

　　　　传播和推广如果由过去和现在都从事通过研究推进知识的教授完成的话,就会丰富得多,深刻得多,虽然在任何时代也只有一小批人有能力完成这双重的任务。③

　　另一方面,随着科学技术的发展,现代大学里的教学与科研的结合已成为不可扭转的趋势。

二、认识论大学理念的道德后果

　　认识论哲学观照下的大学理念要求保持知识的相对独立性,必须遵循知识发展和传授的内在逻辑,这的确是有其合理性和合法性的。随着时代的发展,大学日益走入社会中心,对认识论大学理念的质疑和辩驳也越来越多。美国耶鲁大学历史学教授雅罗斯拉夫·帕利坎的《大学理念重审——与纽曼对话》(*The Idea of the University : A Reexamination*)一书是这些"对话"或者"重审"中的代表作。

　　帕利坎认为,尽管纽曼关于"普遍知识"和"知识自成目的"的理念标明了全世界大学共同体存在的普遍意义,表达了大学追求人类知识高贵性的

---

　　① 陈洪捷:《德国古典大学观及其对中国大学的影响》,北京大学出版社 2015 年版,第 44 页。
　　② 高叔平:《蔡元培教育文集》,湖南教育出版社 1987 年版,第 263 页。
　　③ [美]雅罗斯拉夫·帕利坎:《大学理念重审——与纽曼对话》,杨德友译,北京大学出版社 2008 年版,第 83 页。

理想,具有较高的现实性。但是,一味强调"知识本身即目的"的功利主义是令人担忧的。雅罗斯拉夫·帕利坎指出,对于功利主义的过于苛求可能会导致大学在教育过程中采用的某些技术性手段偏离道德目标,这就有可能背负严重的道德后果。根据亚里士多德关于"善作为目的"的观点:

> 如果在我们活动的目的中有的是因其自身之故而被当作目的的,我们以别的事物为目的都是为了它,如果我们并非选择所有的事物都为着某一别的事物(这显然将陷入无限,因而对目的的欲求也就成了空洞的),那么显然就存在着善或最高善。①

如果将知识定义为最高善以及目的本身,那么,

> 这一定义既是简单化的,又是危险的,为了获取精确的"知识"能够导致对见证人施以折磨,或者药物学的放纵。所以,知识即其目的的原则必须和更大的、更具综合性的一套基本原则结合起来,这些基本原则可以归纳为"智性美德"(the intellectual virtues)这样的(亚里士多德式)标题。②

纽曼的时代尚未发生人类滥用知识的严重情况,难免无法洞见"知识本身即目的"的道德风险。相比较而言,因而也恰恰显示了帕利坎在这一点上深刻而敏锐的洞察力,并且他还进一步批判了以传播、推广和增加扩充知识为名的科学研究带来的道德弊端。显然,值得我们重视并引起警醒的事实是,随着科学技术的进步、重大科学研究的进展,重视科学研究的地位和注重培养学生的科学研究能力已经成为大学工作的重心,同时忽视了如何提升学生的道德修养。或者因为困于评价机制的导向而根本无暇承担对学生进行立德树人的教育职责。师生之间缺乏交流,更遑论思想与思想的碰撞。教育不再是"人对人的主体间灵肉的交流活动";学生根本不思考求学的真谛为何,只满足于按部就班地按照教学方案选课、上课、结课,修满学分、如期毕业。对此,罗伯特·赫钦斯(Robert M. Hutchins, 1899—1977)早就预见了如许情形而发出灵魂叩问:

---

①　[古希腊]亚里士多德:《尼各马可伦理学》,廖申白译,商务印书馆 2003 年版,第 3 页。
②　[美]雅罗斯拉夫·帕利坎:《大学理念重审——与纽曼对话》,杨德友译,北京大学出版社 2008 年版,第 48 页。

人还剩下什么？一个带着科学王冠的消费者。①

大学师生作为这样的消费者使大学失去了让自己作为教育机构的本原使命和存在意义。

因此，人类追求知识的目的应当是为了驾驭知识，但不应是利用掌握的知识任意践踏自然，甚至突破道德的底线，将自己凌驾于道德原则之上。如今，随心所欲地任意改造大自然、滥用抗生素、克隆人类胚胎等行为已成为令有识之士深刻忧虑的现实，有些为所欲为已经造成了令人惊骇的道德后果。在复杂的当代和未来社会里，一味放纵"知识本身即目的"显然是危险的。追求至高无上的"智性美德"——追求知识与真善美的结合才是大学应该选择的最高善。

而且，随着社会的发展，"知识本身即目的"的合法性基础已被大大地动摇。与世隔绝的"象牙塔"早已被滚滚社会红尘推开了她那深不可测的门窗，大学更不可能成为仅仅满足学者"闲逸的好奇"的孤岛。大学的发展与社会各界息息相关，理所当然地必须承担起服务社会的职能。更重要的是，同时大学也不能放弃捍卫"象牙塔"的尊严，必须肩负起引领社会前进的道德使命。

第二节　对政治论大学理念的反思

一、政治论大学理念的合理性

如本书第三章所述，政治论大学理念的合理性和合法基础同样来自于高深学问。历史上很多伟大的教育哲学家都把教育看作政治的分支，柏拉图的《理想国》(*The Republic*)、亚里士多德的《政治学》(*The Politics*)还有杜威的《民主主义与教育》(*Democracy and Education：An Introduction to the Philosophy of Education*)等著作里都曾表达这样的观点——解决国家治理中的各种问题需要极深奥的高深学问，而获得这些深奥知识和人才的最好场所当然非高等学府莫属。反过来理解，也可以说，从大学里获得高深学问也可能对一个国家和社会的发展产生深远影响。这正是政治论大学理念的基本观点。

以查理斯·范海斯(Charles R. Vanhise，1857—1918)、彼得·德鲁克

---

① [美]罗伯特·赫钦斯：《美国高等教育》，汪利兵译，浙江教育出版社 2001 年版，第 59 页。

（Peter Drucker,1909—2005）、德里克·博克（Derek Curtis Bok,1930—　）等人为代表的一批学者和教育家主张用实际效果评价一切和检验一切的思想或观念。他们坚持认为,大学是作为社会不可分割的一部分而生存于现实社会中,强调大学不应该成为远离社会的"象牙塔",而应适应环境的需要。大学有责任为社会提供各种服务,并与社会形成合作关系,成为"社会大学"。

政治论大学理念及其实践的代表是美国大学发展史上著名的威斯康星大学（University of Wisconsin Madison,建立于1848年）前校长查理斯·范海斯。自1904年出任校长后,范海斯在担任校长的14年间全面贯彻了他的办校治学思想,即对美国乃至世界高等教育产生深远影响的"威斯康星理念"（Wisconsin Idea）。拥有哲学博士学位的范海斯分析了州立大学威斯康星大学发展的社会环境和历史条件,审时度势地提出一系列改革计划,通过开展函授教育拓展大学课堂、进行技术推广让知识走出课堂等形式,全面推进大学实现"为社会服务"的职能,极大地促进了威斯康星州的经济社会发展。范海斯的理念及其实践的业绩引起了美国高等教育学界的普遍重视。"威斯康星思想"几乎成了20世纪初政治论大学理念的旗帜。此外,德鲁克也提出:随着社会的发展,美国大学必然会不仅是美国教育的中心而且是美国生活的中心。它仅次于政府成为社会的主要服务者和社会变革的主要工具,它是新思想的源泉、倡导者、推动者和交流中心。①

对于相关议题,博克进行了更全面深入的思考,在他的《走出象牙塔——现代大学的社会责任》（*Beyond the Ivory Tower*:*Social Responsibilities of the Modern University*,1982）一书中明确提出:

> 如果大学想充分认识自己在当今社会中的真正作用和目的,那它就必须审视自己的社会责任。②

2014年,时值哈佛大学建校350周年,博克在发表校庆演讲时更是强调说:

> 当知识和高等教育在社会中扮演的角色越来越活跃时,国家自然

---

① ［美］约翰·布鲁贝克:《高等教育哲学》,王承绪等译,浙江教育出版社1987年版,第21页。
② ［美］德里克·博克:《走出象牙塔——现代大学的社会责任》,徐小洲等译,浙江教育出版社2001年版,第11页。

希望能确保大学为公共利益提供服务……必须十分明确：大学的职责是为养育自己的社会服务的。①

二、政治论大学理念的道德后果

正如哈斯廷斯·拉什达尔（Hastings Rashdall，1858—1924）指出的：

> 从纯理论的角度看……大学是"现代精神的学校"，它教会人们推理、思索、怀疑和探究，在有关智力的事情中寻找快乐，既是因为有关智力的事情本身，也是因为它们在实际生活中的应用。②

通过高深知识不仅可以解决许多社会问题，而且可以通过向社会提供受过高等教育训练的人才。事实上，14、15 世纪以来，西方大学的迅速增加，某种意义上应归功于对受过高等教育的专业人才的直接需求，从律师到行政人员都是。而且，"从更广阔的政治的和社会的视野看，大学的最重要的成果之一就是产生了至少是大大增加了律师阶层的力量和重要性……他们的能力至少代表了理性和教育对恣意妄为和兽性力量的胜利"③。

贯彻以政治论哲学为基础的大学理念，可以通过为社会提供高深知识和高技能服务而大大促进社会的发展；同时，社会发展进一步推动大学走出校园、促进大学研究成果尽快转化为现实生产力而不再束之高阁，由此双方在紧密互动中各自进步、共同发展，获得双赢。

虽然实践政治论大学理念的良好道德后果是有目共睹的，但是其逐渐显现的弊端也是不容忽视的。随着大学走入社会的中心，日益成为社会的"服务站"，与社会的关系不仅越来越亲密，而且已经相互渗透，各种"零距离"接触的"你中有我、我中有你"现象层出不穷、"越位"与"失位"花样翻新。大学不再被视为社会的良心、人们仰视的"灯塔"，而是成为迅速照见市场需求和经济利益的"镜子"。一些大学忙于"关注脚下"的各项指标和利益考核，热衷于承接横向课题和开发项目追逐"短平快"效益，无须很高

---

① ［美］德里克·博克：《哈佛 350 周年（1636—1986）校庆讲话》，湖南教育出版社 1988 年版，第 5 页。

② ［美］P.克伯雷选编：《西方教育经典文献》（上卷），任钟印译，人民教育出版社 2016 年版，第 223 页。

③ ［美］P.克伯雷选编：《西方教育经典文献》（上卷），任钟印译，人民教育出版社 2016 年版，第 223 页。

的技术含量但收益可观,已然顾不上是否偏离了学术,更顾不上"仰望星空"的精神追求和道德考量。

而综观近年来一些大学的急功近利行为,情况恐怕比偏离学术更加糟糕。大学是人类社会在中世纪的天才创造,但是不能指望大学无所不能。大学承担社会责任的范围应该是有限度的,服务社会的方式应该是大学特有的,而且决不应为了服务社会而越俎代庖。正如亚伯拉罕·弗莱克斯纳(Abraham Flexner,1866—1959)所说的:

> 大学应与社会保持一定的距离,不应随波逐流。大学不是一个温度计,对社会每一流行风尚都作出反应。大学必须经常给与社会一些东西,这些东西并不是社会所想要的,而是社会所需要的。①

大学应该脚踏实地,"关注脚下",但是任何时候都不能忘记"仰望星空"。毕竟,如果一个社会中没有"仰望星空"的人和机构,这个国家和民族是没有希望和未来的。尽管我们的世界是由深不可测的自然界和纷繁复杂的人类社会所组成的,但"它依然还是一个目标的和价值的道德世界"②。

第三节　回归文化本质的大学道德理念演进逻辑

国外高等教育学界中系统梳理了西方大学理念发展历史脉络的是加拿大学者比尔·雷丁斯(Bill Readings,1966—1998),在他的《废墟中的大学》(*The Universities in Ruins*)一书中,他将西方大学理念的演进分为以康德(Immanuel Kant,1724—1804)为代表的理性大学理念和以洪堡为代表的文化大学理念,并对大学理念演进的逻辑发出了制度性追问。这些充满洞见的批判性争论发人深思,对我们讨论回归文化本质的大学道德理念演进逻辑颇具启发意义。

一、西方大学理念演进的历史脉络

(一)从理性大学理念到文化大学理念

如前所述,认识论大学理念和政治论大学理念,曾经各执一词、各领风

---

① [美]亚伯拉罕·弗莱克斯纳:《现代大学论——美英德大学研究》,徐辉等译,浙江教育出版社2001年版,第122页。
② [美]安东尼·克龙曼:《教育的终结——大学何以放弃了对人生意义的追求》,诸惠芳译,北京大学出版社2013年版,第39页。

骚,有都随着社会发展而渐渐走向理解和融合。不过,到了康德那里,它们都根据"理性"被归结为理性大学理念。康德强调,"理性"是产生真理、阐释真理的依据。因为"理性"作为一种"调控性的理念",即自治性理性可以为知识和社会、国家和权力等影响大学和社会关系的一切要素提供最终的统一性基础。在康德看来,这种"调控性的理念"的"理性"也赋予个人独立评判事务的理智和能力。只要个人获得足够的"理性",他就能够对世俗的甚至宗教的一切事务作出独立评判。同样的道理,对于大学而言,正是理性也只有理性才能建立大学的存在根据,大学是人的理性发展到一定程度一定阶段的产物。大学作为中世纪所特有的社会组织机构而产生并成为现代大学的发源地,就在于中世纪的人们追随了实践理性的召唤。当大学中的一切活动都在这种"能够想象到的最严格的理性的约束"①下进行组织时,大学存在的根据,或者说大学的合理性便得到了保证。

康德的理性大学理念主要包括如下内涵:

第一,理性是一种知识或者认知的能力。大学的使命就是以理性为最高指导原则,使"人类从自我造成的未成熟状态中走出",即担负起启蒙的任务,使学生具有足够的勇气运用自己的理智。

第二,校长必须完全站在理性的立场处理一切大学事务,尤其是在评判裁决院系间的冲突时,校长的取舍是受纯学科性质的理性掌控的。

第三,哲学是提供基础性调控理念的核心学科,为大学里所有学科提供组织原则。哲学是理性得以在大学系所里栖居的地方。

康德认为,哲学系科的教师应指导学生以尊奉理性为唯一原则,坚持批判的精神、高擎批判的武器,以探求真理为基本任务。在指导学生思考和处理一切命题的过程中,只有始终坚持以平等和自由为基本出发点和最终归宿点,教师自己及其指导的学生才能逐步成长为真正的学者。②

雷丁斯认为,洪堡作为新人文主义者抓住了其时代的思想脉搏,把新时代的一切力量都融合于他的思想之中。③

用"文化"的概念取代了"理性"的概念,凸显了康德"理性"的政治功能,借助这个结构"理性"地承担起统一整合大学文化的重任。洪堡在筹建柏林大学期间,正是整个普鲁士笼罩在普法战争阴影下的特殊时期,当时包括最主要的哈勒大学在内的七所大学也被迫随着普鲁士丧失的国土而失

---

① 〔德〕埃里希·卡勒尔:《德意志人》,黄正柏等译,商务印书馆1999年版,第276页。
② 〔德〕伊曼努尔·康德:《论教育学》,赵鹏等译,上海人民出版社2005年版,第65页。
③ 〔德〕弗雷德里希·鲍尔生:《德国教育史》,滕大春等译,人民教育出版社1985年版,第123页。

去,给整个民族带来深重的危机感。临危受命的洪堡深刻意识到在柏林建立一所新的大学具有"以精神上的力量来弥补物质上的损失"的深远意义,有助于提升和增强普鲁士乃至整个德国的民族地位和文化自信。洪堡深刻地将大学看作民族文化的最崇高所在,将大学视为"文化国家"的道德内核。

在此,雷丁斯主要是在某种"民族文化"的这个意义上使用"文化"概念。这种"文化"更强调坚持以"永恒的知识"为理性基础,更强调坚持某种维系民族凝聚力的自然情感、更强调坚持某种整合民族文化的认同力量、更强调坚持某种尊重重新阐释民族身份和民族文化的历史过程,通过在形式上保证具体经验与先验基础的内在一致性的基础上获得对具体生命有机而完整的把握。正是通过这种"文化""理性化"的过程和路径,大学和民族国家紧密联系在一起,"学术立国""文化国家"的理念才可能得以实现。在雷丁斯看来,这种充分体现"民族文化"理念的大学就是"文化大学",它在国家和社会层面担负着保存民族性传统和教化民众理性自治的双重功能。通过"文化大学"建设并促进"文化国家"的发展,是迄今为止历史"理性化"地赋予大学的最有"文化"意义的角色。

因此,雷丁斯认为,从历史的角度看,在洪堡的"文化国家"理性率领下,借由"文化"概念对大学起着特定的统一性作用,"文化大学"不仅担负起教学与科研的双重任务,将传授和创造民族性知识和传统理性贯通,而且成为监管民族精神生活的理性机构,使学生通过学习"文化"而获得理性知识和个性修养的全面发展,最终,"文化大学"培养的是能够传承民族传统的民族主体或者是国家公民。

此外,文化大学理念在处理国家与大学的关系时,主张大学独立于政府管理系统也独立于社会经济生活,国家不干预大学事务,大学纯粹按照学术逻辑组织教学和研究活动,大学享有高度自由以高度自治为前提。洪堡认为:

> 只有大学才能使人通过自身并在自身中获得一切,即对纯科学的认识。对于这种真正意义上的自我行动来说,自由和有益的独立性是必不可少的。①

---

① ［德］威廉·洪堡:《立陶宛的学校计划》,李其龙译,参见瞿葆奎主编:《教育学文集(21)》,人民教育出版社1991年版,第3—8页。

（二）从文化大学理念到一流大学理念

随着经济全球化的日益加深,全球化市场的形成改变了过去国民主体被系于民族国家的情形,民族国家的理念逐渐被吞并,"民族"或者"国家"的概念不再具有社会黏合剂的作用。随之而改变的,是以民族国家为基础建立起来的大学正在变成一个全然不同的机构,它不再是民族文化理念的生产者、保护者和传播者,因而无法将自己与民族国家的命运系在一起。[①]

文化大学再也无力担负国家和民族文化的使命。更可怕的是,大学无力抗拒经济利益的诱惑而委身于市场,在争创一流的大学理念支配下,不仅理性大学理念被尘封,文化大学理念也被解构了自身所负载的民族国家性而失去生命力,文化大学理念在当代逐渐被争创一流的大学理念所替代。

当各种各样的世界一流大学排名、一流学科排名、一流专业排名等刺激着人们的神经,左右着人们对大学的认知和选择时,当代的大学越来越像"一个跨国官僚政治联合体,或者与诸如欧盟这类跨国政府相关联,或者具有独立功能,类似于一个跨国公司"[②]。

雷丁斯毫不客气地指出,实质上是指涉不明的、无法说明清晰意义的,所谓的"一流"其实是个极其空洞的概念;光鲜的绩效指标只具有统计学的意义,所谓的"争创一流"更是个极其空洞的口号。

> 正如货币关系,是没有内容的,因此既不真实也不虚假,既不无知也不自觉。它也许不公正,但是我们无法凭借真理的或自我认识的角度来追究其不公正。它的规则本身并不带有一个自动的政治导向或文化导向,因为它并不取决于与任何可辨识的具体政治权力的关系。[③]
>
> 一流……只是制度内部的一个价值单位,一个虚拟等级的基础单位。[④]

一个深不见底的"非一流"单位。

而且令人担忧的是,这种竞争体现为对显性的、可量化指标的无节制追求,而那些隐性的、难以量化但却是最关键的价值、意义、文化等内容则被淡化或者漠视了。这对大学来说不啻于灾难,尤其是以数据和绩效来考核人

[①]　［加拿大］比尔·雷丁斯:《废墟中的大学》,郭军等译,北京大学出版社2008年版,第22页。

[②]　［加拿大］比尔·雷丁斯:《废墟中的大学》,郭军等译,北京大学出版社2008年版,第3页。

[③]　［加拿大］比尔·雷丁斯:《废墟中的大学》,郭军等译,北京大学出版社2008年版,第13页。

[④]　［加拿大］比尔·雷丁斯:《废墟中的大学》,郭军等译,北京大学出版社2008年版,第209页。

文学科、社会学科的话,毫无疑问会给人文社会学科带来毁灭性打击。显然,人文社会学科不能直接产生经济收益,也无法带来多少间接的经济收益。但是弱化甚至取缔部分人文社会学科,必将导致大学与民族国家的纵向联系开始松弛,大学文化和精神逐渐被销蚀,它的社会责任感日益滑落、文化使命感日渐衰竭。在经济利益主导下,大学终将变得好像什么都是,但唯独不是它自己。

二、大学道德教育理念的演进逻辑:走向"文化育人"

(一) 缘何走向"文化育人"

正如前文所分析的,奉"知识即目的"为经典大学理念的认识论哲学坚持大学以"治学问道"为核心;奉"大学为社会服务"为大学不可推卸责任的政治论哲学推崇"经世致用"的大学理念。而当下对真正的大学理念指涉空洞的"一流"的追逐实际上使很多大学已经陷入"丛林法则",根本就无暇静心思考大学目的与工具的关系。我们应该清醒地认识到,今天的大学教育早已不是简单地将人类社会的各种知识尽可能多地装进学生大脑的过程,以认识论哲学为基础指导的"知识育人"只能培养出单向度的人、工具化的人。即使在康德的理性大学理念那里,大学的教育使学生成为单纯"文明化"的"知识人"也是远远不够的。受过大学教育的人有可能在很大程度上通过艺术和科学被培养了。虽然在各式各样的社会礼仪和文雅体面方面,我们的文明达到了甚至令人腻烦的地步,但要认为我们已经完全道德化了,则言之尚早,我们还有很多欠缺。因为道德的观念也是文化的一部分;对这一观念的使用,却只限于在虚荣、仪表和体面方面表现得貌似道德的方面,因此,只不过是单纯的文明化而已。①

此外,以"'崇尚物质,忽视人'为主要内涵的全球性文化生态危机正在深刻地影响着当今世界的高等教育和我国的大学"②,其表现出的对大学使命的漠视已经导致大学文化理性的失守和大学文化的低俗,昔日人们心目中至高无上的以追求真理、涵养精神、塑造人格、发展知识为己任的知识圣殿,已经被社会的不良文化侵蚀得体肤不整,留下诸多不可容忍的并被社会诟病的问题。③

大学要避免文化生态危机的不利影响,就必须从短期的利益纠葛中摆脱

---

① [德]伊曼努尔·康德:《康德论教育》,李其龙等译,人民教育出版社2017年版,第72页。
② 王冀生:《大学是一种文化和精神的存在》,《杭州师范大学学报(社会科学版)》2010年第3期。
③ 眭依凡:《大学的使命及其守护》,《教育研究》2011年第1期。

出来，从支撑大学这一组织恒久存在背后的使命中寻找其正确的发展方向。

> 大学定位于文化之中，大学的使命就是文化使命，大学的"本体"活动就是"以文化人""化野为文"，大学为人的发展和社会发展服务因而有了特定的"界域"与"法则"——通过文化精神创生和人文教化来丰富人的精神世界，陶冶人的情操，砥砺人的品性，提升人的德行，促进人的自由和解放。①

实现康德所说的培养完全"道德化"的人的目标，实质上是要面向新世纪，建构起一种以塑造完美人格为核心的高等教育哲学，实现高等教育的"革命"。②

这需要大学在理念上回归文化本质的大学道德理念，在行动上回归"文化育人"的教育范式。

（二）"文化育人"的总体原则

究其实质和根本，教育的过程就是文化的过程。何谓"文化育人"？简而言之，就是"以文化人""以文育人"，最终臻于"不教而教"的最高境界。走向"文化育人"凸显了在弘扬中国传统教育智慧基础上对大学使命、大学精神认识的深化，坚持"文化育人"是当下"双一流"建设的应然内涵和责任。在"双一流"建设过程中，实现"文化育人"的范式转变需要坚持如下总体原则：

首先，"文化育人"强调从文化哲学观照下的大学道德教育自身来寻求自己得以合法存在的"阿基米德支点"，以"人"为出发点和归宿，以辩证唯物主义为基础，以马克思主义关于人的学说为蓝本，将人本位和社会本位有机结合，其基本含义主张不仅从教育内部结构去考察，也要从外部关系去探究教育的特点与规律，把实现对"人"的终极关怀作为最高目的。这既是对人性的一种理解，也是对教育本性的一种诠释。③

其次，大学要坚持传承优秀的传统文化，守望传统大学精神。大学本身就是作为文化的选择、传承、批判、创新的机构而存在，具有先天的优势来完成"文化育人"这一大学使命。一旦大学不能守望大学精神，失去了高贵、圣洁的精神品质，流于世俗，大学的堕落就不可避免。大学"无时不受到世俗的、功利的甚至公共权力的扭曲和蚀剥，要抵御各种社会侵袭，有时甚至

---

① 张应强：《现代大学精神的批判与重建——为刘亚敏〈大学精神探论〉而作》，《高等教育研究》2006年第7期。
② 张应强：《高等教育现代化的反思与建构》，黑龙江教育出版社2000年版，第159页。
③ 刘赞英等：《哲学视野中的大学理念：反思与展望》，《高等教育研究》2009年第9期。

需要守护者作出牺牲……世界上(包括中国)一些历史悠久的名校,地位之所以越来越低,甚至越来越不像自己的过去,不是因为其创新能力下降了,而是因为其守成能力丧失了"①。

最后,努力构建"一流的学术共同体"和"一流的道德共同体"。这样的"双一流"大学才能真正达到"知性一流"和"德性卓越",才能真正承担起"文化育人"的使命,才能真正成为世界一流大学。这个议题的更多讨论在本书下一章展开。

(三)"文化育人"的实践理路

如前所述,20 世纪 80 年代随着进一步的改革开放,我国学界迅速兴起文化研究热潮。潮涌至教育界,教育研究者自然关注文化与教育的关系,"文化育人"等相关提法开始出现。

2016 年 12 月,全国高校思想政治工作会议召开。习近平总书记讲话指出:"要更加注重以文化人以文育人,广泛开展文明校园创建,开展形式多样、健康向上、格调高雅的校园文化活动,广泛开展各类社会实践。"②不同时期党和国家领导人的系列讲话为我们指明了"文化育人"的实践理路。

第一,坚定文化自信是"文化育人"根本前提。

文化自信是一个国家和民族对自己的文化根基、文化内涵、文化特质、文化价值在心理上的高度认同、在信念上的高度坚定、在行动上的自觉践行而综合表现出来的一种自我信任的文化心态和精神气质。"坚定文化自信,是事关国运兴衰、事关文化安全、事关民族精神独立性的大问题。"党的十八大报告提出,文化是民族的血脉,是人民的精神家园。对世界上的所有民族而言,文化是人类渗透在每个民族"传给下一代人的每一件物品、习惯、观念、制度、思维模式和行为模式"③。

> 坚定文化自信,离不开对中华民族历史的认知和运用。历史是一面镜子,从历史中,我们能够更好看清世界、参透生活、认识自己;历史也是一位智者,同历史对话,我们能够更好认识过去、把握当下、面向未来……要讲清楚中华优秀传统文化的历史渊源、发展脉络、基本走向。④

---

① 徐显明:《大学理念论纲》,《中国社会科学》2010 年第 6 期。

② 《习近平谈治国理政》第二卷,外文出版社 2017 年版,第 378 页。

③ [美]塞缪尔·亨廷顿:《文化的重要作用——价值观如何影响人类进步》,程克雄译,新华出版社 2010 年版,第 8—9 页。

④ 习近平:《把培育和弘扬社会主义核心价值观作为凝魂聚气强基固本的基础工程》,《人民日报》2014 年 2 月 26 日。

2014 年 10 月 15 日，习近平总书记在文艺工作座谈会上的讲话中
指出：

> 在几千年的历史流变中，中华民族从来不是一帆风顺的，遇到了无
> 数艰难困苦，但我们都挺过来、走过来了，其中一个很重要的原因就是
> 世世代代的中华儿女培育和发展了独具特色、博大精深的中华文化，为
> 中华民族克服困难、生生不息提供了强大精神支撑。
>
> 中华文化既坚守本根又不断与时俱进，使中华民族保持了坚定的
> 民族自信和强大的修复能力，培育了共同的情感和价值、共同的理想和
> 精神。
>
> 对形成和维护中国团结统一的政治局面，对形成和巩固中国多民
> 族和合一体的大家庭，对形成和丰富中华民族精神，对激励中华儿女维
> 护民族独立、反抗外来侵略，对推动中国社会发展进步、促进中国社会
> 利益和社会关系平衡，都发挥了十分重要的作用……已经成为中华民
> 族的基因，植根在中国人内心，潜移默化影响着中国人的思想方式和行
> 为方式。
>
> 在 5000 多年文明发展中孕育的中华优秀传统文化，在党和人民伟
> 大斗争中孕育的革命文化和社会主义先进文化，积淀着中华民族最深
> 沉的精神追求，积淀着中华民族最深层的精神追求，代表着中华民族独
> 特的精神标识。
>
> 要用中华民族创造的一切精神财富来以文化人、以文育人。[1]

坚定我们的文化自信是坚持文化育人的前提。文化自信是更基础、更
广泛、更深厚的自信，是更基本、更深沉、更持久的力量。坚定文化自信，是
事关国运兴衰、事关文化安全、事关民族精神独立性的大问题。没有高度的
文化自信，没有文化的繁荣兴盛，就没有中华民族伟大复兴。一个民族的复
兴需要强大的物质力量，也需要强大的精神力量。没有先进文化的积极引
领，没有人民精神世界的极大丰富，没有民族精神力量的不断增强，一个国
家、一个民族不可能屹立于世界民族之林。中华文化源远流长、独具魅力，
是中华民族凝聚力和创造力的不竭源泉，是中华民族从站起来、富起来走向
强起来的伟大精神力量。

坚定我们的文化自信来坚持文化育人就是要激活中华优秀传统文化的

---

[1]　习近平：《在庆祝中国共产党成立 95 周年大会上的讲话》，《人民日报》2016 年 7 月 2 日。

"文化基因",使每一个大学生都有坚定的信心"站立在960万平方公里的广袤土地上,吸吮着中华民族漫长奋斗积累的文化养分,拥有14亿中国人民聚合的磅礴之力,走自己的路,具有无比广阔的舞台,具有无比深厚的历史底蕴,具有无比强大的前进定力"去承继和延续中华民族优秀文化的"精神命脉",成长为实现中华民族伟大复兴的接班人。

第二,坚持"以文化人"是"文化育人"的重要基础。

2014年9月24日,纪念孔子诞辰2565周年国际学术研讨会暨国际儒学联合会第五届会员大会在北京召开。习近平总书记出席开幕式并发表重要讲话,其中特别指出:

> 中国传统文化,尤其是作为其核心的思想文化的形成和发展,大体经历了中国先秦诸子百家争鸣、两汉经学兴盛、魏晋南北朝玄学流行、隋唐儒释道并立、宋明理学发展等几个历史时期。从这绵延2000多年之久的历史进程中,我们可以看出这样几个特点。一是儒家思想和中国历史上存在的其他学说既对立又统一,既相互竞争又相互借鉴……二是儒家思想和中国历史上存在的其他学说都是与时迁移、应物变化的……三是儒家思想和中国历史上存在的其他学说都坚持经世致用原则,注重发挥文以化人的教化功能,把对个人、社会的教化同对国家的治理结合起来,达到相辅相成、相互促进的目的。①

随后,习近平总书记在文艺工作座谈会上的讲话中再次强调:"阐释中华民族禀赋、中华民族特点、中华民族精神,以德服人、以文化人是其中很重要的一个方面。"②坚持"以文化人"首先要坚持"文以载人",以"文"为"化人"的核心内容和精神资源,以"文"驱动"化人"的动力机制。这里的"文",具有多元文化的深广要素,以便为"化人"提供丰厚的资源基础。为此,一方面,要深入挖掘中华优秀传统文化的精华,古为今用,"以古人之规矩,开自己之生面",让中华优秀传统文化在新时代绽放出新的芳华;另一方面,要广泛吸收世界其他民族优秀文化的精华,洋为中用、辩证取舍、推陈出新,摒弃消极因素,继承积极思想,让世界其他民族优秀文化成为重要补充。站在世界文明潮涌的节点上,还要坚持与时俱进,充分利用先进的科学

---

① 习近平:《在纪念孔子诞辰2565周年国际学术研讨会暨国际儒学联合会第五届会员大会开幕会上的讲话》,《人民日报》2014年9月25日。

② 《习近平关于社会主义文化建设论述摘编》,中央文献出版社2017年版,第6页。

技术带来的新文化,充分接受现代科技昌明的文化滋养。

儒家文化是中华民族传统文化的代表,其中的精华部分在今天依然值得我们继承并发扬光大。

> 2000多年前,中国就出现了诸子百家的盛况,老子、孔子、墨子等思想家提出了博大精深的思想体系。他们提出的很多理念,如孝悌忠信、礼义廉耻、仁者爱人、与人为善、天人合一、道法自然、自强不息等,至今仍然深深影响着中国人的生活……天人合一的宇宙观、协和万邦的国际观、和而不同的社会观、人心和善的道德观……从历史的角度看,包括儒家思想在内的中国传统思想文化中的优秀成分,对中华文明形成并延续发展几千年而从未中断,对形成和维护中国团结统一的政治局面,对形成和巩固中国多民族和合一体的大家庭,对形成和丰富中华民族精神,对激励中华儿女维护民族独立、反抗外来侵略,对推动中国社会发展进步、促进中国社会利益和社会关系平衡,都发挥了十分重要的作用。①

还有"崇仁爱、重民本、守诚信、讲辩证、尚和合、求大同等思想,自强不息、敬业乐群、扶正扬善、扶危济困、见义勇为、孝老爱亲等传统美德",这些儒家文化的精髓已经沉淀、凝结成中华民族的文化心理,需要我们给予充分尊重,并在生活中点滴运用、时时践行。

红色文化是具有中国特色的文化,是由中国共产党人坚持以马克思主义为指导,带领中国人民在革命战争年代的特殊时期创造出来的革命文化。其中最具特色和有代表性的革命精神有井冈山精神、抗战精神、长征精神、延安精神、西柏坡精神等。由革命经验和革命精神凝结而成的红色文化具有厚重的历史文化内涵、历史见证价值和教育意义。

网络文化已经日益深刻地改变了世界,改变了我们的生活,也改变了教育的方式。人们日益深刻地认识到,当代信息技术"使人类进入了信息传播全球化的时代;它们消除了距离的障碍,正十分有效地参与塑造明日的社会"②。

"互联网+"已经悄然渗透在我们生活的每一个角落。远程教育不再遥

---

① 习近平:《在纪念孔子诞辰2565周年国际学术研讨会暨国际儒学联合会第五届会员大会开幕会上的讲话》,《人民日报》2014年9月25日。

② 国际21世纪教育委员会:《教育——财富蕴藏之中》,教育科学出版社1998年版,第27页。

远,MOOC更是实实在在地拓展了教育时空。因此,大学要以深刻的思考、适当的方式和积极的态度去做出主动的响应,因事而化、因时而进、因势而新,担负起网络文化育人的重担和使命。

社会主义先进文化具有强大的育人功能。社会主义先进文化以社会主义核心价值观为基本内涵。习近平总书记多次讲话强调,社会主义核心价值观是"反映全国各族人民共同认同的价值观'最大公约数'的……一种德,既是个人的德,也是一种大德,就是国家的德、社会的德"①。

这就指明了大学生在认同并践行社会主义核心价值观的过程中,必须"充分体验中国文化的崇德向善性,感受到中国文化对个人价值准则、社会价值取向及国家价值目标的全方位容纳,自觉生成道德责任感与道德满足感,从而对中国文化产生充足的价值自信"②。

发挥社会主义先进文化的育人作用就要坚持以马克思主义为指导,把世界多元优秀文化与中华优秀传统文化相结合融入大学生教育之中,培育历久弥新、与时俱进的新时代优秀文化,培养文化传承、文化创新的后备力量,使我们的文化自信建立在更稳固、更长久的人才基础上。

第三,坚持"以文育人"是"文化育人"的基本路径。

对大学而言,坚持教书育人、管理育人、服务育人、环境育人,坚持全员育人、全过程育人、全方位育人,归根结底都是要坚持"以文育人",即坚持以"文"感染人、熏陶人、塑造人、教化人。文化并不能直接改变个体的行为,渗透性、间接性、通过意识能动作用影响人是文化育人的重要特点。要注重发挥文化对大学生个体行为的影响、选择作用,注重潜移默化、耳濡目染、润物无声、春风化雨的教育方式,使大学生将先进文化所要求的世界观、人生观、价值观内化于心、外化于行,知行合一,学以成人。

> 大学文化正是通过把具有外律目的的教育环境的形成或改善,使受教育者在这样一种特殊的文化环境中耳濡目染产生内律要求从而实现自我教育。③

就文化与教育共通的育人功能而言,"文化塑造人的心灵,它提供了一

---

①　习近平:《青年要自觉践行社会主义核心价值观——在北京大学师生座谈会上的讲话》,《人民日报》2014年5月5日。

②　曾麟玥:《文化自信的实现路径——习近平文化自信观探究》,《社会主义研究》2017年第4期。

③　眭依凡:《大学文化理性与文化育人之责》,《中国高等教育》,2012年第12期。

种工具,这种工具不仅构建了世界,还建构了人的自我观念和力量。"①

因此,坚持"以文育人",要注重通过文化建构人的心理机制,通过情感陶冶、意志品质、人格特质等方面的改变来培养人。

总之,大学理念及大学道德教育理念的演进自有其逻辑进路,它们在大学思想发展史上演绎的合理性和合法性自有其特定的历史背景和文化语境。还原大学道德教育理念历史语境,辨别大学道德教育理念嬗变理路,厘清大学道德教育理念演进逻辑,我们更加清晰而坚定地知道:无论大学未来将受何种理念的影响、将走向何方,我们始终不能忘记的是,在文化哲学的视域下,大学自产生之日起就一直是,也必将永远首先是——培育智慧和道德习惯的场所、养成完美人格的场所、塑造高尚灵魂的场所。归根结底,在这个文化的世界里,在"依然还是一个目标和价值的道德世界"②里,为了将一个"自然人"化成一个真正的"人",大学"教育的目的是回答人为什么而活(传授生活中什么是最重要的知识)和为什么的问题……我们人类的生活就锚定在这个(意义的宇宙)结构之中并反过来保证着自己的意义"③。

因此,"大学教师的首要职责是向学生介绍构成其智慧遗产的多少有点儿固定的知识体系和规范,从而在道德和精神方面引领学生。"④学生接受大学教育是为了"能够知道为准备好应对生活的智力和道德的挑战而必须知道的一切"⑤。

---

① Bruner J.*The Culture of Education*,Cambridge,MA;Harvard Universities Press,1996,pp.X-XI.

② [美]安东尼·克龙曼:《教育的终结——大学何以放弃了对人生意义的追求》,诸惠芳译,北京大学出版社 2013 年版,第 39 页。

③ [美]安东尼·克龙曼:《教育的终结——大学何以放弃了对人生意义的追求》,诸惠芳译,北京大学出版社 2013 年版,第 35 页。

④ [美]安东尼·克龙曼:《教育的终结——大学何以放弃了对人生意义的追求》,诸惠芳译,北京大学出版社 2013 年版,第 42 页。

⑤ [美]安东尼·克龙曼:《教育的终结——大学何以放弃了对人生意义的追求》,诸惠芳译,北京大学出版社 2013 年版,第 44 页。

第六章　世界一流大学的道德教育理念

世界一流大学的成长路径各具特色,但是探究其成长理路的诸多不可或缺的要素,大学教育理念尤其是能代表其核心价值观的大学道德教育理念是其中最重要的文化"内核"。当然,能够担负核心价值准则重任的大学道德教育理念也必然是在适应教育发展规律的基础上努力追求成为世界一流大学的应然理想,因而才能强有力地规范和指引世界一流大学的成长路径。在文化哲学的审视省思下,在一定意义上我们可以说,世界一流大学的发展史就是世界一流大学道德教育理念的演进史。

第一节　世界一流大学及其道德教育理念

一、世界一流大学的道德内涵界定

（一）众说纷纭的标准

1. 什么是"一流"

汉语言文学词汇中的"一流"一词在虽然在英语的不同语境下有多种表达,但基本的或常见的对应词组是"first rate""first class"或"top grade",意为"第一等的""顶级的"或者"卓越的"意思,没有太多的歧义。而关于如何界定大学的"一流",则是众说纷纭了。

在国际比较高等教育学界享有较高声誉的美国波士顿学院终身教授、比较高等教育依附论的重要代表人物菲利普·G.阿特巴赫(Philip G.Altbach, 1941—　)提出了关于大学"一流"的5项标准,并在不同场合的国际学术交流中进行过多次例证。它们是:科研卓越、学术自由与知识氛围浓厚、院校管理水平高、教学科研设施充备、足以支持科研教学和其他大学职能的资金。

加利福尼亚大学伯克利分校(University of California Berkeley,建立于1868年)前校长田长霖教授的"一流"大学观包括:卓越而不失个性的大学定位、精英主义的教师、注重学科和学术、兼顾本科和研究生教育、"三位一体"的社会服务、人性化的管理以及必要的筹资与宣传等。

中国科学院院士、复旦大学(Fudan University,建立于1905年)前校长杨福家认为:

是否成为世界一流的研究型大学,其关键在于科学研究,在一流大学的几个重要的标志(具有一流的教师队伍,培养一流人才,创造性地丰富人类知识宝库,为经济、社会的发展献计献策)中,没有一项不与科学研究有密切的关系。①

一些学者主要从大学理念发展的角度来廓清其外延和内涵,认为它是一个建设性、过程性、总体性、精神性概念。刘宝存等关于亨利·纽曼(John Henry Newman,1801—1890)、威廉·冯·洪堡(Freiherr Von Humboldt,1767—1835)、卡尔·雅斯贝尔斯(Karl Jaspers,1883—1969)、亚伯拉罕·弗莱克斯纳(Abraham Flexner,1866—1959)梅贻琦等大学理念的系列研究及世界一流大学定义、评价、发展模式的研究构成了相关主题极为丰富的成果。② 还有一些学者分析总结若干世界名校追求卓越过程中产生的共同本质特征及其个性与特色,认为世界一流大学普遍具有八个共性特征。王英杰指出以现代大学理念构建的世界一流大学在本质上具有国际性、公开性、批判性、包容性等价值特征,其价值核心是学术自治和学术自由。③

2.“一流”大学理念的演进

如前所述,综观那些今天被人们公认的世界一流大学的成长路径,可以发现它们毫无例外地都在明确的一流大学理念引领下高歌前进。一流大学理念是一流大学对自身发展基础的清醒认知,更是对自身发展目的、担负使命的深刻自省和执着追求。奋力一流、追求卓越是驱动一流大学永不止步的强大力量。失去了对灵魂卓越的追求而沦为文凭加工厂的高等教育组织不堪以真正的“大学”自居,更毋庸论世界一流大学。西方现代大学在追求一流的道路上也经历了不同的建构与解构的进路。

克拉克·克尔(Clark Kerr,1911—2003)认为,以纽曼为代表的英国模式、以洪堡为代表的德国模式和以“巨型大学”为代表的美国模式代表了大学理念演进的三个阶段。④ 比尔·雷丁斯(Bill Readings,1966—1998)则将大学理念的三个代表性发展阶段视为以伊曼努尔·康德(Immanuel Kant,

---

① 杨福家:《中国当代教育家文存(杨福家卷)》,华东师范大学出版社 2006 年版,第 59—60 页。

② 参见刘宝存:《光荣与梦想:世界一流大学建设》,山东教育出版社 2015 年版。

③ 王英杰:《规律与启示——关于建设世界一流大学的若干思考》,《比较教育研究》2001 年第 7 期。

④ [美]克拉克·克尔:《大学之用》(第五版),高铦等译,北京大学出版社 2008 年版,第 1—10 页。

1724—1804）为代表的理性大学、以洪堡为代表的文化大学和以"一流"为代表的现代大学。①

虽然两人划分的方法及其所指的内容不太一致，但"无论是康德的理性大学，还是洪堡的文化大学，以至纽曼的自由教育，从某种意义上来说，都是一个乌托邦工程"②。

它们最终都是走向了"一种以崇高的和明确的宗旨以及以精神与目的的统一为特点的有机体"③，其追求的实质不过是不断求索"价值"和"功能"如何达致一致、实现统一。在理性主义主导时期，现代大学以传授知识、培养人才为主要目标。随后，在柏林大学（Universität zu Berlin，建立于1809 年）的引领下，现代大学注重教学与研究相结合，但是科学研究的功能逐渐占据主导地位。到了实用主义或工具主义大行其道的时候，以美国大学模式为代表，现代大学日益增加了社会服务的功能。大学从遗世独立的"象牙塔"成为"世俗的教会"、"新思想的倡导者、推动者和交流中心"、变革社会的"动力站"，甚至被视为是"仅次于政府"的社会组织。

美国大学的空前繁荣带来了西方大学追求"一流"的热潮，并伴随着高等教育全球化迅速蔓延到全世界。但是在向"一流"迈进的过程中，大学也逐渐忘却了对"价值"和"功能"统一性的求索；在各种看起来"充实"实质上"空洞"的一流大学理念指引下，大学"充实"地生存在追逐达标各种匪夷所思的量化标准之中。同时，大学只要"衡量和绩效"，不要"判断和价值"，失去了曾经令人赞叹崇高目的与伟大精神，徒有"空洞"的外在价值体系。

> "一流"使得像资金和学生个体的组成类型这样完全不同质的问题可以结合起来用一个衡量标准。④

因此克尔认为，在"一流"理念表面上的繁荣掩盖下"完整一体的大学处于解体之中"。具体表现在："为教育而教育已经正在被为就业而教育所

---

① ［加拿大］比尔·雷丁斯：《废墟中的大学》，郭军等译，北京大学出版社 2008 年版，第14—16 页。

② 郭军：《一个废墟上的栖居者的思考》，《读书》2009 年第 3 期。

③ Flexner. *Universities: American, English and German*. NewYork: Oxford University Press, 1930, pp. 178-179.

④ ［美］克拉克·克尔：《大学之用》（第五版），高铦等译，北京大学出版社 2008 年版，第 1—25 页。

取代",大学在培养人才过程中追求人的市场价值高于或优于追求人的自
我价值;由此产生的直接影响是:

> 旧日的象牙塔现已成为国家的工具和工业的工具,里面的学生寻
> 求的是劳工市场和增值影响……对外部利益的承诺导致大学内部在不
> 偏不倚地追求真理方面有了冲突。①

这样,大学一直秉持的价值中立原则受到了挑战。

针对美国大学在追求一流的过程中偏离大学之道的种种现象,德里
克·博克(Derek Curtis Bok,1930—   )毫不客气又不无忧虑地指出了其中
的各种弊端:

其一,缺乏对教育价值连贯的课程目的的坚守。总体上看,本科课程体
系杂乱,"本科教育已经变得缺乏连贯性,无法回答'我们是谁'、'我们应该
如何处世'之类的深层次问题"②。

其二,缺乏对学术至上的崇高价值追求。大学受短期功利驱使而有意
无意降低学术标准,本科教育质量滑坡,大学文凭含金量已经开始下降。

其三,缺乏对人文价值传统的坚守。大学忙着满足经济社会发展的需
要,高等教育逐渐变为职业教育,以实用性为标准来为学生提供立竿见影的
知识和就业训练的帮助产品。"大学开始迎合本科生的职业需求,而把丰
富学生学识、帮助他们过上自省而充实人生的培养目标抛之脑后。"

其四,缺乏对教学质量的坚守。"终身教授只关注自己的研究,聘任同
行时只考虑学术声望,从不关心教学质量。"教师们在"要么发表,要么走
人"(publish or perish)的评价机制下无暇把主要精力放在学生身上。

> 教授们很喜欢在大课中实行"填鸭灌输"的教学方式,而把小组讨
> 论交给毫无经验的研究生去组织——教授们很清楚,真正能让学生学
> 到点东西的环节其实是后者。于是,本科生被淹没在讲座制课堂的茫
> 茫人海之中。③

---

① [美]克拉克·克尔:《大学之用》(第五版),高铦等译,北京大学出版社 2008 年版,第
161 页。
② [美]德里克·博克:《回归大学之道》,侯定凯等译,华东师范大学出版社 2012 年版,第
2 页。
③ [美]德里克·博克:《回归大学之道》,侯定凯等译,华东师范大学出版社 2012 年版,第
3 页。

雷丁斯则毫不客气地提出"现代大学是一种废墟化的体制……民族国家的衰落及作为民族意识形态的文化的衰落"标志着文化大学的终结。理由是：

> 追求一流标志着这样一个事实：不再有大学的概念，或更确切地说，这个概念已失去了它所有的内容。作为一个完全属于系统内部的没有所指的价值单位，一流只不过标志着技术的自我反映的时刻。系统所学的是投入运行，而且空洞无物的一流指的是最大限度的信息输入/输出率。①

这种空洞的"一流"理念用评价标准的量化和绩效制（accountability）把大学变成了企业。"一流理念的作用"在于"包罗一切的计算"。绩效制使"大学有能力向自己解释自己的角色、使命和功能，向社会解释这些如何被转换为高校服务"②。

追求一流带来了大学形式上的进步，但却掩盖不了大学理念沦落的事实。真正一流的大学理念需要文化哲学提供新的世界观来重新建构。

（二）文化哲学视域下的界定

1. 一流的制度德性

施晓光提出，建设世界一流大学不仅依赖于若干重要硬性指标，如增加投入、改善条件、吸引人才、优化评价等，而且更加得益于着力提升若干重要软性指标，如关涉大学文化品格的大学理念、大学精神、大学声誉等。他以"制度德性"作为关键词从伦理维度来分析世界一流大学的道德合法性，认为一流大学在知性和德性两方面的"一流"和"卓越"应该体现在：

> 第一，引领公民社会发展，领航先进文化建设之责任肩负与使命担当。第二，品格高尚和精神独立，且具有超强的自我发展力和自我约束力。第三，批判、质疑的习性与兼容并包的组织文化氛围。③

那么，一流大学如何彰显出其制度德性的"一流"与"卓越"呢？施晓光从制度品格上进一步提出了一流大学应该有的四种追求：

---

① ［加拿大］比尔·雷丁斯：《废墟中的大学》，郭军等译，北京大学出版社2008年版，第14—114页。

② Cabal, A. *The University as an Institution Today.* Paris and Ottawa: UNESCO and IDRC, 2000.

③ 施晓光：《一流大学要有一流的制度德性》，《探索与争鸣》2016年第7期。

　　第一，作为一个追求灵魂卓越的大学。第二，作为一个追求文化身份和文化品位的大学。第三，作为一个能自我批判和自我救赎的大学。第四，作为一个具有现代治理能力的大学。①

　　今天的大学作为一个多元化巨型社会组织机构俨然是一个"都市复合体"了，其庞大的规模、复杂的内部组织结构、系统的内部组织分化，必然要求以现代大学制度为基础的现代治理能力的提升。如果没有大学自有的学术管理知性和现代大学制度德性的共同作用，现代大学在治理策略的选择就难以保证制度德性的彰显。一流大学更是肩负起知识经济时代烛照地球村社会方向的历史使命，必须同步走向知性"一流"和德性"卓越"。

　　2. 一流的学术共同体和道德共同体：认识论的视角

　　哲学尤其是文化哲学作为"教育的最一般层面的理论"②，为世界一流大学的界定提供了最深刻的研究视角。这里参照马克斯·韦伯（Max Weber，1864—1920）的"理想类型"（ideal type）的方法，从文献中提取若干共同的核心观念用以刻画大学理念研究的诸多观点。所谓"理想类型"，是韦伯在其社会学研究中采用的基本方法，它"通过单方面强调"事物的某些特征而建构出理想化的典型；它提供了一种可以更清晰地把握纷纭的社会历史现象的手段。尽管受到学界的颇多争议，它一般仍被视为社会科学中一种有用而必要的分析手段。③

　　2015年10月，国务院发布《统筹推进世界一流大学和一流学科建设总体方案》（以下简称《总体方案》）后，建设世界一流大学的话题再次引发热议。而随着2017年1月《统筹推进世界一流大学和一流学科建设实施办法（暂行）》（以下简称《实施办法》）和2017年9月《关于公布世界一流大学和一流学科建设高校及建设学科名单的通知》的相继发布，建设世界一流大学的话题引发持续回响。

　　作为一项理想导向型的国家战略和教育政策，《总体方案》及其配套的《实施办法》在"推动一批高水平大学和学科进入世界一流行列或前列"的总体建设目标下，提出了建设一流师资队伍、培养拔尖创新人才、提升科学研究水平、传承创新优秀文化、着力推进成果转化五项具体建设任务。已有研究在讨论如何创建世界一流大学和一流学科时也多强调可量化的外在指

---

　　①　施晓光：《一流大学要有一流的制度德性》，《探索与争鸣》2016年第7期。
　　②　［美］约翰·杜威：《民主主义与教育》，人民教育出版社2001年版，第348—350页。
　　③　陈洪捷：《德国古典大学观及其对中国的影响》，北京大学出版社2015年版，第8—9页。

标，如科研创新、师资队伍、教学质量、国际交流与合作等，未见论及建构道德领导、提升大学的道德话语权等涉及大学精神、大学理念等难以量化的内在指标。别敦荣认为：

> 教育理念是大学的灵魂，引领着大学的变革与发展，但由于它见诸无形，故而往往受到致命的忽视。在世界一流大学的发展历程中考察教育理念，无疑能够触及大学教育理念的本质，厘清教育理念变革的原因及其践行后的结果，揭示教育理念与世界一流大学形成的关系。①

同样，在创建世界一流大学的过程中，提升外在的共性指标固然是必需的，但世界一流大学首先表现出来的是一种卓然独立的精神气质、一种引领时代风尚的责任感和能力，以及在此基础上由有别于普通大学的关键要素和基本特征汇聚而成的卓著大学声望和道德话语权。而在新一轮向世界一流大学跃进的热潮中，这个议题并未引起足够重视和冷静沉思。在世界范围内大学人文学科不安的背景下，重申大学作为道德领导的重要性，强调世界一流大学建设过程中需要注重文化内涵、精神水准等难以量化的"软实力"的提升，需要加强而不是削弱担负教化和引领双重使命的人文学科建设，更具有世界性的意义。

迄今为止，世界一流大学的内涵和外延都不是很清晰。如世界四大权威排名 QS、ARWU、THE、USNews 所采用的评价指标及其权重也各不相同，只有部分共性指标可以作为参照。相对于通过建立回归模型分析要素指标来对世界一流大学做出可操作化的界定，本书更愿意将所讨论的世界一流大学视为一种文化符号，不仅是世界范围内代表高度学术权威和卓著大学声望的一种文化符号，更是承载了我们建设高等教育强国的心理渴望和美好期冀的一种文化符号。因而世界一流大学的基本蕴含包括其在教学、科研、服务社会等关键要素方面处于一流水平的"硬实力"指标和在社会地位、社会形象、社会影响等关键要素方面具有极高知名度、美誉度、影响力的"软实力"指标。前者借由世界一流大学在传承和创造高深知识、探究科学技术前沿、不懈追求真理、推进社会发展、增进人类福祉方面的突出贡献和卓越成就而获得学术话语权，并由此获得社会大众的高度信任和崇高赞誉，不断积淀着卓著声望；后者借由世界一流大学作为一类特殊的社会组织因其卓著声望而获得道德话语权。二者的关系既是"实至名归"，"硬实力"是

---

① 别敦荣等：《教育理念与世界一流大学的形成》，《高等教育研究》2010 年第 7 期。

形成"软实力"的基础;又是"名实相生","软实力"促进"硬实力"的发展。"硬实力"和"软实力"共同构筑起世界一流大学,世界一流大学必然是在"硬实力"和"软实力"两类指标上均表现卓越。因此,本书尝试将世界一流大学界定为:在世界范围内获得公认的学术卓越、声望卓著、具有学术话语权和道德话语权的高水平大学,是一流的学术共同体和道德共同体。

3. 一流大学作为道德领导的认知意蕴

道德领导(Moral/Ethical Leadership)的概念首次由美国学者托马斯·萨乔万尼(Thomas J.Sergiovanni,1937—　　)在其所著《道德领导:抵及学校改善的核心》(Moral Leadership:Getting to the Heart of School Improvement)一书中提出,本意指学校领导者以其道德人格魅力所形成的道德权威为基础,建构符合学校组织共同愿景与理念的道德文化,激发被领导者的人性潜力,达成无形的心理契约,同心协力实现领导目标,共谋学校组织永续发展的一种领导方式。这种从观照学校领导方式的道德之维来理解学校领导实践的新视角,引领人们关注和思考实施领导过程背后的价值结构与道德权威基础,揭示并拓展了学校领导的伦理意涵。

在此基础上,本书尝试将道德领导描述为通过创建世界一流大学的道德实践过程实现将中国高水平大学创建成为中国社会发展中的精神标杆和道德高地的道德目标。其基本意蕴在于,试图强调我们创建世界一流大学的过程是一种展现中华民族伦理智慧和核心价值的道德实践过程,试图唤醒人们在创建世界一流大学过程中对大学使命、大学理念、大学精神等无形要素的深切关注,试图表达对中国高水平大学在创建世界一流大学过程中提升道德自信和文化自觉的深切期盼。

自《总体方案》发布3年多以来,"双一流"建设已经成为当下我国高等教育改革和发展工作的重要内容,而且在今后相当长一个时期也必然成为我国社会生活中的重要事件。各地纷纷出台重大措施,开启各具特色的一流学科和高水平大学建设计划。这些区域性的政策文本聚焦于如何打造一流的学术成果、学术队伍、学术声誉等,致力于在高水平大学高原上建设学科高峰,努力让中国高水平大学实现"高原崛起",热衷于创造学术卓越,未见论及如何在高水平大学这一高原上建设道德高地,使中国的高水平大学成为社会发展中的"灵魂高原"和"精神高峰",创造灵魂卓越。

他山之石,可以攻玉。世界一流大学本来就是一个与时俱进的动态集群,当今世界公认的世界一流大学在学科建设和专业发展等方面各有千秋。如牛津大学(University of Oxford,建立于1096年)学科门类齐全,一直保持着学院制的传统构架,汇集了世界各地的知名学者和学生,在多个跨学科领域产出许多优秀的研究成果；加州理工学院（California Institute of Technology，建立于 1891 年）以小而精著称，是世界公认的顶尖理工类研究型大学，其学生规模始终保持在 2000 人左右，师生比仅有 1∶3，在 2012—2016 年《泰晤士高等教育》全球大学排名中连续五年位列第一。与古老的牛津大学相比，加州理工学院堪称后起之秀，但它们通过不同的学术路径实现了学术卓越，而且它们还有作为世界一流大学的共同特质，即自觉担负道德领导使命，引领人类精神生活，追求灵魂卓越。探究那些公认的世界一流大学的成长理路，尤其是其建构道德领导的特质和路径，可为以"985 工程"大学为代表的中国高水平大学向世界一流大学迈进提供借鉴，有助于它们成为举世公认的学术卓越且灵魂卓越的世界一流大学。

二、世界一流大学的道德教育理念

别敦荣等将世界一流大学的教育理念归纳为"以培育杰出的人才为使命""大学的光荣在于培养完全有教养的人""让自由之风劲吹""大学应该培养的人不是有缺陷的专家而是有全面智慧广泛的同情心和自主判断的人""正是开放与英才教育促成了我们大学的伟大"等五个方面。并指出："世界一流大学教育理念往往体现了高等教育的人才培养规律，是教育活动的最高指导原则，也是其之所以能够培养出众多杰出人才，为人类文化发展、科学技术进步、社会文明繁荣做出重大贡献的精神支柱。"[①]笔者认为，基于本书对世界一流大学的界定和理解，世界一流大学教育理念的核心或者说主要内容表现为如下道德教育理念：

（一）世界一流大学的使命是培育具有优秀品质的杰出人才

大学是培养高层次人才的地方，这样的认知已经是现代社会的生活常识。受过高等教育的人，无论从知识水平、道德水准还是社会地位等哪个角度来看，都应该属于社会的精英人才。但为了适应社会发展的步伐，满足培养多层次多类别高级专业人才的需要，大学的人才培养职能与范围不断被拓宽，大学的办学层次逐渐分化。但世界一流大学能够卓尔不群，根本原因之一是传承与弘扬了英才教育传统。无论社会要求如何变化，世界一流大学始终坚持以培育杰出人才为使命，为国家乃至全球社会培养高水准的时代精英是其不会改变的人才培养目标。

直到今天，东西方社会普遍认为，各个国家顶尖的大学都是培养社会精英的场所。19 世纪之前，神职人员、律师、政府官员、医生、教师等各类令人

---

①　别敦荣等：《世界一流大学的教育理念》，《高等工程教育研究》2010 年第 4 期。

艳羡的职业精英们几乎无一例外地都接受过著名大学教育。从最早的欧洲中世纪大学开始,为了培养堪当管理社会重任的社会精英,大学开设专门的文法、逻辑、修辞等课程训练学生的心智、涵育他们的理性,并尽最大努力把他们培养成更聪明、更能干、更活跃的社会公民,为他们将来具备足够的才能正确行使权力做准备。虽然对于"英才教育"或者"精英教育"的定位有着各自不同的理解,但要求本校学生具有"领袖品质"几乎是世界一流大学对英才的共同要求。

普林斯顿大学(Princeton University,建立于 1746 年)第 19 任校长、美国女性科学家的领袖雪莉·蒂尔曼(Shirley M.Tilghman,1946—　　)主张,普林斯顿大学的培养目标是要:

> 让每一个学生拥有才智以及具备成为良好公民和英明领导者的必备性格。它们包括:带着开阔胸襟、严谨思维的广泛求知欲,尊重我们的道德文化继承以及具备创新和改变的能力,欣赏所有人的共同命运和共同人性,具有责任、正直、勇气等核心品质。[①]

哈佛大学(Harvard University,建立于 1636 年)第 22 任校长劳伦斯·洛厄尔(Abbott Lawrence Lowell,1856—1943)曾经说过:

> 大学应该培养的人不是有缺陷的专家,而是有全面智慧、广泛的同情心和自主判断的人。[②]

在芝加哥大学(The University of Chicago,建立于 1890 年)1931 年毕业典礼上,校长罗伯特·赫钦斯(Robert M.Hutchins,1899—1977)曾发出振聋发聩的诘问:

> 我们知道懦弱、自私和愚昧把世界带到了现在这种粗俗状态。为了抵制它们的影响,你们的大学为你们提供了那些从一开始就显而易见的优良品质的典范。那就是领导者的品质。如果缺少领导者,整个世界都将处于绝望之中。如果像这样的大学里都没有诚实、勇敢、无

私、善于发明创造、聪明的人,那么还有希望在这个世界上找到这样的人吗?①

约翰·霍普金斯大学(The Johns Hopkins University,建立于1876年)首任校长丹尼尔·吉尔曼(Daniel Gilman,1831—1908)提出,要"培养有个性的学者,通过他们优异的表现促进科学发展,服务社会"②。

正是秉承这样明确的人才培养理念,虽然霍普金斯大学迟至1876年才建校,但建校不久就为美国大学输送了一大批学术领袖。而且迅速地后来居上,仅仅只是经过数十年的发展,就取得令人瞩目的办学成效,迅速跻身世界一流大学。尽管世界一流大学对培养英才的定位各有侧重,但可以看出其共同点就是,注重培养具有高尚道德品质的杰出人才是它们始终践行的教育理念。

(二) 坚守道德教育的信念

当社会越来越需要现代大学成为自己的"服务站"时,很多大学响应社会的召唤调整办学目标,大量培养社会需要的各种专业人才。这样的情形之下,大学道德教育被弱化、道德教育水准被降低难免成为普遍现象。所谓沧海横流方显英雄本色。世界一流大学之所以能成为一流,重要原因就在于追求学术一流的同时,却并未放弃对德性一流的追求,并未降低对道德教育的要求。

早在1883年,哈佛大学就对本科生开设了实践伦理学课程"伦理学理论和道德改革研究实践问题:忍耐、慈善、劳动、鉴于规则、离婚等"(Ethical Theories and Moral Reform Studies of Practical Problems:Temperance,Charity,Labour,Prison Discipline,Divorce,etc.)。1905年,哈佛大学正式建立社会伦理学系,成为哲学系的一个分支。乔治·皮博迪(George Foster Peabody,1852—1938)成为第一位系主任,讲授"社会问题伦理学"(Ethics of the Social Questions)、"慈善、公共资助和改革的实践问题"(Practical of Charity,Public Aid and Correction)等课程。这不仅使哈佛大学成为美国历史上第一个讲授社会学的大学,而且开创了哈佛大学重视道德教育的传统。哈佛大学历史上唯一一位两度出任校长的博克认为:

一所大学如果不愿认真对待道德问题,就违背了其对社会应负的

① [美]威廉·墨菲等:《芝加哥大学的理念》,彭阳辉译,上海人民出版社2007年版,第34页。
② The Johns Hopkins University.htttp://www.jhu.edu.

基本责任。①

赫钦斯也曾说过,建立大学不仅是"为了给学者们和他们的学生们发展或者施展学术才能提供场所……使所有的学生都能置身于一群有能力、勤奋、聪明的同龄人之中,通过激励机制为他们提供严格的学术训练"②。

更重要的是,大学设置了一个衡量学养的标准,只有具备那些通常被称作"品德"的优良品质才能达到这一标准。所以"品德"是大学训练的必然的先决条件。如果大学培养出来的毕业生经过了良好的智力训练而不具备良好的品德,就算是好的产品也算是"危险品",这样的教育制度不仅不值得公众支持,还将成为社会的威胁。

同样,美国布朗大学(Brown University,建立于 1764 年)前校长弗朗西斯·卫兰德(Francie Wayland,1796—1865)也曾警告世人:如果在德行上没有长进,"智性的培养"只能"激起一种缺乏正义之爱的欲望,这种欲望将最终颠覆当初建立起来的社会制度"③。

在大学发展的古典大学时期,大学的教育目的主要是培养有教养的人,而不是有学问的人,毕业生有绅士般的教养比有高深的学识更重要。世界著名的英国史和欧洲史学家、加利福尼亚大学伯克利分校历史学教授谢尔顿·罗斯布莱特(Sheldon Rothblatt,1934—　　)指出:

> 纽曼的大学理念,既是英国的大学理念,也是牛津的大学理念……如果说纽曼关于牛津大学的理念是对他 19 世纪 20 年代学院生活的回忆,也许更准确。④

虽然纽曼坚持大学是传授普遍知识的地方,大学教育是理智的而非道德的,但他也毫不含糊地坚持"大学的光荣在于培养完全有教养的人""具备思想和行为上一切优良品行"的人,"培养有文化修养的人是教育的真正的也是惟一的目的"。为了培养有教养的人,牛津大学坚决反对追求实用性、功利性的教育,强调人性教育,以完善人格为宗旨,以实现和促进个体身

---

①　[美]德里克·博克:《走出象牙塔——现代大学的责任》,徐小洲等译,浙江大学出版社 2001 年版,第 143 页。

②　[美]威廉·墨菲等:《芝加哥大学的理念》,彭阳辉译,上海人民出版社 2007 年版,第 32—33 页。

③　[美]M.马斯登:《美国大学之魂》,徐弢等译,北京大学出版社 2009 年版,第 11 页。

④　M.G.Brock.*The History of the University of Oxford.* Oxford:Claredon Press,1997,pp.290-291.

心和谐发展为目标。

世界一流大学的使命之一是为未来社会培养领导者,因而格外重视锻铸未来领导者的道德品格。在洪堡及其后的一批人文主义校长的领导下,柏林大学(Universität zu Berlin,建立于 1809 年)坚持"由科学而达致修养"的教育理念。1892 年,鲁道夫·微耳和(Rudolf Virchow,1821—1902)担任柏林大学校长时仍然强调:

> 无论是教师还是学生都不应忘记,大学的学习具有远大的目标:即一般科学的和道德的修养,以及丰富的专业知识。①

正如洪堡所认为的:

> (大学的)目的是在最深刻和最广泛的意义上科学地开展工作,并把科学作为一种并非有目的、但从本身来说却是符合目的而准备好的精神和道德教育材料,为了其使用而奉献出来。②
>
> 受到纯粹科学的教育,是教育人们去进行自动的、创造性的思想,去进行符合道德原则的行动。受过这样一种教育的人,以后在生活中也就是一个对集体最为有用而且最能作出贡献的人,因为他拥有品格。③

1828 年的《耶鲁报告》(*The Yale Report of* 1828)宣称:

> 在学术文化中要达到两个大目标:一个是头脑的规范和基本装备;另外一个是扩大头脑的力量,用知识来充实头脑。两者中前一个也许是更为重要的……在一个学术教育的体系中,没有什么比对责任和目标的塑造更意义重大了,而责任和目标的塑造要能最有效地促使学生依靠他们自己头脑中的资源……我们怀疑,如果只学语言或者数学,只学自然科学或者政治学,智力是不是还能以最合理的比例发展。④

---

① 陈洪捷:《德国古典大学观及其对中国的影响》,北京大学出版社 2015 年版,第 88 页。
② [德]彼得·贝格拉:《威廉·冯·洪堡传》,袁杰译,商务印书馆 1994 年版,第 78 页。
③ 陈洪捷:《德国古典大学观及其对中国的影响》,北京大学出版社 2015 年版,第 3 页。
④ [美]修·豪金斯:《造就博文学院的特性》,载《哈佛燕京学社:人文学与大学理念》,江苏教育出版社 2007 年版,第 174—175 页。

　　1837 年 8 月 31 日,美国散文作家、诗人拉尔夫·爱默生(Ralph Walldo Emerson,1803—1882)在美国大学生联谊会上发表《论美国学者》(The American Scholar)的演讲,提出只要人格和学识结合了起来,一个伟大的学者就会成为一个伟大的人,而不是一个住在实验室里的离群索居的科学家。

　　　　学者的任务是自由而勇敢地从皮相中揭示真实,以鼓舞人、提高人、引导人。①

　　他反对不加分析和选择地一味追随外国学说,号召学者增强民族自豪感、发扬民族自尊心。鉴于此,当代杰出的基督教史家、美国印第安纳州圣母大学(University of Notre Dame,建立于 1842 年)历史学教授乔治·马斯登(George Marsden,1939—　　)认为,尽管很多人认为新的科学技术是促进高等教育现代化的主要因素,但是关于道德哲学的新观念的出现才是更加直接的革命性力量。② 当科学成为大学教育的主要内容后,以培养英才为目标的世界一流大学丝毫没有忽视道德教育的重要性,在追求学术卓越的同时采取了诸多行之有效的措施来加强道德教育。

　　如芝加哥大学注重培养学生运用知识服务社会的责任感。建校 100 多年来,芝加哥大学与周边地区乃至整个芝加哥市保持着密切的联系,学生也在为周边地区提供咨询服务、技术支持、调查研究等活动中增强了责任意识。该校第 6 任校长、美国遗传学家、1958 年诺贝尔生理学或医学奖获得者乔治·比德尔(George Wells Beadle,1903—1989)曾经这样表述芝加哥大学的理念:

　　　　如果一所著名大学不能够运用知识、智慧和力量来帮助解决严峻的问题,那么还能指望谁来做这些呢? ……我们必须将这份努力持续下去,如若成功,那么我们将会为整个国家树立一个模式。这是一个杰出大学的崇高目标。③

　　(三) 恪守学术道德,追求学术自由
　　1737 年,哥廷根大学 (Georg – August – University of Göttingen,建立于

---

　　① [美]M.马斯登:《美国大学之魂》,徐弢等译,北京大学出版社 2009 年版,第 115 页。
　　② [美]M.马斯登:《美国大学之魂》,徐弢等译,北京大学出版社 2009 年版,第 51 页。
　　③ [美]威廉·墨菲等:《芝加哥大学的理念》,彭阳辉译,上海人民出版社 2007 年版,第 245 页。

1734 年）哲学院颁布的章程规定：

> 所有教授，只要不涉及损害宗教、国家和道德的学说，都应享有教学和思想自由这种责任攸关的权利；关于课程中使用的教材及讨论的各家学说，应由他们自己选择决定。①

这是德国教育史上、也是世界教育史上第一次在法律意义上申明学术自由的原则。约翰·布鲁贝克（John S.Brubacher，1898 — 1988）认为，学术自由存在的合理性至少有三个支点：认知的、政治的和道德的。除了认知的原因以外，学术自由理念还体现于政治和道德方面。

> 在道德上产生困惑的主要根源之一就是对与道德难题有关的事实缺乏认识。如果把研究这些事实作为天职的学者以自由和安全保障，那么，我们就会更深刻地认识到应该做哪些事情。②

可见，坚持学术自由是学者的道德责任；这同时也表明，学者只有恪守学术道德，才能享有真正的学术自由。

这样的理念为世界各国大学所接受，并被结合本国的国情而予以践行。世界一流大学更是将学术自由奉为办学治校的精神支柱。例如，芝加哥大学在大学章程中赋予了大学极大的独立性，任何情况下不允许干涉大学的思想、言论或者教学自由。无论是在艰难时期还是繁荣时期，即使面对各方批评和巨大压力，芝加哥大学都一以贯之地坚决维护学术自由。③ 斯坦福大学（Leland Stanford Junior University，建立于 1891 年）的校训是"让自由之风劲吹"（The Wind of Freedom Blows），它形象地反映了世界一流大学对自由精神的珍视。1974 年斯坦福大学在所发布的学术自由声明中指出：

> 斯坦福大学的教学、学习、研究和学术这些中心职责的实施取决于一种环境，在这种环境中，探究、思想、表达、出版及和平集会的自由得到充分的保护；最广泛的观点的表达受到鼓励，不受常规及内外

---

① 转引自别敦荣等：《世界一流大学的教育理念》，《高等教育工程研究》2010 年第 4 期。

② ［美］约翰·布鲁贝克：《高等教育哲学》，王承绪等译，浙江教育出版社 1987 年版，第 46—48 页。

③ ［美］威廉·墨菲等：《芝加哥大学的理念》，彭阳辉译，上海人民出版社 2007 年版，第 31 页。

势力的压制。①

正是在"让自由之风劲吹"的环境中,追求真理自然而然地成为了斯坦福大学的核心任务。

（四）秉持"由科学而达致修养"的道德教育实践理念

受新人文主义思潮影响,1809 年由洪堡创建的柏林大学,秉持"由科学而达致修养"的教育理念,对大学培养目标提出了新见解,也赋予了对大学道德教育实践培养目标途径的新理解。"由科学而达致修养"的原则首先表明大学兼有双重任务:一是对科学的探求,二是个性与道德的修养。这里的"科学"特指洪堡的"纯科学"概念,即统领人类社会一切学科的知识归宿。它以深邃观念为认识论基础,有别于所有人文社会科学和自然科学领域的"经验科学"。大学应该从事的就是这种"纯科学"。洪堡认为:"应视科学为一尚未完全解答之问题,因而始终处于探索之中。"这里的"修养"指一种道德和人格上的境界。深受新人文主义影响的洪堡认为,大学应该使学生个性获得全面发展,获得人之为人必备的通识性修养(allgemeine Bildung),这种"修养"与专门的能力和技艺无关。

"由科学而达致修养"的原则不仅概括了大学的双重任务,而且表达了双重任务之间的关系,即探求"纯科学"的活动是达致"修养"的必经之路,舍此无他。任何专门分专业的、追求实用性的学习都是"心有旁骛",必然使人偏离"修养"的正途;唯有"纯科学"是"天然合适"用于"精神和道德修养的……材料"。这是因为,"科学"并不是刻意为"修养"而准备,而是天然地适于进行修养。"由科学而达致修养"的根本目标则在于促进学生乃至民族的精神和道德修养。因为大学完全是从事科学的机构而非狭义的教育机构,而科学可以陶冶性格,所以只要大学"唯科学是重",将科学置于大学的核心地位,专心于科学并不舍地探索,修养(践行道德)的目标就会随之得以实现。②

当然,每一所世界一流大学的成长都离不开各自秉承的大学理念,它们在实践上述道德教育理念的程度和方式也各有不同。但毋庸置疑的是,如果没有践行上述大学道德教育理念,它们绝不可能成为让世人景仰的世界一流大学。

---

① Peter C. Allen. "*Stanford from the Foothills to the Bay*", Stanford Alumni Association and Stanford Historical Society, 1980, p.181.

② 陈洪捷:《德国古典大学观及其对中国的影响》,北京大学出版社 2015 年版,第 36—37 页。

第二节　中国建设世界一流大学的道德路径

一、确立一流大学道德理想

（一）发挥道德领导作用：世界一流大学的基本使命[①]

1.担负道德共同体的责任是大学的基本使命

从道德发生的维度来观照大学产生和发展历史，大学的存在具有先天的道德属性。道德是随着人类社会产生而出现的调整人与人、人与自然、人与社会之间关系的行为规范。这种规范"是为了使人类与非人类存在物的利益共同体成为一种道德共同体，从而保障这种利益共同体的存在与发展。道德普遍起源于利益共同体的存在和发展的需要，道德的普遍目的就是为了保障利益共同体的存在与发展"[②]。

所以，任何社会组织的产生和发展都离不开道德规范的调节，大学也不例外。大学组织的道德基因与生俱来，不仅其组织要素都涵括着道德规范的隐喻，其组织存在与发展的模式更是显示着学术共同体尊崇的道德规范的调节作用。因此，大学尤其是著名大学理所当然是一个道德共同体。

当代英国分析派教育哲学伦敦学派的主要代表人物、伦敦大学学院（University College London，建立于 1826 年）教育学院教育哲学荣誉教授（Emeritus Professor）约翰·怀特（John White，1934—　）在其 1982 年出版的《再论教育目的》（*The Aims of Education Restated*）一书中批判了当时社会上流行的"为了教育而教育"的观点，提出教育的目的是培养"受过教育的人"。

受过教育的人从拓展的意义上考虑他的自身幸福，他把个人幸福推及他人，把幸福融入一种道德高尚的生活之中。这不同于把拥有知识作为受过教育的人之主要特征的观点，它把美德放到中心位置。受过教育的人是这样一种人：他倾向于某些行为方式而不倾向于另一些行为方式；他具有诸如审慎、关心个人利益等一般性的品质（也包括派生出的诸如勇气与克制等品质）。如果从更广泛的角度考察，还应该

---

① 本部分参见郑忠梅：《建构道德领导：世界一流大学的应然责任》，《高等教育研究》2016 年第 12 期。

② 王海明：《人性论》，商务印书馆 2005 年版，第 216 页。

包括那些更具有道德意味的品德如仁慈、公正、诚实、宽容、讲信用。①

在他看来,"教育目的的中心内容应该是使学生成为一个具有道德自主性的人。"②也就是努力让学生成为自主的个体(autonomous agents),让他们在道德允许的范围内自主作决定,自己选择过什么样的生活。

从德性伦理的角度来说,大学是培养"受过高等教育的人"的社会组织。"受过高等教育的人"应该是社会中具有高度道德自主性的人,是一切不良社会风气的批判者,是社会良心的守卫者,是公平正义的捍卫者,是社会道德风尚的引领者,在大学里更应是大学精神的践行者。

作为一种特殊的学习共同体,大学是集聚知识分子的社群组织。而知识分子是社会良心的守护者、是公平正义的代表者。随着大学的发展,人们期望大学应该具有价值的判断和追求。克尔指出:

> 大学作为一个学术组织,在德性伦理与规范伦理两个维度上都担负着道德共同体的责任。③

美国杜克大学(Duke University,建立于 1838 年)前校长南娜尔·柯海恩(Nannerl O.Keohane,1940—　)认为,大学是人类社会中的"道德高地"(higher ground),大学的存在被赋予崇高的"道德目的"(moral purpose)。她指出:

> 如果你们问我,为什么大学能在不同的文化中经历难以置信的挑战和变化生存下来并繁荣发展了几百年……我的答案是,因为大学是我们不懈追求并涵育人类最基本热情的地方……大学的这种道德目的使得我们对我们的祖先和后代都有义务保持知识之火永远燃烧,在我们的时代尽我们最大的努力去激发和满足那种人类最基本的热情。④

在大学发展的历史长河中,大学与生俱来的存在意义和生存理想就是不断对自身独特角色的认同和深刻反思,对大学之所以成为大学和自身有

---

① [英]约翰·怀特:《再论教育目的》,李永宏等译,教育科学出版社 1997 年版,第 138 页。
② [英]约翰·怀特:《再论教育目的》,李永宏等译,教育科学出版社 1997 年版,第 138 页。
③ Kerr C.*The Uses of the University*.Cambridge:Harvard University Press,2001,p.15.
④ Keohaneno.*Higher Ground—Ethics and Leadership in the Modern University*.Durham and London:Duke University Press,2006,p.7-8.

别于其他群体的内在精神的自觉追求和坚决维护,对大学作为社会特殊机构应该承担的社会责任的深刻反思。① 正是这种不断的自我反思、自我期许、自我进取,促使大学群体从自在自发的自然生存状态向自觉自为的主体性生存状态发展,并且使得人们有充分的理由期望,在物质世界浊流的裹挟中,大学不仅应当始终是一股清流,而且应当是道德高地,能够承担起引导人类精神生活的职能。而清醒地引领人类精神生活正是世界一流大学的根本使命。②

2. 成为道德领导是世界一流大学的基本使命

作为一个特殊的道德共同体,成为社会的道德领导是世界一流大学独有的、难以替代的道德使命。与普通大学相比,世界一流大学能够进行尖端科学研究,取得国际领先的原创性研究成果,是创造知识的重要源泉,是人类文明成果的重要代言人。除了因其卓越学术成就引领学术发展,从而具有高度的学术话语权外,还因其享有卓著声望而被赋予更高的道德期望和道德使命。

所谓声望,即众所仰望的名声,指社会公众对个体或组织认可、尊重的程度,是具有更高知名度、美誉度和威望的声誉。同理,大学声誉涉及人们对一所大学办学质量或特色的一般判断;大学声望则关乎大学长期积累的高水平办学质量及其特色在人们心中积淀的仰慕和信赖,具有重要的鉴别、导向、激励作用。因此,享有卓著声望的大学担负着更多的责任和期望。

应该说,所有大学都必须维护自己的大学声誉和道德形象,担负为人类精神生活服务的道德使命;但人们更期望世界一流大学在维护大学声望的理性自觉、承担道德领导方面要更多一份理性担当。③ 所有大学都"应该是'时代之表征',它应该反映一个时代之精神,但大学也应该是风向的定针,有所守,有所执著,以烛照社会之方向"④。

相对于普通大学,世界一流大学因其享有卓著大学声望而处于社会生活中的道德高地,成为社会的精神堡垒,它们拥有足够的道德智慧辨识世俗社会喧嚣、拥有足够的道德底气和道德勇气荡涤世俗社会污浊,具有更高的道德号召力、影响力和道德权威领导社会发展方向。并且能够借助科学完善的大学治理架构,更加注重采取"适合的""道德的"治理方法,借由领导者高尚的道德修养、高度的人格魅力、高强的自省能力建立道德权威,展现

①　骆四铭:《中国大学类意识的发展影响大学定位》,《现代教育科学》2005年第4期。
②　骆四铭:《一流大学的使命:引领人类精神生活》,《民办教育研究》2003年第4期。
③　郑忠梅:《珍视大学声望　守护大学精神》,《高等教育研究》2015年第10期。
④　金耀基:《大学之理念》,生活·读书·新知三联书店2001年版,第24—25页。

正义勇气,体现人道关怀,伸张公理道义,维护人性尊严,推进自我实现,进行"基于正义和善、责任和义务"式的领导。进而在获得组织成员的信任与支持后,形成普遍认同的价值观和高度认同的心理契约,共同创建和谐的道德秩序,以更好地履行促进社会和文化发展的道德使命。①

（二）作为道德领导的世界一流大学的普遍特质

综观大学发展史,那些世界一流大学的成长道路各不相同,但作为人类科技的创新前沿和精神高地,它们都拥有能够跻身世界一流大学的许多共同特质。这些特质并没有在各种世界排名中清晰地显示出来,但是我们认真分析一些世界一流大学的学校简介、使命陈述、愿景表达、战略计划、年度报告等资料可以发现,它们不仅在学科、师资队伍等"硬实力"上追求"知性卓越",还在国际声誉、大学声望等"软实力"上追求"德性一流",致力于成为本国和世界的学术前沿和道德高地。它们作为道德领导的关键要素和基本特征表现在三个方面:对道德角色的清醒认知、对道德目标的高度期许、对道德实践的不懈进取。

1. 对道德角色的清醒认知

不少世界一流大学各具特色的使命陈述显示出对自身所处国家和世界之中地位与自我角色定位的清醒认知。比如:

> 作为英语世界最古老的大学,牛津大学独一无二的学院制是历史的产物,也是它的力量之源和成功的核心要素。②

剑桥大学（University of Cambridge,建立于 1209 年）是"世界上最古老的大学之一、引领世界的学术中心、高度自治的学者社区,其因卓越的学术成就而产生的卓著声望世所周知,并通过其毕业生的杰出成就和承担了世界一流的原创性科学研究的师资力量得到证明"③。

加州理工学院是"一所世界知名的科学、工程研究和教育学院,一个优秀的教师和学生一起寻找复杂问题的答案、发现新知识、领导革新和改变我们未来的地方"④。

"作为世界上伟大的知识分子的归宿地之一,芝加哥大学激励学者和

---

① 梁国利:《社会背景与时代动因:道德领导与大学"德治"》,《煤炭高等教育》2011 年第 11 期。

② University of Oxford.http://www.ox.ac.uk/about/organization.

③ University of Cambridge.http://www.cam.ac.uk/about-the-university.

④ California Institute of Technology.http://www.caltech.edu.

学生探究深刻的问题,跨越学科边界,挑战传统思维,以增进人类福祉。"①

康奈尔大学(Cornell University,建立于 1865 年)是"一所私立的研究型大学,作为纽约州的联邦政府赠地大学,我们有责任与常青藤联盟成员一起在所有的知识领域作出我们的贡献,尤其是通过公共服务提升我们州、我们国家乃至全世界人民的生活品质"②。

约翰·霍普金斯大学是"全美第一所研究型大学。学校创立的原则就是为追求深邃的思想并分享我们所学到的一切。我们致力于让世界变得更美好。135 年来,我们从未偏离过这一愿景"③。

斯坦福大学"位于旧金山和圣何塞之间的加州硅谷的心脏地带,是世界领先的教学研究型大学之一。自 1891 年建校以来,斯坦福大学一直致力于寻找解决重大挑战的方法和在一个复杂的世界里培养学生的领导力"④。

1896 年,在普林斯顿大学建校 150 周年校庆时,曾于 1902—1910 年间担任普林斯顿大学校长、美国第 28 任总统托马斯·伍德罗·威尔逊教授作了著名的题为"普林斯顿——为国家服务"(Princeton in the Nation's Service)的演讲,他指出:

> 一所大学能在国家的历史上占一个位置,不是因为其学识,而是因为其服务精神。在我看来,大学如果要正确地服务于国家,那么其所有的课堂都应该有处理各种社会事务的氛围……当国家走向成熟时,我们不敢超然物外,不敢自我封闭。令人兴奋的发展已成过去,我们的生活日渐紧张和困难,我们未来的资源在于精密的思考,审慎的态度和明智的经济;学校必须成为国家的学校。⑤

对自身扮演的道德角色具有清醒的自我认知是作为道德领导的基本前提。对学校办学定位的清醒认知,本身就隐含着保持独特与领先地位的深刻自省与自警。窥斑见豹,这些世界一流大学的简介除了介绍学校性质、办学历史和学科特色外,还自豪于自身所处的"最为古老""全美第一""世界领先"的地位。正是认识到自身在世界高等教育格局中所处的位置,它们才更加清醒地认识到自身所担负的道德使命,而这又反过来激励其百尺竿

① The University of Chicago. http://www.uchicago.edu.
② The University of Cornell. http://www.cornell.edu/about.
③ The University of Johns Hopkins. http://www.jhu.edu/about.
④ Stanford University. http://www.stanford.edu.
⑤ The University of Princeton. http://www.princeton.edu.

头更进一步,在守成持重的基础上竭力创新,以始终保持领先地位,并满足社会的道德期望。这恰恰是世界一流大学应该具有的基本认知。

2. 对道德目标的高度期许

大学的自我期许反映了一所大学的办学理念、发展目标、精神向度和道德理想。作为世界一流大学,是要有所为有所不为的;是要敢于担当、勇于引领的;是要自我激励、时刻警醒的。与普通大学不同,世界一流大学的自我期许在清醒的道德角色认知基础上都立意高远,在道德目标上敢于坚守精神高度的阵地,追求卓越。因此,尽管各具文化特色,但世界一流大学的校园里都充满着追求卓越的文化:学术追求卓越,管理追求卓越,一切工作都要追求卓越。追求卓越是世界一流大学作为道德领导的重要特征,也是区别于普通大学的根本特征。比如:对于牛津大学如何始终能保持世界一流大学的地位,现任校长、英国生物化学家安德鲁·汉密尔顿(Andrew D.Hamilton,1952—)教授认为,牛津大学所体现出来的大学精神就是,首先对卓越有绝对的追求,无论是在教学还是科研上,都永远不会安于现状,持续地追求做得更好。[①]

麻省理工学院(Massachusetts Institute of Technology,建立于 1861 年)则认为自己的使命特别是在 21 世纪的新使命是:

> 增进知识,在科学、技术及其他领域把学生培养成最优秀的人才以在 21 世纪服务于国家和世界。MIT 致力于创造、传播和保存知识,并与其他学校一道增进知识以面对世界上最伟大的挑战。MIT 在多元化的校园社区支持下,结合严格的学术研究和发现的兴奋为学生提供教育。我们努力寻求让每一个成员具备明智的、创造性的和有效率地造福人类而奋斗的能力与热情。
>
> MIT 的使命在于在科学、技术和其他学术领域增进知识,培养人才,以便在 21 世纪为国家和世界提供最好的服务。[②]

哈佛大学对自身的高度期许则体现在其使命陈述和愿景表达之中:哈佛学院的使命是为我们的社会培养公民和公民领袖,我们恪守承诺,通过变革人文艺术和科学教育的力量来实现使命。哈佛大学的愿景是:

---

① The University of Oxford.http://www.ox.ac.uk/about/organization.
② Massachusetts Institute of Technology.http://www.mit.edu/facts/ mission.html.

将为 21 世纪的人类人文艺术和科学教育设立标准。我们致力于创造和维持必要的条件,以使所有哈佛学子能够知性地、社会化地和个性化地体验前所未有的教育旅程。①

将自身置于引领人类社会发展前沿地位的自我期许源于哈佛大学始终坚持大学必须探求真理的理念,坚持把哈佛大学看作是传授和发展知识、培养公民领袖和社会精英的场所,坚持"哈佛就是哈佛"的世界无双地位。早在哈佛大学发展的"埃利奥特时代",第 21 任校长威廉·埃利奥特(Charles William Eliot,1834—1926)就明确提出:

当美国新型大学降临时,它将不是一个外国大学的摹本,而是植根于美国社会和政治传统而逐渐地和自然地结成的硕果。它将是美国受过优良教育阶层的高尚目的和崇高理想的表现,它是富有开拓精神的,因而是世界上无双的。②

1971 年出任哈佛大学第 25 任校长的博克则继续强调哈佛大学应时刻认清自己的使命,经常提醒人们不要忘记哈佛大学是"为达到特定的目的而设的机构"③。

第 26 任校长尼尔·陆登庭(Neil L.Rudenstine,1935—　)则认为,哈佛大学"把众多卓越非凡的天才聚集在一起去追求他们的最高理想,使他们从已知世界出发去探究和发现世界及自身未知的东西。对于个人和社会而言,没有比这更有价值的追求"④。

由此可见,世界一流大学不仅自视甚高,而且自我期许甚高。这种自视甚高不是狂妄自大而是充满自信,这种自我期许甚高不是狂妄自负而是自我激励,并且这种高度的自我期许正是建立在高度的道德领导使命感基础上的。"追求卓越""影响世界""服务国家""造福人类"是出现在这些世界一流大学使命陈述中的基本词汇,这都坦荡而自信地表达了其成为烛照社会方向的精神殿堂和道德高地的道德理想。具有崇高的道德理想,以崇高的国际声望影响并引领时代发展正是一所世界一流大学作为道德领导的基本标志。

①　Harvard University.http://www.harvard.edu/about-harvard/harvard-glance.

②　郭键:《哈佛大学发展史研究》,河北教育出版社 2000 年版,第 102 页。

③　Smithrn.*The Harvard Century*.NewYork:Simon and Schuste,1986,p.303.

④　郭键:《哈佛大学发展史研究》,河北教育出版社 2000 年版,第 213 页。

3. 对道德实践的不懈进取

尽管已经取得举世瞩目的成就，那些被公认的世界一流大学依然没有停止前进的步伐，而是与时俱进，不懈进取。这主要体现在其发展愿景、战略规划上。除了根据各自的特色提出不同的学科、专业发展目标，它们无一例外地都将促进世界的可持续发展、增进人类福祉等道德目标纳入其中，表达了其将作为道德领导的道德实践进行到底的气概。比如：

对于未来的发展策略，爱丁堡大学（University of Edinburgh，建立于1583 年）制定的目标是：

> 继续增强作为一所世界领先的研究型和教学型大学的地位并以最高的国际水准来衡量学校的表现；以提供最高质量的学习和教学环境来增进学生的福祉；按照最大个性化和最高职业标准培养合格的毕业生；为苏格兰、英国和世界作出重大、可持续和具有社会责任性的贡献，促进健康、经济和文化发展。①

伦敦大学学院则一直以全球视野来规划自身的发展使命：

> 伦敦的全球大学：一个多样化的知识社区，与更广阔的世界一起致力于让它变得更好；接受我们的激进和批判性思维及其广泛的影响；以卓越的能力为人类的长远利益整合我们的教育、研究、创新力及进取心。②

2014 年，学校明确提出了新的 20 年发展战略：以在研究、教育和创新方面的独特方法进一步激发教职员工、学生和合作伙伴转换思维方式，以更好地理解世界、创造和共享知识，解决全球问题。③ 并在学术领导、教学科研的整合性、应对全球性挑战等六个方面提出了具体的发展主题。这些都清楚地表明伦敦大学学院站在时代前沿展望未来，既有雄心壮志，又能脚踏实地，在建设世界一流大学的道路上不断进取。

虽然并非每一所世界一流大学都会在其官方网页上发布战略发展规划，但几乎每一所世界一流大学都通过使命陈述或者发展愿景等方式表达

---

① The University of Edinburgh.http://www.ed.ac.uk.
② University College London.http://www.ucl.ac.uk.
③ University College London.http://www.ucl.ac.uk.

了追求卓越、永不止步的决心，以及承担起为人类的长远利益而不懈进取的道德责任。这种将道德实践进行到底的高度道德自觉正是一所世界一流大学作为道德领导的基本特质。

二、践行一流大学道德理想目标

世界一流大学的成长路径和发展策略各有不同，没有标准范式，每所大学都需要因校因时制宜，探寻最适合自己的发展模式。在对"传统中国"与"现代中国"给予尊重与理解的基础上建设中国特色世界一流大学，创新世界一流大学的发展路径，贡献世界高等教育发展的中国特色、中国经验，展现中国人民创造学术卓越的聪明才智，以及中华民族追求道德卓越的勇气和智慧，彰显与中国地位相匹配的道德责任和道德影响，是中国高水平大学创建世界一流大学过程中应有的文化担当，也是我们应有的中国抱负、民族自信和文化自觉。

（一）在建设世界一流大学过程中确立中国大学的道德理想目标

世界一流大学在推进一个国家的民族进步和社会发展方面具有重大作用和独特功能，那些拥有世界一流大学的国家无不珍视其崇高声望与价值，并通过它们捍卫和弘扬社会价值观，从而引领社会的发展。

> 19世纪德国的世界一流大学通过开拓和弘扬科学、自由的社会价值，开创了德国社会现代化的新纪元。20世纪美国的世界一流大学通过捍卫和传播美国的民主、多元、自由、分权等社会价值理念，不仅巩固了社会稳定与和谐，而且对世界的价值理念变革产生了重大而深刻的影响。英国的世界一流大学通过坚守和传承英国的宪政精神、绅士传统和理性主义等社会价值，维护了国家持久的繁荣、文明与进步。①

建设世界一流的中国高水平大学是实现中华民族伟大复兴中国梦的一部分。随着《总体方案》的颁布，国内大学正在兴起新的"双一流"建设热潮，尤其是各大学纷纷调整学科布局，相应的举措如经费投入、科研计划、教学改革、师资队伍建设等也陆续出台。但无论是宏观规划还是具体建设方案，都很少论及如何将中国大学建设成中国社会的道德高地，从而引领中国大学成为世界公认与景仰的世界一流大学。这种缺失，也许是因为将《总

_____

① 别敦荣：《论办好中国的世界一流大学——学习习近平总书记在北京大学师生座谈会上讲话的体会》，《中国高教研究》2014年第9期。

体方案》中的"世界一流大学"仅仅理解为一种教育战略、教育政策,而不是理解为教育理想、道德理想。《总体方案》着眼于提升我国高等教育综合实力和国际竞争力,为实现"两个一百年"奋斗目标和中华民族伟大复兴的中国梦提供有力支撑的指导思想,着力推动一批高水平大学和学科进入世界一流行列或前列,使之成为知识发现和科技创新的重要力量、先进思想和优秀文化的重要源泉,培养各类高素质优秀人才的重要基地,彰显了建设世界一流大学政策在国家战略层面上的价值追求和信念体系——高教强国和民族复兴。要实现这样的战略决策和总体目标,不仅要在以"985 工程"大学为代表的高水平大学这一高原上建设学科高峰,实现"高原崛起""高峰凸显",更要在建设道德高地,努力使中国的高水平大学成为社会发展中的"灵魂高原""精神高峰"以及引领社会方向的旗帜和守卫社会良心的高塔。

从规范伦理的角度来说,重视建立社会道德秩序的中国传统文化为高水平大学成为道德领导提供了深厚的文化基质、智识基础和道德实践传统。"大学之道,在明明德,在亲民,在止于至善。"因此,中国大学追求至善境界目标,努力达到世界一流水平,不仅是中华民族止于至善精神的生动反映,也是中华优秀传统文化价值的最佳体现。

高水平大学应该在建设世界一流大学过程中以中国风格、中国气派追求道德领导目标,以立德树人为根本,倡导社会主义核心价值观,践行追求卓越、追求真理、学术自由、学术独立的大学精神和学术文化,这是其建成具有中国特色的世界一流大学、获得世界性尊重的大学声望、使中华民族文化在世界文明体系中赢得更多的尊重和更美好的未来、对世界高等教育作出重要贡献的根本前提,是振奋民族精神、提升民族凝聚力的需要,也是其理所应当的中国抱负、道德自信和文化自觉。

(二)努力探索作为道德领导的实践路径

多年来,通过实施"211 工程""985 工程"以及"优势学科创新平台"和"特色重点学科项目"等重点建设工程,一批重点高校和重点学科建设取得了重大进展,但个别高校大学精神、大学声望的建设却未见获得同步提升,或者说这个议题并未引起足够重视和冷静沉思。在更宽泛的意义上,世界一流大学不仅是指具象的若干高水平大学,也是指一种抽象的心理期望和道德理想。因此,当下中国建设世界一流大学的重要任务,是将高水平大学建设成中国社会发展的精神标杆和道德高地。具体的道德实践路径和未来路向主要包括以下方面:

1. 鲜明地表达成为道德领导的道德理想

世界一流大学都不是一蹴而就地被制造生产出来的,它们是有灵魂的、不断成长的道德生命体,是在清醒的道德认知下定位自身的道德角色、在高尚的道德目标指引下不断自我期许并不断进行道德实践而成为道德领导的。在当前的"双一流"建设热潮中,以"985 工程"大学为代表的高水平大学首先应该反思自身的基本信念与价值追求,经常告诫自己"从哪里来,准备到哪里去","是怎样的一个组织,在社会中扮演怎样的角色?"勇于合理定位,知道如何选择与取舍,知道"该坚持什么"和"该放弃什么",知道如何在"守成"和"创新"之间寻找到平衡点;勇于自我期许,积极回应时代发展期望,鲜明地提出自己的使命陈述或者愿景表达,并通过对使命的阐释和对大学理念的表达实现大学文化品质的提升和大学精神的升华,渐至追求灵魂卓越的境界。因为失去了灵魂的卓越,即使是"有全球的沟通网络和全球责任"的哈佛,也同样会被人诟病"忘记了教育的宗旨"。此外,中国的高水平大学各具相对比较优势,在"双一流"建设中要有所为有所不为,相应的使命陈述必然各具独特的文化品位。但无论文字如何表述,都应当将建构道德领导置于其使命陈述的核心理念地位,使之成为建设一个道德共同体的根本出发点和根本旨归。

2. 实施以德治校、以德兴校的道德实践策略

大学是一个学习共同体和道德共同体,这是建构和践行道德领导的根本基础。实施以德治校、以德兴校的道德实践策略,要以团结一致将学校建设成道德领导的道德理想为使命引导对这一学习共同体进行道德改造;要集思广益,提出具有本校特色、系统性与阶段性结合的发展愿景和道德使命,建立全校师生员工共同的价值目标、道德原则和道德规范,以道德义务和道德荣誉感凝聚师生道德责任形成内化的道德信念;要让道德驱动融入学校的日常生活,形成师生的道德习惯,努力使教师和专业技术人员的专业能力不再仅仅是一种能力而更是一种德性,使其工作和生活被自觉赋予道德意义而成为一种德行,从而提升学校的整体道德气质。

3. 提升大学领导的道德权威

大学领导的个人美德是建构道德领导、实施以德治校的关键。

为政以德,譬如北辰,居其所而众星共之。①

当代西方最重要的伦理学家之一的阿拉斯戴尔·麦金太尔(Alasdair MacIntyre,1929—　)也强调:

---

① 阮元:《十三经注疏》,上海古籍出版社 1997 版,第 461 页。

　　无论如何,在美德与规则之间具有另一种极其重要的联系,那就是,只有具有正义美德的人,才可能知道怎样施行规则。①

三、落实立德树人

　　党的十九大报告指出:"建设教育强国是中华民族伟大复兴的基础工程,必须把教育事业放在优先位置,深化教育改革,加快教育现代化,办好人民满意的教育。要全面贯彻党的教育方针,落实立德树人根本任务,发展素质教育,推进教育公平,培养德智体美全面发展的社会主义建设者和接班人。"②2018年初,教育部发布教研一号文件《关于全面落实研究生导师立德树人职责的意见》,加强和改进大学师德建设的议题再次上升为国家政策话语。

　　教师是立教之本、兴教之源。国无德不兴,人无德不立。教师之本,在于立德铸魂。推进"双一流"建设,坚持立德树人,大学教师的综合素质尤其是师德水准关系着高层次人才培养的质量,关于大学师德建设的探讨引发了持续的学术关切和话语回响。近年来,相关研究主要讨论了建立健全大学师德建设长效机制的举措等问题,大多仍然在行政管理语境的操作层面言说。大学教师作为特殊的学术群体,既被国家赋予担当人才培养使命的厚望,又被社会寄予极高的角色期待,因而师德建设有其处于学术生态内的制度规约、伦理追求和自我演绎逻辑及其自生自发秩序(Spontaneous Order)。

　　面对新方位、新征程、新使命,适应新时代德智体美劳全面发展的创新型人才培养需要,关于大学教师何以以德立学的议题又生发了新的探析理路。大学教师要做到政治强、情怀深、思维新、视野广、自律严、人格正,切实履行立德树人职责,以德立身是根本前提、以德立学是核心任务、以德施教是基本路径。本书基于"双一流"建设的政策环境和学术语境,以治学道德的规训为新切入视角,探寻学术道德、学术自由、学术权力等相关语词的思想轨迹,努力实现政策话语向学术话语的转变,获取更多对新时代大学教师以德立学的理论建构和策略设计。

　　(一) 治学道德规训的意蕴

　　1."规训"的基本意涵

　　"规训"(discipline)在英语中除了具有"纪律""惩戒""训诫""训练""校正"等含义之外,还与"学科"(Discipline)共享相同的英语单词。在知

---

① [美]A.麦金太尔:《德性之后》,龚群等译,中国社会科学出版社1995年版,第192页。

② 《习近平谈治国理政》第三卷,外文出版社2020年版,第35—36页。

识考古学中,基于知识形成与权力增强的规律性促进、良性循环,学科是知识发展到一定历史阶段"构成话语生产的一个控制系统"①,是权力与权力效应酝酿的知识耦合的产物。在西方知识社会学中,在一定程度上正是学科使规训成为可能,反之亦然,规训则通过知识发挥作用,因此随着知识的发展,控制行为结果的实践也同步发展。②

在哲学和文化研究的学术语境中,采用谱系学的方法对"学科"作为"规训"的社会属性和科学意义进行多向度的学术梳理,具有丰富理论内涵的、作为语词的"规训"已经具有作为分析工具的方法论意义。作为社会科学研究中新理论武器的一个重要术语、一个特殊的关键词,"规训"的基本意涵包括:

其一,基于知识与权力的关系,在现代社会的权力运行机制中,"规训"象征着一种权力关系,其背后是知识和权力的规律性运作。在米歇尔·福柯(Michel Foucault,1926—1984)那里,"规训"表现为生产性的、积极性的"话语","话语即权力";权力被视为"肯定性的力量",它是"照亮一切的光源,又是一切需要被了解的事物的会聚点,是一只洞察一切的眼睛,又是一个所有的目光都转向这里的中心"③。

其二,基于知识—权力关系的学科意蕴,作为一种连接现代权力形式和知识形式之间最关键的"教育实践方式","规训"的多元性内涵中就包含着使学科成员学科化与专业化的一系列固有规范性原则和制度,学科是教育在一定历史条件下走向制度化时代知识的专业化分类体系。"权力—知识"的运行机制渗透在现代大学制度的各个系统之中,框定了现代大学组织行为方式的基本价值支撑。

> 权力制造知识(而且,不仅仅是因为知识为权力服务,权力才鼓励知识,也不仅仅是因为知识有用,权力才使用知识);权力和知识是直接互相连带的;不相应地建构一种知识领域就不可能有权力关系,不同时预设和建构权力关系就不会有任何知识。④

---

① Foucault M, translated from the French by A. M. Smith. *The Archaeology of Knowledge and Discourse on Language*. New York: Pantheon Books, 1972, p.224.

② Usher R, Edwards R. *Postmodernism and Education*. London, New York: Routledge, 1994, p.93.

③ Foucault M, translated from the French by Sheridan A. *Discipline and Punish—The Birth of the Prison*. New York: Vintage Books, 1977, p.173.

④ Foucault M, translated from the French by Sheridan A. *Discipline and Punish—The Birth of the Prison*. New York: Vintage Books, 1977, p.27.

　　　　科学之被制度化为权力,是通过大学制度,通过实验室、科学实验这类抑制性的设施。①

　　但是科学作为探究真理的特殊社会活动,内生有制度性规则的独特精神气质。

　　其三,基于知识—权力关系的学术伦理意蕴,学术活动本身是价值伦理高度关涉的行为。在学术发展的历史长河中,学术共同体成员之间形成了基于交互主体性的公共理性的多主体伦理关系。其中,总是有某种权力通过价值规范或者惯例规定着学术共同体成员的角色,以使他们的言行符合与其角色相匹配的社会地位和一定的价值期待。

　　　　在现实的学术活动中,这种权力既是高悬在学人们头顶上那种象征性的权力,也是能被亲眼所见的符号性权力,同时还是能够对学人及其组织起着影响、防护、规约作用的实质性权力。②

　　如果失去了这种权力的规训,发生了这种权力缺位或者变异的情形,就无法建构学术共同体成员的学术信念,而建构其学术信仰更是无从谈起。

　　因此,基于知识—权力关系的"规训",良好的大学治理结构在内部主要是以学术权力为中心,在逻辑上建立现实学术活动与学术伦理之间的共生关系,勾连学术权力与文化、道德、法律之间的互动关系,解放学术生产力,提高大学创新能力,最终促进人的全面发展、促进人的解放与自由。这正是高等教育的根本指归。因而,基于"知识—权力"关系的"规训"意涵,为我们讨论大学教师以德立学的议题提供了新的逻辑起点。

　　2. 治学道德"规训"的基本意蕴

　　在布鲁贝克看来,治学是学术界特有的生活方式。学术界并非一个人人平等的民主政体,它只是那些受过长期艰苦学术训练的有才智的人探究高深学问的场所、追求复杂深奥知识自由的天地,所以治学有它非同一般的道德原则和伦理标准。规范大学教师学术道德必然要遵循治学道德的"规训",其内在的"知识—权力"发展逻辑的基本意蕴包括:

　　其一,基于认识论的高等教育哲学,治学是需要非同一般的伦理道德标准的。布鲁贝克认为,治学的伦理道德标准及其特性取自于治学的对象即

　　①　包亚明:《权力的眼睛——福柯访谈录》,上海人民出版社1997年版,第31—32页。
　　②　罗志敏:《从信仰到公共理性:学术伦理的权力逻辑》,《现代大学教育》2014年第4期。

高深学问之中,高深学问的微妙差异需要一种比一般道德更高深的伦理道德。这是由于以学科为单位来组织的高深学问凝聚成"只能由其成员含糊地感受到而不易为外人所知觉"①的知识体系和学术领地,而社会公众一般难以企及深奥高深的学问,因而对于涉及深奥学问上的问题,公众难以评判学者是否在诚恳公正地对待公众利益。这样,"基于学者是高深学问的看护人这一事实,人们可以逻辑地推出他们也是他们自己的伦理道德准则的监护人……无权直接或间接地支持或庇护违法行为,学者也不能假借学术自由的名义公然违背公认的道德规范"。②

唯有诚实和正直地制定学者公认的自我约束规范才能对他们自己的意识负责。所以,美国社会学家爱德华·希尔斯(Edward Shils,1910—1995)指出:

> 大学在社会中受到敬重,是因为他们是关于"严肃"、根本问题的知识得以发现、阐释和教授的场所;它们是与权威和正义、秩序等"严肃"问题紧密相关的专业和职业的源头。③

大学存在的目的及其道德责任就是:对社会中最令人困扰甚至无法想象的问题进行尽可能深刻的思考、理智分析,探究并忠实于真理,坚守对历史长河中人类命运的真实信念,承当"社会的良心",烛照社会前进的方向。

其二,基于学术权力的学术自由是有道德限度的。学术自由被视为大学制度最重要的价值支撑之一。芝加哥大学前校长、著名的"芝加哥计划"的推行者、美国永恒主义教育流派的代表人物赫钦斯甚至提出,如果失去了学术自由,高等教育就失去了精华。高等教育作为一种在"富于想象地探讨学问中"培养高层次人才的实践活动,把以"闲逸的好奇"精神追求知识作为目的,必然遵循其内在的学术发展逻辑。这是高等教育得以存在和发展的根本。因为一般人无法认识高深学问的神秘性,而每个学术领域的高深学问都是一套复杂而精致的知识体系,只有经过复杂而漫长的艰苦学习与严格系统专业训练的专家学者才能深刻理解它的复杂性,因此涉及高深知识领域中的问题应该让专家单独解决。这就是学院和大学常常被称作

---

① [美]伯顿·克拉克:《高等教育系统——学术组织的跨国研究》,王承绪等译,杭州大学出版社1994年版,第87页。

② [美]约翰·布鲁贝克:《高等教育哲学》,王承绪等译,浙江教育出版1987年版,第120页。

③ [美]爱德华·希尔斯:《学术的秩序——当代大学论文集》,李家永译,商务印书馆2007年版,第217页。

"学者王国"的原因。那么,谁来监督这个"学者王国"呢? 如何防止学术权力的异化呢?

> 要防止滥用权力,就必须以权力约束权力。①

而"学者们是他们自己的道德的惟一评判者。他们的确拥有自治权。因为,在理论上除了其他学者,再也没有什么人能够检验学者的道德"②。只有学者们能够掌握着衡量自己职业良心的道德责任天平,彰显学者们自己的道德话语权来实行道德自治是学术自治的根本保障。

其三,学术自由是由治学道德规训的。自由从来都不是绝对的和无条件的,大学的学术自由亦如此。它是一种受到学者道德义务限制的学术权力,是学者们在特定学术社团之内思考和行动的自由,是限定在特定的学术秩序中的自由。③

> 一所大学拥有自我认同的诸多理念,其核心是指向真理的旨趣:大学的首要任务是传播和发现关于重大现象的真理。这些理念无形中为学者们确立了学术规范、行为准则以及对社会所负的责任。④

发现真理的学术使命赋予了学者管理学术事务的权力,也由此衍生出一系列责任。学者们在探寻真理时,可以追随自己"闲逸的好奇"、有根据个人的学术旨趣和能力择定研究方向和方法的权力、享有探索和阐释研究结论的自由,以最大限度地实现真理的认识价值。但同时,追求真理也出于道德责任感,学者们时刻要牢记着他们肩负的社会责任。

> 学术权威们应当扪心自问,提出的科研项目是否具有教育意义? 是否真存在这样一个值得探究的学科领域? 建议进行的项目是不是吸收或者丰富了现有的学术成就?⑤

---

① [法]孟德斯鸠:《论法的精神》,张雁深等译,商务印书馆1963年版,第154页。
② [美]约翰·布鲁贝克:《高等教育哲学》,王承绪等译,浙江教育出版1987年版,第120页。
③ [美]爱德华·希尔斯:《学术的秩序——当代大学论文集》,李家永译,商务印书馆2007年版,第308页。
④ [美]爱德华·希尔斯等:《论学术自由》,《北京大学教育评论》2005年第1期。
⑤ [美]约翰·布鲁贝克:《高等教育哲学》,王承绪等译,浙江教育出版1987年版,第125页。

学者们享有的学术自由与承担的学术责任相辅相成,他们必须遵循作为学术机构成员的基本道德规范。例如,必须做好工作,仔细审查捐赠单位以保持道义上的自由,避免因接受钱财而不得不去支持它。①

那么,如果在打算接受捐赠时,捐赠资金可观而且急需,但是其附加条件有悖学术自治和高等教育的道义自由,此时大学应该如何取舍呢? 哈佛大学前校长博克的明确回答是:

> 高等学府有道德义务拒绝任何侵犯学术自治的捐赠。②

这个答案可谓言简意赅:确保学术自由的前提是保证任何情形下学术自治不受侵犯——而这是学者们想要行使这种学术自由的道德义务。否则,"没有限制的学术自由会像没有限制的经济上的不干涉主义一样成为灾难。"③

因此,在治学道德的"规训"下,提升大学教师的道德自律和道德自觉,走向道德自治是实现学术自治的根本保障。因而,基于治学道德"规训"的意涵,为我们讨论大学教师以德立学的议题拓展了新的思维路径。

(二) 为何规训:大学教师以德立学的新需要

何谓大学教师以德立学? 它意味着恪守学术道德是大学教师安身立命之本,意味着要用治学道德来统帅和贯穿大学教师求学问道、授业传道、以德育人、以文化人的全过程。才为德之资,德为才之帅。对大学教师而言,以德立学是以德立身、以德施教、以德育德的基础和保障。当下,基于治学道德规训的视角来讨论大学教师以德立学的议题,在有中国特色的"双一流"建设背景下有着紧迫的现实意义。

近二十年来,国家高度重视师德建设和学术道德建设。自2002年2月起,教育部、国务院学位委员会等部门相继发布了一系列文件,④既从宏观

---

① [美]约翰·布鲁贝克:《高等教育哲学》,王承绪等译,浙江教育出版1987年版,第126页。
② [美]约翰·布鲁贝克:《高等教育哲学》,王承绪等译,浙江教育出版1987年版,第50页。
③ [美]约翰·布鲁贝克:《高等教育哲学》,王承绪等译,浙江教育出版1987年版,第55页。
④ 教育部:《关于加强学术道德建设的若干意见》(教人〔2002〕4号);《高等学校哲学社会科学研究学术规范(试行)》(教社政函〔2004〕34号);《关于进一步加强和改进师德建设的意见》(教师〔2005〕1号);《关于树立社会主义荣辱观进一步加强学术道德建设的意见》(教社科〔2006〕1号);国务院学位办:《关于在学位授予工作中加强学术道德和学术规范建设的意见》(学位〔2010〕9号);《关于建立健全高校师德建设长效机制的意见》(教师〔2014〕10号)。教育部:《关于全面落实研究生导师立德树人职责的意见》(教研〔2018〕1号);教育部:《新时代高校教师职业行为十项准则》(教师〔2018〕16号);教育部:《关于高校教师师德失范行为处理的指导意见》(教师〔2018〕17号);教育部:《研究生导师指导行为准则》(教研〔2020〕12号)。

层面提出加强师德建设、学术道德和学术规范建设的总体要求,又在微观层面提出建立健全师德建设长效机制的具体举措。虽然国家和大学一直努力治理学术不端行为、加强师德建设,但由于"以真理为最高报酬的自由原创学术,日益异化为以名利为最高报酬的充斥大量、低水平重复劳动的学术制造业;驱动学术创新的自由自觉的精神驱动力,日益让位于制造学术泡沫的名利驱动力"①。学术不端行为依然频频发生;而且由于不科学的评审体制,在非理性的评价机制驱动下,追名逐利、急功近利的学术道德失范现象、背离科学研究精神的学术道德异化现象甚至日益增多,导致学术事业的神圣性、纯洁性与严肃性式微,大学教师的师道尊严饱受诟病。层出不穷的学术道德失范行为几乎都是在主观上对治学道德的有意漠视、对知识高贵气质的有意践踏、对科学研究精神的有意僭越,在客观上已经程度不同地降低了学术公信力、销蚀了学术研究信心、制约了学术创新能力、阻碍了学术事业的发展。

一流的大学师资是"双一流"建设的生力军。正如阿尔伯特·爱因斯坦(Albert Einstein,1879—1955)所指出的:

> 第一流人物对于时代和历史进程的意义,在其道德品质方面,也许比单纯的才智成就方面还要大。即使是后者,它们取决于品格的程度,也远超过通常所认为的那样。②

治理大学教师学术不端行为、提升其学术道德水准、提高其道德影响的力量对于"双一流"建设的意义不言自明。而上述关于加强师德建设、学术道德建设的国家层面政策话语在一定程度上的"失语""失声"表明,仅仅靠印在纸上、贴在墙上、挂在网上的学术道德制度来治理学术不端行为已经显示了单纯道德说教的孱弱无力、简单技术手段的滞后乏力。当下迫切需要适度强化师德建设和学术道德建设责任伦理,彰显治学道德的话语权,创新大学教师以德立学的思路和模式。

(三) 治学道德规训下大学教师以德立学的新理路

回答"如何规训"的问题,首先需要在制度层面基于道德治理的学术自治权力运行实践机制的设计,以健全优化师德建设长效机制为抓手,推动师德建设常态化长效化。正如康德所指出的:

---

① 王善平:《量化统治与中国学术危机》,《社会科学论坛》2008 年第 8 期。
② 赵中立:《纪念爱因斯坦译文集》,上海科学技术出版社 1979 年版,第 37 页。

良好的国家体制并不能期待于道德,倒是相反地一个民族良好道德的形成首先就要期待于良好的国家体制。①

尤其是当我们追求那些良好制度中的"一种伦理性奢华"②的部分,着眼于构建适应"双一流"建设的学术生态系统,力求从法治和德治两个层面共同推进学术治理体系的现代化,就不难理解为何学界将大学内部治理结构创新视为大学"双一流"建设的"阿喀琉斯之踵"(Achilles' Heel)了。而关乎学术治理的制度创新是其中应有的首善之义。张应强指出:

强调坚持党领导下的学术自由和学术社会责任统一是构建中国特色现代大学制度的重要内容。③

坚持制度规范和道德自律并举,促进大学教师严自律、正人格,基于治学道德"规训"的规范大学教师学术道德新理路在于:

1. 注重制度设计,完善以德立学制度的新准则是大学教师以德立身的根本前提

高校学术委员会章程被学界视为统师大学组织运行的"大学宪法",是实施学术自治权力的重要保障。随着各高校章程的相继发布,大学治理可谓迈入"宪章时代"。注重学术制度设计,首先要完善高校学术委员会章程,基于学术自治话语权彰显道德治理话语权。当前亟须弥补学术制度供给不足,回应大学学术管理制度的伦理诉求,在高校章程中增加大学教师学术道德准则的内容,并从操作程序上完善师德规范,以完善规训大学教师以德立学的学术制度。其主要的制度性设计内容应包括:

其一,回归大学知识的高贵理性,大学教师应具备学业精深的学术品格。知识之所以真正高贵、有价值、值得追求,是因为知识内部含有一种科学或哲学的胚芽。这就是知识本身即为目的的理由……知识是一种习得的精神启示,是一种习惯,是一笔个人的财富,是一种内在的禀赋……把大学称为教育场所(place of education)而不是教学场所(place of instruction)……它表明了对我们的智力品格以及性格形成所起的作用。它是个体化、永久性的东西,而且通常与宗教和美德连在一起。④

①　[德]伊曼努尔·康德:《历史理性批判文集》,何兆武译,商务印书馆1990年版,第126页。
②　[美]罗斯科·庞德:《法律与道德》,陈林林译,商务印书馆2016年版第82页。
③　张应强:《中国特色现代大学制度建设任重道远》,《探索与争鸣》2018年第6期。
④　[英]亨利·纽曼:《大学的理想》,徐辉等译,浙江教育出版社2001年版,第33—34页。

对大学知识的追求是一种卓越不凡的精神追求。为知识而知识、为真理而真理的理性品质要求大学教师应具备学业精深的学术品格。在布鲁贝克看来,学业精深是对才智、智慧和敏捷的挑战,是高深学问的治学标志。

> 每一代大学生都是对教授才智的一个新挑战。当相同的讲演一再重复时,新颖性便日渐褪色,挑战也将消失。①

因此,出于对本学科高深学问的道德责任,治学道德的首要准则就是,学术共同体中的所有成员都必须在高等教育的某一领域受过长期的系统训练,这理所当然地包括在接受严格学术训练中锤炼提升学术操守。当前,接受过全日制博士研究生学术训练并获得博士学位,才能入职高校教师教学科研岗位已经是高校师资招聘的基本要求。在此需要强调的是,要通过学术不端行为检测、学术诚信档案查阅等制度规训,加强对准大学教师的道德性学术研究能力的考核,从学业精深的角度考察其是否具备职业发展的道德品质基础。这项制度应该成为大学师德规范的基本内容。

其二,回归知识分子的理性守护人角色,大学教师应献身于自己的学科领域。知识分子(intellectuals)是一种被特定学术场域规训的"独特的、具有高度意识的团体"②,担负着理性守护真理的特殊学术使命。作为探求真理、捍卫真理的学术共同体成员,为学术而学术的理性品质要求他们永葆学者的科学精神气质,忠诚地献身于自己的学科领域。

> 这种献身精神还要求理智上的彻底性和精细的正确性。③

这就要求学者们首先要追求真理的客观性,诚实地面对学术活动中的一切事实,谨慎地防止纯粹主观印象或者种族、肤色、宗教因素等影响自己的判断以避免偏见,确保能够得出科学的研究结论。而且,在为客观性奋斗时,学者们的研究目标不应受个人的感情因素和职业前途利益所左右,其价值判断应该受到客观性的约束。其次要勇于承担学术责任。这意味着学者

---

① ［美］约翰·布鲁贝克:《高等教育哲学》,王承绪等译,浙江教育出版 1987 年版,第101—102 页。

② ［英］雷蒙·威廉斯:《关键词:文化与社会的词汇》,刘建基译,生活·读书·新知三联书店 2005 年版,第 292 页。

③ ［美］约翰·布鲁贝克:《高等教育哲学》,王承绪等译,浙江教育出版 1987 年版,第 121 页。

们要承担起"毫无保留地把研究发现公布于众的责任——在报告研究成果时,提供支持结论的证据与提供与结论矛盾或制约结论的事实都是必需的;在任何情况下,尽力提出可供其他学者检验的结论"①。

只有这样才能帮助其他学者站在别人的肩上追随学术研究前沿。这对于推进学科和科学的发展都是极为重要的。鉴于学者们的研究有可能会产生意外的不良社会后果,那么至少就这项研究可以预见的危险后果提出警告也是学者们不可推卸的责任。② 相关责任条款应该成为大学师德规范的重要内容。

2. 强化法制规训,提升学术道德自律的新境界是大学教师以德育德的根本保障

要大力弘扬法律的道德性,提升大学教师对师德律令的真诚信仰。让·雅克·卢梭(Jean-Jacques Rousseau,1712—1778)认为,有一种法律"是一切之中最重要的一种:这种法律既不是铭刻在大理石上,也不是铭刻在铜表上,而是铭刻在公民的内心里;它形成了国家的真正宪法,它每天都在获得新的力量;当其他的法律衰老或消亡的时候,它可以复活那些法律或代替那些法律,它可以保持一个民族的创制精神,而且可以不知不觉地以习惯的力量代替权威的力量。我说的就是风尚、习俗,而尤其是舆论——唯有慢慢诞生的风尚才最后构成那个穹窿顶上的不可动摇的拱心石"③。

在此,"风尚、习俗"之所以被视为"一切之中最重要的一种法律",正是因为卢梭深刻地洞见了法律的道德性,并且深刻地指出,唯有公民发自内心地形成了对法律这种道德精神的真诚信仰,法律才能最终真正具有权威性。美国著名法学家哈罗德·伯尔曼(Harold J.Berman,1918—2007)也曾指出:

> 在所有的社会里,虽然是以极不相同的方式,法律都需要借助任何关于神圣事物的观念,其目的部分是为了使人具有为正义观念而献身的激情。④

这种真诚的道德信仰和"为正义观念而献身的激情"恰恰是当前亟需的推动"双一流"建设的真正原动力。当前要注重弘扬法律的道德性,促使

---

① [美]约翰·布鲁贝克:《高等教育哲学》,王承绪等译,浙江教育出版1987年版,第122页。
② [美]约翰·布鲁贝克:《高等教育哲学》,王承绪等译,浙江教育出版1987年版,第124页。
③ [法]让·雅克·卢梭:《爱弥尔》(上卷),李平沤译,商务印书馆1994年版,第303页。
④ [美]哈罗德·伯尔曼:《法律与宗教》,梁治平译,中国政法大学出版社2003年版,第62—63页。

大学教师将道德理想、道德原则、道德规范内化为师德律令，使他们时刻不忘治学道德的"规训"，重自省、求慎独，不断强化大学教师的职业良心问责意识，保守知识分子的学术信念，守护知识分子的学术尊严。毕竟，无论外在的约束力量如何强大，终究需要大学教师本人自觉成为他们自己道德准则的审查者和守护者。

3. 推进以德治教，建构学术道德共同体的新关系是大学教师以德施教的根本举措

在当下中国大学发展的现实语境中，毋庸讳言，我们似乎已经很难从应然的角度把大学简单地界定为一个单纯的学术共同体。随着大学规模不断扩大和大学职能不断增加，因大学管理专门化而产生的行政权力使大学成为实然的"学术—行政共同体"。

要使大学教师做到以德施教，亟须推进以德治教，将"学术—行政共同体"建设成"道德共同体"。要大力彰显道德的法律性，使相关的法律内化为大学教师更高的道德权利与道德义务，大力建设基于学术自治合法性价值诉求范式的道德共同体文化。道德共同体是"应该被道德地对待或应该得到道德关怀的个体和群体的总和，是应该被道德地对待或应该得到道德关怀的对象的总和"①。

首先要呼唤共同体伦理的回归，增强学术共同体内生秩序的道德力量，约束和规范个体道德，实现公共道德和个人道德的共通、个人与共同体的道德同构，重新恢复、维持并增进大学学术共同体的道德理想，防范道德违规、弘扬道德风尚、导引道德价值、维护道德权威，恢复学术共同体成员"灵魂深处生来就有的一种正义和道德"②，努力避免"用以把成员联结在一个共同的历史、习俗、语言或教育中的铠甲……逐步地变得越来越破旧不堪"③。

其次要推进民主的道德治理，建构学术道德共同体的新关系，实行学术善治。越轨社会学认为，人们与共同体成员交往的越少，与社会普遍认可的行为相违背，在活动时越少被他人所目睹，其他人控制其行为或阻止其越轨的可能性就越小。④

要通过建立聚合多元利益主体表达的学术场域，增强学术共同体在关涉大学教师道德事务方面的学术自治权，大力彰显"大学宪法"中"道德律"

---

① 王海明：《人性论》，商务印书馆 2005 年版，第 216 页。

② ［法］让·雅克·卢梭：《社会契约论》，何兆武译，商务印书馆 1994 年版，第 73 页。

③ ［美］齐格蒙特·鲍曼：《流动的现代性》，欧阳景根译，生活·读书·新知三联出版社 2002年版，第 263 页。

④ ［美］杰克·道格拉斯：《越轨社会学概论》，张宁等译，河北人民出版社 1987 年版，第 79 页。

的力量与功能,推动学术共同体成员将学术制度内化为共同的学术利益来主动参与学术道德失范行为的治理,促进所有共同体成员积极维系和创造道德共同体文化。

（四）立德树人:研究生导师职责的学术逻辑及其实现①

育人大计,教师为本。中国特色社会主义事业需要培养一大批德智体美劳全面发展的建设者和接班人,更需要培养大批服务社会发展、科技进步、文化传承创新的优秀人才。铸魂育人、立德树人,大力提升研究生培养质量,研究生导师是关键。继2018年初教育部发布《关于全面落实研究生导师立德树人职责的意见》(教研〔2018〕1号)后,习近平总书记又对新时代教师综合素质提出了"六要"新要求。全面落实立德树人根本任务,将党和国家的期望内化为研究生导师的学术自觉、道德自觉,外化为其行动自觉,需要遵循大学文化的学术逻辑,深刻剖析研究生导师立德树人职责的学术逻辑意蕴,深入探讨实现为国家培养高层次创新人才使命与重任的组织方式和培养模式,实现由政策话语向学术话语的转变,实现研究生培养的话语创新和模式创新。

1. 研究生导师立德树人职责的内涵

所谓立德树人,即坚持德育为先、育人为本,就是要求研究生导师以坚定深厚的信念邃养、扎实深厚的学识素养和高尚深厚的道德修养安身立命,行为世范,培育人才。党和国家历来对研究生导师切实履行其职责寄予厚望,通过颁行一系列文件不断深化着人们对研究生导师职责的认知。梳理其责任伦理的基本维度,其内涵主要包括:

其一,导师是研究生的信仰之师。

自己心中有明确坚定信仰的导师才能对学生讲信仰。政治要强、情怀要深,是对导师职责的首要要求。导师具有对马克思主义的坚定政治信仰,在意识形态前沿阵地的坚定政治定力,在大是大非面前的保持政治清醒,才能以高度的政治站位强化对研究生的思想引领和价值型塑;导师具有"为天地立心、为生民立命、为往圣继绝学、为万世开太平"的人生信仰、学术信仰和家国情怀,才能铸就自身为人为学为师的大爱师魂、传道授业解惑的仁爱情怀,才能对研究生的成长成才产生强烈而持久的熏染教化作用。

其二,导师是研究生的学问之师。

读书治学,学高为师。思维要新、视野要广,对导师职责的时代内涵注

---

① 本部分参见郑忠梅:《立德树人:研究生导师职责的学术逻辑及其实现》,《学位与研究生教育》2019年第6期。

入了新要求。要切实担负起对研究生进行学科前沿引导、科研方法指导和学术规范教导的责任,导师必须坚持潜心钻研、实事求是、严谨笃学、终身学习,使自己始终跻身于学术前沿,不断提升自身学问的高度、深度和广度;必须坚持与时俱进、以活到老学到老的精气神,主动适应全媒体时代创新思维方式、指导方式的新要求,以深厚宽广的知识视野、国际视野、历史视野直面学术问题,以理服人,才能以智慧的化身、科学的精神、真理的力量感召学生、说服学生、赢得学生。

其三,导师是研究生的品行之师。

教书育人,德高为范。自律要严、人格要正是对导师以德立身和以德施教职责的根本要求。身教胜于言教,基于师德在人类社会道德谱系中的特殊地位,师德垂范的意义毋庸赘言。导师"导之以德",研究生才可能"有耻且格"。导师是培育研究生成长成才的第一责任人,一对一的指导模式使得导师在学术追求上的道德情操、学术行为中的道德习惯更能在日常的教育教学和科学研究过程中潜移默化地对研究生产生较大的影响,有的甚至会改变研究生的价值取向和人生抉择。强调导师努力成为研究生品行之师的重要性和紧迫性,对于维护学术尊严、提振研究生的学术研究信心具有强烈的针对性。

2. 研究生导师立德树人职责学术逻辑的意蕴

赋予研究生导师立德树人的首要职责,是全面贯彻党的教育方针、努力造就一支"四有"研究生导师队伍的需要,蕴含着研究生导师必须坚持社会主义办学方向,既要能安于寂寞、坚持求学问道,又要有家国情怀、坚持关注社会;既要坚持崇尚学术自由,又要坚持恪守学术规范的总体要求。这一总体要求既有对研究生导师职责德性伦理维度的考量,更有其规范伦理维度的学术逻辑意蕴,主要在于:

其一,导师和研究生是致力于寻求真理之事业的学术共同体。

普林斯顿大学前校长弗莱克斯纳认为,大学的教学与研究以高深知识为重要载体,学者们以保存、解释知识和观念的学术为志业,主要致力于追求真理、训练学生以继承事业。① 在我国,培养大批中国特色社会主义建设的高层次专门创新人才的主要途径,在于处在国民教育体系顶端的研究生教育。导师和研究生作为研究生教育的主体,构成大学知识传承、知识创新和推进学术事业发展的重要支柱。20 世纪德国存在主义哲学先驱雅斯贝

---

① ［美］亚伯拉罕·弗莱克斯纳:《现代大学论——美英德大学研究》,徐辉等译,杭州教育出版社 2001 年版,前言 3—4 页。

尔斯在其《大学之理念》一书中鲜明地提出大学是由学者与学生一起探求真理的共同体。在雅斯贝尔斯那里,"共同体"具有独特的含义。作为内在的"生存共同体",人类与生俱来的内在使"人类共同体"能够找到自己的本质自我存在。正是这种独特的共同体内在,使得大学中教师与学生成为平等的价值主体,因而他们之间的相互生存交往才成为可能。同时,他们作为自由的生存主体在"生存共同体"——大学内,以"寻求真理"为共同行为目标,超越各自原初实存的自我,超越理性和非理性的界限,超越传统西方哲学的绝对主客二分。由此,在相互生存交往中,"实存"的人生成为一个"整全的人"①。正是基于这样的理念,雅斯贝尔斯认为,教育的根本旨归是塑造人的灵魂,而不是灌输堆积非理智的认识和纯粹知识。

> 所谓教育,不过是人对人的主体间灵肉交往活动……教育的原则,是通过现存世界的全部文化导向人的灵魂觉醒之本源和根基……通过教育使具有天资的人,自己选择决定成为什么样的人以及自己把握安身立命之根。②

他主张教育的关键在于尽可能选择完美的教育内容并竭力将学生之"思"导向事物的本源;而教育的过程应该是尽可能让受教育者在实践中获得自我练习、自我学习和自我成长的机会。因此,作为寻求真理的共同体成员,导师对研究生的教育是通过大学的全部文化导向人的灵魂觉醒之本源和根基的生存交往。

其二,导师和研究生是致力于恪守学术道德的道德共同体。

学术共同体是大学学者与学生遵守相应的道德规范联结而成的知识群落或"学术部落"。大学具有学术共同体基本属性本身就意味着以遵守学术道德为基准的伦理诉求。因为在理论和实践上,除了其他学者,再也没有什么人能够检验和评判学者的道德。导师和研究生不仅是师生关系,而且构成学术道德共同体关系。德国科学教育学的奠基人、"教育科学之父"约翰·弗里德里希·赫尔巴特(Johann Friedrich Herbart, 1776 — 1841)认为,在导师和研究生探寻真理的教育教学、学术活动中,可以将"唯一的任务和

---

① 张华:《大学:求真的生存共同体——雅斯贝尔斯大学理念之哲学解读》,《河北师范大学学报(哲学社会科学版)》2009年第5期。

② [德]卡尔·雅斯贝尔斯:《什么是教育》,邹进译,生活·读书·新知三联书店1991年版,第3页。

全部的任务概括为这样一个概念:道德"①。

即实现道德任务也是研究生教育的最高目标。在雅斯贝尔斯看来,导师和研究生作为学术共同体的成员都会徜徉在探寻真理的学术之路上。

> 这条路通向未来,未来既可能展示最为可怕的前景,同时也会展示光明。要么我们沉沦……要么我们升华,而哲学为我们的升华带来了道德意识。没有道德意识,升华必遭失败。②

康德认为:

> 由于道德上的至善并不能仅仅通过单个的人追求他自己在道德上的完善来实现,而是要求单个的人,为了这同一个目的联合成为一个整体,成为一个具有善良意念的人们的体系。只有在这个体系中,并且凭借这个体系的统一,道德上的至善才能实现。③

因此,基于学术共同体成员角色的师生道德共同体的联合成长,实现学术能力与学术道德的协同发展,是实现学术共同体和谐有效运行的保障。

其三,导师和研究生是致力于实现创新人才培养使命的命运共同体。

作为国家与国家之间人才竞争的重要支柱,研究生教育是高等教育人才培养的最高层次,是提升国家创新能力的核心要素,是我国社会主义现代化建设拔尖创新人才培养的重要渠道。学术乃天下公器。导师固然有独特的研究方向和学术成果,但探索创新知识、产出创新成果的学术活动更多的时候需要大学在人才培养过程中的集体行为和团队协作。教育部、国家发展改革委、财政部等三部委《关于深化研究生教育改革的意见》(教研〔2013〕1号)中明确规定,若研究生发生学术不端行为的,其导师应承担相应责任。在某种意义上说,导师和研究生是休戚相关、荣辱与共的"命运共同体",实现培养高层次创新人才的使命有赖于导师与研究生的共同努力。

在导师负责制的指导模式下,导师和研究生之间形成了相对稳定的导学关系。在教育教学、学术研究活动中,导师与研究生既是师生关系,也是科研合作者关系。一方面,很多导师都吸纳研究生为课题组成员,以便在课

---

① 《赫尔巴特文集》第4卷,李其龙等译,浙江教育出版社2002年版,第177页。

② [德]叔斯勒:《雅斯贝尔斯》,鲁路译,中国人民大学出版社2008年版,第24页。

③ [德]伊曼努尔·康德:《纯然理性界限内的宗教——康德论上帝与宗教》,李秋零译,中国人民大学出版社2004年版,第369页。

题研究实践中对其进行学术训练,充分发挥他们的科研后备军作用;另一方面,研究生同样需要通过参与导师的科研活动来学习和遵守学术规范,在获得科研知识与经验的过程中提升学术能力、践行学术道德、锤炼学术品格。作为第一责任人,导师既要导学更要导德。导师要以高度的责任感主动适应信息社会深刻发展和媒体融合深度发展趋势,充分利用现代信息技术手段,建立健全良好的师生定期沟通互动机制,及时指导研究生全面发展。要培养研究生的历史视野,支持和鼓励他们立足时代进步、顺应国家和民族发展的需要来确立个人的发展目标;要培养研究生的知识视野,支持和鼓励他们学以致用、在服务人民与奉献社会的各种社会实践和志愿服务活动中实现自己的人生价值;师生共同落实立德树人的根本任务,实现创新人才培养的使命。

3. 研究生导师立德树人职责学术逻辑的实现理路

导师的思想政治素质和道德情操直接影响研究生世界观、人生观、价值观的养成,决定着高层次创新人才培养的质量。如何将上述政策话语转化为导师立德树人的自觉行动,必须遵循大学自有的文化逻辑来探寻研究生导师立德树人职责学术逻辑的实现理路。

其一,以导师的学术忠诚唤醒研究生的学术激情,当好学术传导人。

在导师教育影响研究生的诸多因素中,导师以学术为志业的学术热忱、学术忠诚对于激发和涵养研究生的学术激情具有强烈而持久的作用。正如雅思贝尔斯所指出的:

> 大学就是一个将以献身科学真理的探索和传播为志业的人们联合起来的机构。①

所以,大学里面对真理的追求需要那种整全的人怀着高度的学术忠诚认真投入学术事业,实现一种最宽泛意义上的教育,其目标应该是塑造同样整全的人。要实现这样的教育目标,导师必须基于恪守学术事业伦理底线的价值取向,对研究生的教育就必须"一方面对于追根究底和清明理智的精神内核怀有无限的忠诚,另一方面又包含了一种对于整全的人来说命运攸关的理性和哲学的冲动"②。

这种风格的教育,既不是不着边际的,也不是僵化刻板的。为此,导师

---

① [德]卡尔·雅斯贝尔斯:《大学之理念》,邱立波译,上海人民出版社2007年版,第21页。
② [德]卡尔·雅斯贝尔斯:《大学之理念》,邱立波译,上海人民出版社2007年版,第83页。

本人要退居暗示的地位,善于运用苏格拉底(Socrates,前469—前399)的"催产术",以自身的学术热忱和学术忠诚努力唤醒研究生潜在的学术探索欲望和学术研究激情,促使研究生发自内心地、自觉自愿地献身探究真理的学术事业,而不是仅仅以导师身份给予泰山压顶般的外部压力。

导师的学术忠诚首要的表现在于导师在探索真理的道路上不懈进取、坚持学术自省、具备学业精深的学术品格。学业精深是传承学术生命力、促进学术繁荣、保持大学生机与活力的基础和保障。对导师而言,学业精深不仅是安身立命的身份标识,也是其职业发展的道德品质基础,更是一种道德性的学术研究能力。其次,导师的学术忠诚还在于献身于自己的学科领域。研究生导师作为大学教师中的佼佼者,是以具体的学科归属为依托、在相对明确的学术方向上、在具体学术领域里探索真理、追求知识自由的科学工作者,是学科文化场域里学术自由理想的理性追求者,是传承文明、创新知识、追寻真理光明的执着追日者。为学术而学术、为真理而真理的理性品质要求他们恪守"默顿规范"(Merton's Norms),永葆学者的科学精神气质,忠诚地献身于自己的学科领域,坐得住冷板凳、耐得住寂寞,为自己的学术信仰而孜孜以求、穷根究底。如果导师能以高度的学术自觉在理智上彻底地追求真理的客观性、诚实地面对事实,并能以难得的学术自省勇于承担学术责任,那么导师这种坚定而执着的学术态度、清晰而精确的学术风格将会通过导师自己沉醉其中的学术激情传导给研究生,感染、激励并促使研究生以一种严肃而又活泼的方式、有来有往积极回应的方式与导师展开学术上的良性互动,双方通过自身的努力共同实现创新人才培养的目标,实现学术事业的薪火相传。

其二,以导师的学术操守涵养研究生的学术格局,当好学术训导人。

如果导师在自己的学术经历和科研工作中弄虚作假、抄袭剽窃、违规使用科研经费、滥用学术资源、兼职兼薪影响正常教育教学工作等,或者在教育教学、科学研究、社会生活中遭遇"道德两难"(moral dilemma/ethical dilemma)境地时,导师的道德取向及行为选择令人大跌眼镜甚至嗤之以鼻、遭人鄙视,那么很难保证由其指导的研究生不会受到潜移默化的影响而产生学术不端行为甚至铤而走险了。因此,导师作为研究生成长成才的首要责任人,培育研究生正直诚信、追求真理的学术品质,涵养其立足学术前沿、勇于探索、志于创新、团结合作的学术格局,有赖于导师以德立身、以德立学,始终坚持较高学术水准的学术追求,以高尚的学术情怀感染学生,以高洁的学术操守影响学生。

导师的学术操守集中表现为其学术人格。只有导师将学术规范和学术道德的双重规约融入自己的一言一行中,内化成自己独特的学术气质、外化为自己鲜明的学术风格及良好的品行习惯,达到学识魅力与人格魅力的自然统一,那么由此而凝结成的高尚学术人格便具有润物无声的微妙意义。而导师的学术操守便成为一种隐性的学术领导力,它可以不怒自威,以强大的感召力规训、引导、形塑、涵养研究生的学术格局,对于促进研究生独立学术人格的成长具有重要作用。首先,导师要严于律己,珍爱自己的学术声誉,自觉捍卫学术尊严。要弘扬重内省、重慎独的优良传统,在日常中守师德,在细微处见操守,将师德规范转化为稳定的内在学术信念和行为品质,养成师德自律习惯,努力达致"从心所欲不逾矩"的境界。其次,导师要严于律生。当好学术训导人,坚守导师责任伦理、坚持学术立场,在研究生学习和成长的过程中对其加强管理监督和审核把关,让研究生清楚地了解自己行为后果的道德责任和法律责任,也是导师以学术操守锤炼研究生学术道德素养的深刻表现。严格要求而不是放任自流,使研究生在点滴进步中感受学术研究的乐趣、成就感、幸福感乃至崇高感,发自内心地自觉自愿接受训导,才能赢得研究生发自内心的持久敬仰爱戴,才能引领研究生献身学术,才能在研究生内心深处根植对学术殿堂、学术道德的尊崇和敬畏,逐步涵养并确立良好的学术格局。

其三,以导师的学术心态优化研究生的学术生态,当好学术引导人。

党和国家颁布一系列文件以指导加强和改进大学师德建设,特别是发布专门文件提出落实研究生导师立德树人职责的总体要求和具体举措,就是要从提升研究生导师综合素质这个关键要素着手,来建构合乎大学学术逻辑的系统要素和生态关系,以优化学术生态。大学中的一切学术行为几乎都是以学科组织方式展开的,各个学科都以自己的文化准则和调控原则及其规训下的研究方式、人才培养规格和培养模式等构成特定学科文化系统场域内的学术生态。在这个系统内,建构风清气正的学术氛围、公平正义的学术环境等良好的学术生态要素,都离不开导师秉持潜心问道、淡泊名利的良好学术心态。

要从根本上优化研究生学习成长的学术生态,导师在培养研究生的过程中,首先要着眼于学术事业的可持续发展,注重带领研究生加强本学科的学术文化建设。相对于宏观的大学学术生态而言,每个学科努力建构良好的亚文化、"微生态",将有助于优化整体的大学学术生态。如果每个学科都能坚持育人为本、德育为先的教育理念,促进研究生学术科研能力和思想道德素质同步提高,那么即使术业有专攻、学科有分化,只要我们培养的研究生都具有不畏艰难的科学作风、严谨求实的优良学风、求新探异的创新意识、艰苦奋斗的创业品格、合作沟通的团队精神等学术品格,重构良性的大学学术生态便指日可待了。其次导师要坚持从自己做起,躬身践履,守护好自己的学术良知,不因社会大环境和高校小环境的变化而滋生学术浮躁心态,更不能因科研道路艰辛而心态扭曲、急功近利、"学术大跃进";要坚持潜心问道、一心向学、自重自爱,不断提升自己的学术声誉和学术公信力;要坚持走学术研究的正路而不走歪路、邪路,坚持在学术道路上防微杜渐。导师个人学术生涯中任何的学术污点都会黯淡自己的学术生命之光,从而黯淡、污染整个学术环境及学术生态。再次就是要呼唤共同体伦理的回归,师生齐心协力凝聚一致认同的道德价值目标,共同创造一流的学术生态。要坚持以人为本、以生为本,在研究生学习成长的每一个重要节点和主要环节,导师要确保足够的时间和精力及时给予研究生全方位的启发和指导,诲人不倦,以乐观豁达的心态引导研究生不断凝聚目标共识,将共享的道德共同体理想变为师生的生活规范和道德自觉,共同践行提升学术道德目标的道德承诺。只有坚持育人为本,培养出德才兼备的创新型人才,引领他们在人类集体智慧的发现之路上执着前行,才能最终从根本上形成良性循环的和谐美好学术生态。

　　总之,研究生导师以德立身、以德立学,意味着恪守学术道德是导师安身立命之本,意味着要以铸魂育人、立德树人的责任感使命感来统率和贯穿导师求学问道、授业传道,以善感人、以真引人、以美育人、以德育人、以文化人的全过程。才为德之资,德为才之帅。一段时间以来,由于网络传播等各种因素的综合影响,个别导师学术不端甚至道德败坏的案例被过分放大,使得导师整体队伍的声誉及形象饱受诟病。治标还需治本。对导师而言,以德立身、以德立学是以德施教、以德育德的基础和保障。培养大批德才兼备、创新能力强的高层次人才,是提升创新型国家建设核心要素的关键,研究生培养的关键力量在导师。导师必须以执着的学术追求成就深厚的学术造诣,做学生信服敬仰爱戴的信仰之师、学问之师、品行之师,成为中国特色社会主义事业的坚定信仰者、中国特色社会主义道路的坚定开拓者、社会主义道德风尚的优秀示范者、社会主义核心价值观的模范实践者,才能不断创新研究生指导方式,做研究生成长成才的指导者和引路人。

结　　语

　　到底什么是我们所追求的世界一流大学？或者说，在建设世界一流大学的过程中我们到底应该追求什么？相比而言，哲学家的睿智思索总是具有穿透时空的深邃力量。跨越半个多世纪，雅思贝尔斯在其《大学之理念》一书中所写的意味悠长的结束语同样适合在这里作为本书的结束语：

　　　　不得不提出来加以讨论的林林总总的问题也许会掩盖所有问题之中最重要的一个，那就是作为高等教育安身立命之根本的大学的理想问题。这个理想不能被简化成少数几条直截了当的论断，而只能间接地提出来加以讨论。但愿我们已经变得比以往任何时候都更加意识到它的真实意义，但愿它作为一个标尺已经指引着我们衡量了大学生活的所有方面。没有一个感觉不到它生命力的人可以被强迫着看到它。除非是以共识作为基础，否则讨论将会没有结果。既然如此，那么所有我们已经做过的，就只能是在一个崭新的视野下提出某些众所周知的事实。

　　　　我们已经深深地被这个赋予我们生活以意义的理想迷住了，但是我们还缺乏说出这一理想必需的激情和勇气。我们知道，那些挣扎于我们身边以期被发觉和承认的真理，是会永生还是会枯萎，那将取决于我们是否具备这样的能力，在各种变动不居的形式中将大学的理想化为现实。①

---

① Karl Jaspers.*The Idea of the University*.Boston：Beacon Press，1959，pp.134－135.

参 考 文 献

一、马克思主义经典著作

[1]《马克思恩格斯全集》第 25 卷,人民出版社 2001 年版。

[2]《马克思恩格斯全集》第 37 卷,人民出版社 2020 年版。

[3]《马克思恩格斯全集》第 42 卷,人民出版社 1979 年版。

[4]《马克思恩格斯全集》第 46 卷,人民出版社 2003 年版。

[5]《马克思恩格斯选集》第 1 卷,人民出版社 1995 年版。

[6]《马克思恩格斯选集》第 3 卷,人民出版社 2012 年版。

二、中 文 著 作

[1]许慎:《说文解字》,段玉裁注释,上海古籍出版社 1981 年版。

[2]北京大学哲学系外国哲学史教研室:《西方哲学原著选读》(上卷),商务印书馆 1982 年版。

[3]北京大学哲学系外国哲学史教研室:《西方哲学原著选读》(下卷),商务印书馆 1982 年版。

[4]别敦荣等:《世界一流大学教育理念》,厦门大学出版社 2016 年版。

[5]陈洪捷:《德国古典大学观及其对中国大学的影响》(第三版),北京大学出版社 2015 年版。

[6]陈学明:《哈贝马斯的"晚期资本主义"论述评》,重庆出版社 1993 年版。

[7]程莹等:《世界一流大学:对全球高等教育的影响》,上海交通大学出版社 2015 年版。

[8]邓洪波:《中国书院学规》,湖南大学出版社 2000 年版。

[9]邓洪波:《中国书院学规集成》(第一卷),中西书局 2011 年版。

[10]刁培萼:《教育文化学》,江苏教育出版社 1992 年版。

[11]董云川:《找回大学精神》,云南大学出版社 2005 年版。

[12]樊洪业等:《竺可桢文录》,浙江文艺出版社 1999 年版。

[13]高清海:《欧洲哲学史纲新编》,吉林人民出版社 1990 年版。

[14]高清海:《找回失去的"哲学自我"——哲学创新的生命本性》,北京师范大学出版社 2004 年版。

[15]高叔平:《蔡元培教育文集》,湖南教育出版社 1987 年版。

[16]郭键:《哈佛大学发展史研究》,河北教育出版社 2000 年版。

[17]韩延明:《大学理念论纲》,人民教育出版社2003年版。

[18]贺国庆:《外国高等教育史》,人民教育出版社2003年版。

[19]胡潇:《文化的形上之思》,湖南美术出版社2002年版。

[20]胡潇:《文化现象学》,湖南出版社1991年版。

[21]金耀基:《大学之理念》,生活·读书·新知三联书店2001年版。

[22]李弘祺:《学以为己:传统中国的教育》,中山大学出版社2012年版。

[23]李述一等:《文化的冲突与抉择》,上海人民出版社1987年版。

[24]李晓定:《甲骨文字集释》,刊于台北"中央研究院"语言历史所编《文集》;周发高编:《金文诂林》,中文大学出版社1957年版。

[25]梁启超:《饮冰室合集》文集第十四册,中华书局1989年版。

[26]梁治平:《法律的文化解释》,生活·读书·新知三联书店1998年版。

[27]林砺儒:《教育哲学》,开明书店1949年版。

[28]刘宝存:《光荣与梦想:世界一流大学建设》,山东教育出版社2015年版。

[29]欧阳康:《哲学研究方法论》,武汉大学出版社1998年版。

[30]潘懋元:《多学科观点的高等教育研究》,上海教育出版社2001年版。

[31]彭正梅:《德国教育学概观——从启蒙运动到当代》,北京大学出版社2011年版。

[32]阮元:《十三经注疏》,上海古籍出版社1997年版。

[33]司马云杰:《大道运行论》,陕西人民出版社2004年版。

[34]司马云杰:《文化价值论——关于文化建构价值意识的学说》,人民出版社1988年版。

[35]眭依凡:《大学校长的教育理念与治校》,人民教育出版社2001年版。

[36]孙正聿:《马克思辩证法理论的当代反思》,人民出版社2002年版。

[37]孙正聿:《思想中的时代:当代哲学的理论自觉》,北京师范大学出版社2004年版。

[38]孙正聿:《哲学观研究》,吉林人民出版社2007年版。

[39]孙正聿:《哲学通论》,吉林人民出版社2007年版。

[40]汪行福:《通向话语民主之路:与哈贝马斯对话》,四川人民出版社2002年版。

[41]王弼:《十三经注疏》(附校勘记,上册),中华书局1979年影印本。

[42]王海明:《人性论》,商务印书馆2005年版。

[43]王坤庆:《精神与教育——一种教育哲学视角的当代教育反思与建构》,华中师范大学出版社2009年版。

[44]王莉华等:《世界一流大学学科竞争力》,浙江大学出版社2016年版。

[45]王连生:《教育哲学研究》,五南图书出版有限公司1988年版。

[46]王思齐:《鲁迅早期五篇论文字义》,天津人民出版社1978年版。

[47]西南联合大学北京校友会:《国立西南联合大学校史(1937—1946年的北大、清华、南开)》,北京大学出版社1996年版。

[48]夏甄陶:《人是什么》,商务印书馆2000年版。

[49]颜一:《流变、理念与实体——希腊本体论的三个方向》,中国人民大学出版社1997年版。

[50]杨福家:《中国当代教育家文存·杨福家卷》,华东师范大学出版社2006年版。

[51]杨杏庭:《文化教育学概说》,国立编译馆1941年版。

[52]俞吾金:《从康德到马克思:千年之交的哲学沉思》,广西师范大学出版社2004年版。

[53]张斌贤等:《西方高等教育哲学》,北京师范大学出版社2007年版。

[54]张康之:《总体性与乌托邦——人本主义马克思主义的总体范畴》,中国人民大学出版社1998年版。

[55]张瑞璠:《中国教育哲学史》(第四卷),山东教育出版社2000年版。

[56]张应强:《高等教育现代化的反思与建构》,黑龙江教育出版社2000年版。

[57]郑金洲:《教育文化学》,人民教育出版社2000年版。

[58]周尚君等:《自由的德性——马克思早期法哲学思想研究》,知识产权出版社2015年版。

[59]朱汉民等:《宋代〈四书〉学与理学》,中华书局2009年版。

三、译　著

[1][德]弗里德里希·鲍尔生:《德国教育史》,滕大春等译,人民教育出版社1985年版。

[2][德]彼得·贝格拉:《威廉·冯·洪堡传》,袁杰译,商务印书馆1994年版。

[3][德]约翰·费希特:《论学者的使命人的使命》,梁志学等译,商务印书馆1984年版。

[4][德]弗里德里希·尼采:《论我们教育机构的未来》,周国平译,译林出版社2012年版。

[5][德]格奥尔格·黑格尔:《小逻辑》,贺麟译,商务印书馆1980年版。

[6][德]威廉·冯·洪堡:《立陶宛的学校计划》,李其龙译,见瞿葆奎主编:《教育学文集(21)》,人民教育出版社1991年版。

[7][德]卡尔·雅斯贝尔斯:《大学之理念》,邱立波译,上海人民出版社2007年版。

[8][德]卡尔·雅斯贝尔斯:《什么是教育》,邹进译,生活·读书·新知三联书店1991年版。

[9][德]埃里希·卡勒尔:《德意志人》,黄正柏等译,商务印书馆1999年版。

[10][德]伊曼努尔·康德:《康德论教育》,李其龙等译,人民教育出版社2017年版。

[11][德]伊曼努尔·康德:《论教育学》,赵鹏等译,上海人民出版社2005年版。

［12］［德］伊曼努尔·康德:《判断力批判》,邓晓芒译,中国人民大学出版社2002年版。

［13］［德］米切尔·兰德曼:《哲学人类学》,阎嘉等译,贵州人民出版社1988年版。

［14］［德］曼弗雷德·盖尔:《康德的世界》,黄文前等译,中央编译出版社2012年版。

［15］［德］维尔纳·叔斯勒:《雅斯贝尔斯》,鲁路译,中国人民大学出版社2008年版。

［16］［德］伊曼努尔·康德:《康德道德哲学文集(注释版)》(上卷),李秋零等译注,中国人民大学出版社2016年版。

［17］［德］伊曼努尔·康德:《康德道德哲学文集(注释版)》(下卷),李秋零等译注,中国人民大学出版社2016年版。

［18］［德］伊曼努尔·康德:《纯粹理性批判》,邓晓芒译,人民出版社2004年版。

［19］［德］伊曼努尔·康德:《纯然理性界限内的宗教》,《康德论上帝与宗教》,李秋零编译,中国人民大学出版社2004年版。

［20］［德］伊曼努尔·康德:《道德形而上学原理》,苗力田译,世纪出版集团·上海人民出版社2012年版。

［21］［德］伊曼努尔·康德:《实践理性批判》,邓晓芒译,人民出版社2003年版。

［22］［德］伊曼努尔·康德:《实践理性批判》,韩水法译,商务印书馆1999年版。

［23］［德］尤尔根·哈贝马斯:《交往行动理论》第1、2卷,洪佩郁等译,重庆出版社1994年版。

［24］［德］尤尔根·哈贝马斯:《后形而上学思想》,曹卫东译,译林出版社2001年版。

［25］［法］维克多·埃尔:《文化概念》,康新文等译,上海人民出版社1988年版。

［26］［古希腊］柏拉图:《理想国》,郭斌和等译,商务印书馆1986年版。

［27］［加拿大］比尔·雷丁斯:《废墟中的大学》,郭军等译,北京大学出版社2008年版。

［28］［美］E.P.克伯雷选编:《西方教育经典文献》(上卷),任钟印译,人民教育出版社2016年版。

［29］［美］E.P.克伯雷选编:《西方教育经典文献》(下卷),任钟印译,人民教育出版社2016年版。

［30］［美］S.E.佛罗斯特:《西方教育的历史和哲学基础》,吴元训等译,华夏出版社1987年版。

［31］［美］安·兰德:《理性的声音:客观主义思想文集》,万里新译,新星出版社2005年版。

［32］［美］安东尼·克龙曼:《教育的终结——大学何以放弃了对人生意义的追求》,诸惠芳译,北京大学出版社2013年版。

［33］［美］伯顿·克拉克:《高等教育系统——学术组织的跨国研究》,王承绪等译,杭州大学出版社1994年版。

［34］［美］伯顿·克拉克:《高等教育新论》,王承绪等译,浙江教育出版社1988年版。

［35］［美］布鲁斯·罗宾斯:《知识分子:美学、政治与学术》,王文斌等译,江苏人民出版社2002年版。

［36］［美］大卫·雷·格里芬编:《后现代精神》,王成兵译,中央编译出版社2011年版。

［37］［美］德里克·博克:《哈佛350周年(1636—1986)校庆讲话》,王虹译,湖南教育出版社1988年版。

［38］［美］德里克·博克:《回归大学之道》,侯定凯等译,华东师范大学出版社2008年版。

［39］［美］德里克·博克:《走出象牙塔——现代大学的责任》,徐小洲等译,浙江大学出版社2001年版。

［40］［美］菲利普·巴格比:《文化,历史的投影》,夏克等译,上海人民出版牡1987年版。

［41］［美］哈瑞·刘易斯:《失去灵魂的卓越——哈佛是如何忘记教育宗旨的》,侯定凯等译,华东师范大学出版社2012年版。

［42］［美］赫伯特·马尔库塞:《单向度的人:发达工业社会意识形态研究》,刘继译,上海译文出版社2016年版。

［43］［美］赫伯特·马尔库塞:《审美之维》,李小兵译,生活·读书·新知三联书店1989年版。

［44］［美］莱斯利·怀特:《文化科学》,曹锦清等译,浙江人民出版社1988年版。

［45］［美］吉尔伯特·罗兹曼:《中国的现代化》,李惠译,江苏人民出版社2005年版。

［46］［美］卡尔·博格斯:《知识分子与现代性的危机》,李俊等译,江苏人民出版社2002年版。

［47］［美］克拉克·克尔:《大学的功用》,陈学飞译,江西教育出版社1993年版。

［48］［美］克拉克·克尔:《大学之用》(第五版),高铦等译,北京大学出版社2008年版。

［49］［美］克拉克·克尔:《高等教育不能回避历史》,王承绪译,浙江教育出版社2001年版。

［50］［美］罗伯特·赫钦斯:《美国高等教育》,汪利兵译,浙江教育出版社2001年版。

［51］［美］欧内斯特·博耶:《学术水平反思——教授工作的重点领域》,丁枫等译,吕达等主编:《当代外国教育改革著名文献(美国卷三)》,人民教育出版社2004年版。

［52］［美］乔治·马斯登:《美国大学之魂》,徐弢等译,北京大学出版社2009年版。

［53］［美］托马斯·库恩:《科学革命的结构》,金吾伦等译,北京大学出版社2003版。

［54］［美］威廉·墨菲等:《芝加哥大学的理念》,彭阳辉译,上海人民出版社2007年版。

［55］［美］理查德·布瑞德利:《哈佛,谁说了算》,梁志坚译,北京大学出版社2014年版。

［56］［美］雅罗斯拉夫·帕利坎:《大学理念重审——与纽曼对话》,杨德友译,北京大学出版社2008年版。

［57］［美］亚伯拉罕·弗莱克斯纳:《现代大学论——美英德大学研究》,徐辉等译,浙江教育出版社2001年版。

［58］［美］约翰·布鲁贝克:《高等教育哲学》,王承绪等译,浙江教育出版社1987年版。

［59］［美］约翰·杜威:《民主主义与教育》,人民教育出版社2001年版。

［60］［日］安倍能成:《康德实践哲学》,于凤悟等译,福建人民出版社1984年版。

［61］［苏］A.阿尔诺利多夫:《文化概论:文化的实质及其运动发展的一般规律》,邱守娟译,中国人民大学出版社1988年版。

［62］［西班牙］奥尔特加·加塞特:《大学的使命》,徐小洲等译,浙江教育出版社2001年版。

［63］［英］阿拉斯戴尔·麦金太尔:《德性之后》,龚群等译,中国社会科学出版社1995年版。

［64］［英］艾伦·麦克法兰:《启蒙之所　智识之源——一位剑桥教授看剑桥》,管可秾译,商务印书馆2011年版。

［65］［英］杰勒德·德兰迪:《知识社会中的大学》,北京大学出版社2010年版。

［66］［英］杰里米·布莱克:《英国简史》(第二版),廖文静译,华中科技大学出版社2016年版。

［67］［英］雷蒙·威廉斯:《关键词:文化与社会的词汇》,刘建基译,生活·读书·新知三联书店2005年版。

［68］［英］雷蒙·威廉斯:《漫长的革命》,倪伟译,上海人民出版社2012年版。

［69］［英］雷蒙·威廉斯:《文化与社会(1780—1950)》,高晓玲译,吉林出版集团2011年版。

［70］［英］雷蒙·威廉斯:《文化与社会》,吴松江等译,北京大学出版社1991年版。

［71］［英］罗纳德·巴尼特:《高等教育理念》,蓝劲松主译,北京大学出版社2012年版。

［72］［英］安东尼·史密斯:《后现代大学来临?》,侯定凯等译,北京大学出版社2014年版。

［73］［英］托尼·比彻:《学术部落及其领地》,唐跃勤等译,北京大学出版社2015年版。

［74］［英］亨利·纽曼:《大学的理想》,徐辉等译,浙江教育出版社2001年版。

［75］［英］约翰·怀特:《再论教育目的》,李永宏等译,教育科学出版社1997年版。

四、中文报刊论文

［1］樊浩：《当今中国伦理道德发展的精神哲学规律》，《中国社会科学》2015 年第 12 期。

［2］樊浩：《道德教育的"精神形态"与"中国形态"》，《教育研究》2013 年第 2 期。

［3］［英］安德鲁·汉密尔顿等：《融古通今：牛津的传统与创新》，《清华大学教育研究》2011 年第 3 期。

［4］安立伟：《雅斯贝尔斯〈大学之理念〉的解读与镜鉴》，《宁波教育学院学报》2017 年第 3 期。

［5］［日］保罗·川内：《建设世界一流大学：实施策略的全球调查》，《评价与管理》2014 年第 3 期。

［6］卞辉等：《西方大学科研理念与实践演变探析》，《现代教育科学》2016 年第 5 期。

［7］别敦荣等：《哈佛大学的发展历程、教育理念及启示》，《大学教育科学》2011 年第 6 期。

［8］别敦荣等：《牛津大学的发展历程、教育理念及其启示》，《复旦教育论坛》2011 年第 2 期。

［9］别敦荣等：《柏林大学的发展历程、教育理念及其启示》，《复旦教育论坛》2010 年第 11 期。

［10］别敦荣等：《剑桥大学的发展历程、教育理念及启示》，《现代大学教育》2011 年第 7 期。

［11］别敦荣等：《芝加哥大学的发展历程、教育理念及其启示》，《华中师范大学学报（人文社会科学版）》2011 年第 5 期。

［12］别敦荣等：《教育理念与世界一流大学的形成》，《高等教育研究》2010 年第 7 期。

［13］别敦荣等：《世界一流大学的教育理念》，《高等工程教育研究》2010 年第 4 期。

［14］别敦荣等：《斯坦福大学的教育理念及其启示》，《外国教育》2011 年第 4 期。

［15］别敦荣：《大学理念与现代大学的嬗变——〈现代大学及其图新〉译者前言》，《现代教育管理》2013 年第 4 期。

［16］别敦荣：《论办好中国的世界一流大学——学习习近平总书记在北京大学师生座谈会上讲话的体会》，《中国高教研究》2014 年第 9 期。

［17］蔡先金：《大学理念的反思》，《高等教育研究》2012 年第 5 期。

［18］曹叔亮：《大学理念的当代实践：特征、偏差及其矫正》，《高等理科教育》2015 年第 5 期。

［19］曾练武：《大学理念与法治精神之间——和谐社会的一种视角》，《当代教育理论与实践》2011 年第 2 期。

［20］曾文婕等：《评估何以促进学习——论学习为本评估的文化哲学原理》，《高等

教育研究》2017 年第 5 期。

[21]曾文婕:《论文化哲学的方法论意蕴》,《南京社会科学》2012 年第 8 期。

[22]陈才俊:《陈垣与北京辅仁大学之大学理念》,《高等教育研究》2013 年第 8 期。

[23]陈洪捷:《论高深知识与高等教育》,《北京大学教育评论》2006 年第 4 期。

[24]陈洪捷:《旧套路与新范式:历史视野中的大学理念研究》,《北京大学教育评论》2015 年第 4 期。

[25]陈树林:《当代文化哲学范式的回归》,《哲学研究》2011 年第 11 期。

[26]陈树林:《文化哲学视域下的马克思哲学思想》,《哲学研究》2007 年第 3 期。

[27]陈伟:《分化与整合:学术"场域"的进化逻辑》,《学术研究》2010 年第 7 期。

[28]陈开举等:《文化意象、艺术镜像与自我确认》,《哲学研究》2014 年第 7 期。

[29]陈晓敏:《文化视界下的西方大学理念解读》,《黑河学刊》2011 年第 6 期。

[30]陈正权:《探寻大学理性:纽曼〈大学的理想〉及其实践反思》,《铜仁学院学报》2017 年第 8 期。

[31]谌安荣等:《教师职业生活:蕴涵、异化与回归——基于文化哲学的视角》,《大学教育科学》2013 年第 3 期。

[32]程光泉:《哲学视野下的大学理念、大学精神、大学文化》,《北京师范大学学报(社会科学版)》2010 年第 1 期。

[33]程伟等:《论大学理念、大学人与大学制度之关系——基于雅斯贝尔斯大学思想的阐释》,《煤炭高等教育》2012 年第 2 期。

[34]崔宝祥等:《德中大学理念——以柏林洪堡大学与清华大学为例》,《文化万象》2011 年第 3 期。

[35]单兰兰:《学术自由:建设高水平大学之根本所在——对西南联大学术自由的办学理念之思考》,《教育探索》2011 年第 26 期。

[36]邓磊:《培养整全之人:大变革时代的美国大学理念焕新及其启示》,《高等教育研究》2017 年第 3 期。

[37]丁立群:《核心价值体系:一种文化哲学阐释》,《学习与探索》2014 年第 9 期。

[38]丁立群:《文化哲学:问题与领域》,《哲学研究》2010 年第 9 期。

[39]丁立群:《文化哲学的双重界定》,《文化哲学研究(天津社会科学)》2014 年第 1 期。

[40]方华梁:《洪堡大学理念的历史语境与当代"误读"》,《黑龙江高教研究》2014 年第 10 期。

[41]方华梁:《自我塑造:德国现代大学的核心理念——兼与王飞博士商榷及相关问题补充》,《比较教育研究》2015 年第 6 期。

[42]方泽强等:《大学理念的分类、生成及运行》,《江苏高教》2011 年第 5 期。

[43]方泽强等:《大学理念的传统、现代及规律探寻》,《江苏大学学报(社会科学版)》2015 年第 5 期。

[44]方泽强:《洪堡大学理念:阐释、发展与思考》,《煤炭高等教育》2011 年第 2 期。

［45］房保俊:《百年中国大学理念的变迁及启示》,《现代大学教育》2010 年第 1 期。

［46］冯大同:《回归文化本质的大学理念反思》,《内蒙古社会科学(汉文版)》2014 年第 3 期。

［47］高飞:《"泰晤士报高等教育"世界大学声望排名探析》,《江苏高教》2015 年第 1 期。

［48］高桂娟等:《"可持续大学":概念形成与理念阐释》,《当代教育论坛》2014 年第 1 期。

［49］高平发等:《"五大理念"在引领研究生教育"双一流"建设中的作用》,《学位与研究生教育》2016 年第 12 期。

［50］高田钦:《"洪堡大学理念"确立的文化背景及其历程》,《煤炭高等教育》2011 年第 1 期。

［51］高秀昌:《再论冯友兰的大学理念:"为学术而学术""教授治校"与"学术自由"》,《南阳师范学院学报(社会科学版)》2011 年第 4 期。

［52］顾建民:《世界一流大学的价值追求》,《教育发展研究》2011 年第 17 期。

［53］郭峰等:《"学生学习中心"理念:一流学科建设题中应有之义》,《教育发展研究》2017 年第 7 期。

［54］郭英剑:《绕不过的纽曼及〈大学的理念〉》,《博览群书》2012 年第 12 期。

［55］国兆亮:《"光明与真知"——耶鲁大学办学理念探析》,《高等理科教育》2013 年第 2 期。

［56］国兆亮:《试析英国大学理念的形成和变迁——以纽曼、怀特海和阿什比为例》,《北京航空航天大学学报(社会科学版)》2013 年第 4 期。

［57］韩璞庚等:《哲学的理论境界与现实观照——论哲学的教育维度》,《学习与探索》2016 年第 10 期。

［58］何萍:《论文化哲学的普遍性品格及其建构》,《江海学刊》2010 年第 1 期。

［59］何正盛:《宽容:大学行为的伦理基础——雅斯贝尔斯大学伦理思想研究》,《集美大学学报》2017 年第 2 期。

［60］贺国庆:《大学核心理念——历史的视角》,《河北师范大学学报(教育科学版)》2012 年第 1 期。

［61］胡海波:《从"尊重"到"创造"的大学理念》,《东北师大学报(哲学社会科学版)》2016 年第 5 期。

［62］胡军:《蔡元培大学理念的哲学基础》,《人文雅致》2011 年第 5 期。

［63］胡君进:《德性与教育:康德德性理论与教育理论的关系探究》,《中国人民大学教育学刊》2014 年第 6 期。

［64］胡沫等:《知识教育与信仰教育:一种大学理念的辩护》,《高等农业教育》2015 年第 3 期。

［65］胡天助等:《大学本质属性的变迁研究》,《黑龙江高教研究》2016 年第 2 期。

［66］黄俊杰:《以优质通识教育重振大学之理念——以台湾大学通识教育改革为

例》,《高教发展与评估》2017 年第 5 期。

[67]黄永忠:《学术自由:现代大学制度的核心价值追求》,《高教研究》2014 年第
5 期。

[68]霍桂桓:《关键是"文化是什么"——论对江天骥先生文化哲学研究事业的继
承和发展》,《华中科技大学学报(哲学社会科学版)》2014 年第 2 期。

[69]霍桂桓:《论文化哲学研究重新探讨卡西尔符号论的意义》,《学海》2010 年第
4 期。

[70]贾佳:《从大学理念到高等教育理念:纽曼与巴尼特的对话》,《高校教育管理》
2014 年第 6 期。

[71]蒋涛:《大学理念与大学理想的辨析》,《长江大学学报(社会科学版)》2011 年
第 10 期。

[72]蒋馨岚:《牛津大学教育理念与研究生教育》,《煤炭高等教育》2011 年第 2 期。

[73]蒋玉梅:《教育哲学视野中的"一流"大学理念》,《江苏高教》2013 年第 1 期。

[74]蒋玉梅:《论"一流"大学理念的解构与重构》,《江苏高教》2012 年第 1 期。

[75]金生鈜:《塑造学校的道德文化——学校作为一个道德共同体的建构》,《今日
教育》2010 年第 4 期。

[76]金寿铁:《卡尔·雅斯贝尔斯世界哲学理念与展望——以全球化时代的跨文
化哲学为中心》,《广东社会科学》2017 年第 3 期。

[77]李飞等:《文化哲学视域下马克思哲学与先秦儒家思想的融通性建构——兼
论中国化马克思主义文化哲学的理论基础》,《中国特色社会主义研究》2010 年第 1 期。

[78]李国仓:《大学理念的"变"与"不变"——再论弗莱克斯纳的〈现代大学论〉》,
《现代大学教育》2015 年第 5 期。

[79]李慧:《大学理念之变、辨与辩》,《高等理科教育》2012 年第 5 期。

[80]李金辉:《面向文化本身:文化哲学的"现象学转身"》,《思想战线》2010 年第
2 期。

[81]李宁宁:《〈白鹿洞书院揭示〉与古代大学的理念及形态》,《九江学院学报(社
会科学版)》2015 年第 4 期。

[82]李鹏程:《我的文化哲学观》,《华中科技大学学报(社会科学版)》2011 年第
1 期。

[83]李其龙等:《康德的哲学与教育思想及其世界影响》,《苏州大学学报(教育科
学版)》2016 年第 4 期。

[84]李倩雯等:《世界一流大学建设的鲍林格理念及其启示》,《高等理科教育》
2017 年第 2 期。

[85]李群山:《论文化哲学视界中的"文化"范畴——兼议文化哲学的基本旨趣与
定位》,《前沿》2013 年第 7 期。

[86]李世萍:《西方大学理念的"解构"与"建构"——〈废墟中的大学〉诠释》,《江
苏高教》2012 年第 5 期。

［87］李枭鹰：《大学理念的特质探论》，《高等教育研究》2014 年第 8 期。

［88］李玉胜：《梅贻琦的大学教育理念及其当代价值》，《教育探索》2015 年第 5 期。

［89］李紫红：《重申大学理念——基于帕利坎与纽曼的“对话”》，《高教探索》2010 年第 1 期。

［90］廉睿等：《加拿大“大学理念”的孕育历程及其全球意义》，《黑龙江高教研究》2016 年第 9 期。

［91］梁传杰：《高校“双一流”建设：理念与行动》，《国家教育行政学院学报》2017 年第 3 期。

［92］梁国利等：《社会背景与时代动因：道德领导与大学“德治”》，《煤炭高等教育》2011 年第 11 期。

［93］梁国利：《高等学校——一个道德共同体》，《江苏高教》2010 年第 5 期。

［94］林冬华：《一流本科教育的理念与行动——以“985”高校为例》，《现代大学教育》2017 年第 3 期。

［95］林剑：《文化哲学问题研究的问题之思》，《华中师范大学学报（人文社会科学版）》2011 年第 4 期。

［96］刘宝存等：《世界高等教育史上的不朽丰碑——纪念德国教育家威廉·冯·洪堡诞辰 250 周年》，《科学源流》2017 年第 4 期。

［97］刘朝锋：《大学理念·知识存在·生活世界——以生活世界理论为视角》，《江苏高教》2012 年第 1 期。

［98］刘方喜：《文学性·碎片化·分享主义平台：微信的技术文化哲学分析》，《江海学刊》2016 年第 5 期。

［99］刘梅梅：《学校文化变革与建构的文化哲学维度诊断》，《教学与管理》2015 年第 6 期。

［100］刘同舫：《康德道德观及其对现实道德教育困境的开解》，《教育研究》2014 年第 4 期。

［101］刘同舫：《马克思人类解放理论的叙事结构及实现方式》，《中国社会科学》2012 年第 8 期。

［102］刘卫财等：《文化哲学视域下思想政治教育的文化性探究》，《黑龙江高教研究》2015 年第 8 期。

［103］刘献君等：《大学核心理念：意义、内涵与建构》，《教育研究》2012 年第 11 期。

［104］刘欣然：《大学生马克思主义“信仰危机”形成的客观机制》，《知与行》2015 年第 5 期。

［105］刘徐湘等：《略论大学的理想、理念与理论》，《大学教育科学》2015 年第 4 期。

［106］刘永芳：《哲学逻辑中的大学理念与使命——雅斯贝尔斯高等教育思想解读》，《江苏教育学院学报（社会科学）》2010 年第 5 期。

［107］卢勃：《论大学理念的生成方式》，《高教论坛》2010 年第 6 期。

［108］罗兆麟：《大学理念的现代性反思》，《煤炭高等教育》2014 年第 11 期。

［109］吕晓芹：《文化哲学视域下大学精神重构》，《社会科学家》2015 年第 6 期。

［110］孟丽菊等：《傅斯年：现代大学理念的践行者》，《辽宁师范大学学报（社会科学版）》2011 年第 1 期。

［111］苗薇薇等：《大学理念：多视角透视及其建设路径》，《高等理科教育》2014 年第 3 期。

［112］欧阳谦：《卡西尔的文化哲学及其广义认识论建构》，《哲学研究》2017 年第 2 期。

［113］潘雷琼等：《优良品德学习何以使人幸福——美德伦理学复兴的文化哲学解析》，《教育研究》2014 年第 8 期。

［114］曲铭峰：《美国大学道德教育的滑落与重振——兼论德里克·博克的道德教育思想与实践》，《复旦教育论坛》2014 年第 2 期。

［115］茹宁等：《模式的转换与文化的冲突——对中国大学办学理念现代化进程的思考》，《清华大学教育研究》2012 年第 3 期。

［116］沈文钦：《〈大学的理念〉中的博雅教育学说——缘起、观点及其影响史》，《北京大学教育评论》2014 年第 3 期。

［117］施晓光：《一流大学要有一流的制度德性》，《探索与争鸣》2016 年第 7 期。

［118］宋丹等：《新发展理念："双一流"建设的新路向》，《大学教育科学》2017 年第 4 期。

［119］宋君修：《论"大学"之"道"与"道德"精神——兼论基于概念的中国传统文化研究的反思与批评》，《东南大学学报（哲学社会科学版）》2017 年第 6 期。

［120］宋鑫等：《国内一流大学教师教学现状探究——基于北京大学的实证调查》，《高等理科教育》2014 年第 6 期。

［121］眭依凡：《大学的使命及其守护》，《教育研究》2011 年第 1 期。

［122］眭依凡：《大学理念建构及其现实问题思考》，《中国高教研究》2011 年第 6 期。

［123］孙冰红：《中国古代大学的原初理念及其对社会发展的作用》，《教育研究》2011 年第 12 期。

［124］孙波：《中世纪大学：历史诉说与启迪》，《教育与考试》2015 年第 2 期。

［125］孙华等：《西方大学专业教育与自由教育理念的 1000 年分野》，《现代大学教育》2012 年第 6 期。

［126］孙华：《大学理念：组织的内心独白抑或社会的欲望投射》，《教育学术月刊》2011 年第 8 期。

［127］孙华：《大学之范：理念与制度》，《现代大学教育》2015 年第 2 期。

［128］田龙菊等：《学习化德育课程：基于文化哲学的视角》，《高教探索》2014 年第 3 期。

［129］田正平：《一位大学校长的理念与情操——〈竺可桢日记〉阅读札记》，《教育研究》2015 年第 12 期。

［130］王芳芳：《文化哲学：学科属性、研究路径及意义》，《南京政治学院学报》2015年第3期。

［131］王光光等：《大学理念的历史演进》，《山西大同大学学报（社会科学版）》2013年第4期。

［132］王有升：《论教育的内在尺度——对"什么是真正的教育"的追问》，《南京师范大学学报（社会科学版）》2017年第6期。

［133］王国有：《文化哲学的文化自觉与哲学自觉——从卡西尔的文化哲学观看》，《社会科学辑刊》2010年第1期。

［134］王海滨：《面向"中国问题"的文化哲学——当代中国人的文化生活危机与精神重建》，《天津社会科学》2013年第5期。

［135］王海滨：《面向"中国问题"的文化哲学研究理路与逻辑进展》，《哲学与文化研究》2013年第2期。

［136］王海骊等：《中西方大学理念演进及比较》，《黄冈师范学院学报》2010年第2期。

［137］王慧霞等：《大学：理念、任务、本质与尊严》，《焦作师范高等专科学校学报》2012年第3期。

［138］王冀生：《大学是一种文化和精神的存在》，《杭州师范大学学报（社会科学版）》2010年第3期。

［139］王锦锦：《论我国传统大学理念的三个向度》，《现代教育科学·高教研究》2015年第1期。

［140］王立：《美国大学教师发展理念的演变与启示》，《中国高教研究》2011年第2期。

［141］王青华等：《对十年来我国大学理念研究的反思》，《河北师范大学学报（教育科学版）》2011年第2期。

［142］王群平等：《中国近现代著名大学校长的大学理念探要》，《文史博览（理论）》2014年第2期。

［143］王悦芳：《论一流研究型大学在高等教育大众化进程中的定位——重申爱德华·希尔斯的大学理念》，《高等理科教育》2010年第3期。

［144］王志强：《传承与超越：威斯康星理念的百年流变》，《清华大学教育研究》2017年第4期。

［145］王卓君：《现代大学理念的反思与大学使命》，《学术界》2011年第7期。

［146］韦润芳：《英国开放大学再认识：理念篇》，《学术论坛》2010年第4期。

［147］魏孟飞、王绽蕊：《克拉克·克尔大学理念述评》，《教育理论探索》2014年第6期。

［148］邬大光：《世界一流大学解读——以美国密西根大学为例》，《高等教育研究》2010年第12期。

［149］吴越：《世界一流大学的学科建设理念——基MIT的个案研究》，《西北师大

学报(社会科学版)》2010 年第 2 期。

[150]吴大鹏:《大学理念之超越:从工具主义到存在主义》,《教育观察》2012 年第
3 期。

[151]吴纪龙:《文化哲学的追问前提、目标及意义——基于实践哲学与理论哲学
对立传统的考察》,《学术交流》2013 年第 9 期。

[152]吴越:《C9 联盟的制度演进:一流大学建设理念的视角》,《中国地质大学学
报(社会科学版)》2013 年第 1 期。

[153]伍宸等:《海斯堡校长的办学理念与圣母大学的发展研究》,《大学(学术
版)》2011 年第 12 期。

[154]武立波:《以文化哲学确立制度的价值标准》,《学术交流》2015 年第 6 期。

[155]谢冉等:《文化哲学人类学视野下的大学课程构建》,《山东高等教育》2016
年第 1 期。

[156]熊华军等:《大学理念的解构与建构——读比尔·雷丁斯〈废墟中的大学〉》,
《高教探索》2011 年第 1 期。

[157]徐吉洪:《隐喻视角下大学理念的流变与反思》,《高校教育管理》2015 年第
2 期。

[158]徐剑虹:《学术性·民族性·本土性:罗家伦的大学理念与实践》,《高教探
索》2011 年第 4 期。

[159]徐显明:《大学理念论纲》,《中国社会科学》2010 年第 6 期。

[160]徐若楠:《构建中西经典之间的互文性——卫礼贤 1919—1920 年版〈大学〉
译稿初探》,《同济大学学报(社会科学版)》2017 年第 1 期。

[161]杨学义等:《全球视野下的大学办学理念剖析——以全球三所精英大学为
例》,《国家教育行政学院学报》2011 年第 2 期。

[162]杨艳蕾:《当代“威斯康星理念”的新发展及其启示——以威斯康星大学为
例》,《外国教育研究》2012 年第 5 期。

[163]仰海峰:《文化哲学视野中的文化概念——兼论西方马克思主义的文化批判
理论》,《南京大学学报(哲学·人文科学·社会科学)》2017 年第 1 期。

[164]叶赋桂等:《大学制度变革:洪堡及其意义》,《清华大学教育研究》2015 年第
5 期。

[165]叶俊威:《两本〈大学之理念〉的对比解读》,《成都师范学院学报》2013 年第
2 期。

[166]叶险明:《马克思哲学革命的文化逻辑及其现代启示》,《中国社会科学》2007
年第 4 期。

[167]尹强:《大学德育:重返本质的教育——对大学德育暨教育理念之反思》,《苏
州大学学报(哲学社会科学版)》2010 年第 4 期。

[168]余承海等:《纽曼与雅斯贝尔斯的大学理念及其当代价值》,《当代教育科学》
2010 年第 3 期。

[169]喻本伐等:《蔡元培的学术观及其大学理念》,《华中师范大学学报(人文社会科学版)》2011年第2期。

[170]袁礼:《象牙塔与对中世纪大学的误解》,《重庆高教研究》2015年第1期。

[171]詹小美:《文化认同下的政治认同》,《中国社会科学》2013年第9期。

[172]张炜:《大学理念的演变与回归》,《中国高教研究》2015年第5期。

[173]张楚廷:《现代大学理念》,《武陵学刊》2012年第3期。

[174]张东娇:《价值驱动型学校的特征、文化哲学与建设策略》,《北京师范大学学报(社会科学版)》2014年第5期。

[175]张会杰:《知识社会学视野下的现代大学理念变迁研究——诠释〈知识社会中的大学〉》,《重庆高教研究》2013年第1期。

[176]张艳红:《学科或领域:前学科的高等教育哲学》,《黑龙江高教研究》2009年第1期。

[177]张敬威等:《大学隐喻与高等教育哲学理念的演变》,《现代教育管理》2016年第9期。

[178]张倩:《试论文化学、文化哲学的联系和区别》,《学术研究》2012年第6期。

[179]张森:《从芝加哥大学的教育理念看大学一流人才培养》,《学园》2017年第6期。

[180]张小虎等:《文化哲学发声逻辑:边界厘定、源流考辨与中国路径》,《探索》2014年第1期。

[181]张亚群:《中国近代大学通识教育理念及其实践经验探析》,《华中师范大学学报(人文社会科学版)》2017年第4期。

[182]张雁:《从哈珀校长的治校理念看德国经典大学理念在美国的调适》,《教育探索》2011年第22期。

[183]张应强:《我国高等教育改革的反思和再出发》,《深圳大学学报》2016年第1期。

[184]张芸芸:《大学理念:高校管理的原则要求》,《学海》2012年第6期。

[185]张正军等:《大学解读中的理性主义和自然主义——基于纽曼、洪堡及克尔理念的比较分析》,《江海学刊》2015年第2期。

[186]张正军:《大学理念的性质——语义分析和组织视角下的哲学解读》,《陕西师范大学学报(哲学社会科学版)》2012年第6期。

[187]赵映川:《理念为发展奠基:柏林洪堡大学战略规划的文本分析》,《中南民族大学学报(人文社会科学版)》2016年第2期。

[188]赵友元:《争创"一流":大学理念的迷失与重构——读比尔·雷丁斯的〈废墟中的大学〉》,《高教发展与评估》2014年第1期。

[189]郑忠梅:《珍视大学声望　守护大学精神》,《高等教育研究》2015年第10期。

[190]郑忠梅:《建构道德领导——世界一流大学的应然责任》,《高等教育研究》2016年第12期。

［191］周进:《大学理念的文化论争与价值诉求——金耀基先生〈大学之理念〉的思想解读》,《黑龙江高教研究》2010 年第 4 期。

［192］周可真:《普遍自由和普遍平等:后现代文化哲学范畴的核心价值——兼论全球化时代文化研究的应然思维方式》,《王学研究(第四辑)》2016 年第 9 期。

［193］周志发:《论新型大学理念"分享错误"——基于柯林伍德、波普尔的知识观》,《学术界》2011 年第 4 期。

［194］周作宇:《大学理念:知识论基础及价值选择》,《北京大学教育评论》2014 年第 1 期。

［195］周作宇:《论大学理念主体及其行动策略》,《河北师范大学学报(教育科学版)》2012 年第 3 期。

［196］朱章华:《由美国一流大学治校理念引发的历史文化反思——以康奈尔大学为例》,《黄山学院学报》2011 年第 2 期。

［197］邹昌林:《从"金规则"看儒家伦理"仁"的思想体系的本质特征及其与基督教伦理的异同》,《世界宗教研究》2010 年第 3 期。

［198］邹广文:《马克思文化哲学思想的展开逻辑》,《求是学刊》2010 年第 1 期。

［199］左玉河:《傅斯年的大学理念及大学研究所构想》,《安徽史学》2011 年第 2 期。

五、博 士 论 文

［1］张闯:《马克思的教育哲学思想及其当代意义》,武汉大学 2011 年博士学位论文。

［2］徐燕杭:《从形而上的道德理念到日常化的反思活动》,浙江大学 2009 年博士学位论文。

［3］张雪:《19 世纪德国现代大学及其与社会—国家关系研究》,华中师范大学 2012 年博士学位论文。

［4］朱宇波:《中世纪大学和德国古典大学"学科统一性"研究》,华东师范大学 2011 年博士学位论文。

［5］肖绍聪:《大学的哲学性格与哲学自觉》,湖南师范大学 2010 年博士学位论文。

［6］叶树勋:《先秦道家"德"观念研究》,清华大学 2013 年博士学位论文。

［7］杨芳:《儒家德性理论研究》,南京大学 2012 年博士学位论文。

［8］李海龙:《大学为何兴起于西方》,南京师范大学 2016 年博士学位论文。

［9］徐广宇:《论现代大学的文化使命》,南开大学 2009 年博士学位论文。

［10］孙卫华:《洪堡国家观中的"完人"教育思想与高等教育实践》,苏州大学 2015 年博士学位论文。

六、外 文 资 料

［1］A.Krobered.*Anthropology Today*,Chicago:University of Chicago Press,1953.

［2］A. Kroeber & Kluckhohn. *Culture, A Critical Review of Concepts and Definitions*, Papers of the Peabody Museum of American Archeology and Ethnology, Vol.47.1, 1952.

［3］C.Kluckhohn & W.Kelly. *"The Concept of Culture"*, R.Lintoned, *The Science of Man in the World Crisis*.New York: Columbia University Press, 1945.

［4］Cabal, A.B. *The university as an institution today*, Paris and Ottawa, 2000.

［5］Clark Kerr. *The Uses of the University*, Harvard University, London, 2001.

［6］Castles S. *The Education of the future: An Introduction to the Theory and Practice of Socialist Education*.London: Pluto, 1979.

［7］E.Tylor: *Primitive Culture*, London: John Murray, 1871.

［8］Emison M. *Degrees for New Generations – Making Melbourne Model*. Melbourne: Melbourne University Press, 2013.

［9］F.Boas. *"Anthropology"* in E.Seligman, ed. *Encyclopedia of the Social Sciences*, New York: Macmillian Co., 1930.

［10］Flexner, A. *Universities: American, English and German*, NewYork: Oxford University Press, 1930.

［11］H. Johnson. *Sociology, a Systematic Introduction*, London: Routledge & Kegan Paul, 1961.

［12］Harry. *Dictionary of Concepts in History*, New York: Greenwood Press, 1986.

［13］Jhon Dewey. *Democracy and Education: An Introduction to the Philosophy of Education*, Macmillan Company, New York, 1937.

［14］Huangfutao. *"Building the World−class Research Universities: a Case Study of China"*, Higher Education, 2015.

［15］J.Goldthrope. *An Introduction to Sociology*, Cambridge University Press, 1985.

［16］Jamil Salmi. *The Challenge of Establishing World – Class Universities*, The World Bank, 2009.

［17］Jeongwoo Lee. *Creating World−class Universities: Implications for Developing Countries*, Prospects, 2013.

［18］Karl Jaspers. *Reason and Anti−Reason in Our Time*, translated by Stanley Godman. Hamden.Conn: Arch on Books, 1971.

［19］Karl Jaspers. *The Question of German Guilt*.Fordham University Press, 2000.

［20］Karl Jaspers. *The Idea of the University*, Boston: Beacon Press, 1959.

［21］Katerina Deligiorgi. *The Scope of Autonomy Kant and the Morality of Freedom*.Oxford University Press, 2012.

［22］Keohaneno Nannerl. *Higher Ground—Ethics and Leadership in the Modern University*. Durham and London: Duke University Press, 2006.

［23］Kerr, C. *The Uses of the University*, Cambridge: Harvard University Press, 2001.

［24］Kroeber A.and Kluckhohn C. *Culture: A Critical Review of Concepts and Definitions*,

New York, 1952.

[25] Lewis, Harry R. *Excellence Without a Soul: How a Great University Forgot Education*, Public Affairs, 2006.

[26] M.G.Brock, M.C.Curthoys. *The History of the University of Oxford*, Oxford: Claredon Press, 1997.

[27] Michael J. Hofstetter. *The Romantic Idea of a University England and Germany*, 1770–1850. New York: PALGRAVE, 2001.

[28] P.Sorokin. *Society, Culture, and Personality*, New York: Harper & Brothers, 1947.

[29] Peter C.Allen. "Stanford from the Foothills to the Bay", Stanford Alumni Association and Stanford Historical Society, 1980.

[30] Philip G.Altbach and Jamil Salmi. *The Road to Academic Excellence——The Making of World-Class Research Universities*, The World Bank, 2011.

[31] R.Linton. *The Study of Man*, New York: D.Appleton Century, 1936.

[32] Richard Norton Smith. *The Harvard Century*, New York: Simon and Schuster, 1986.

[33] Ritter, Harry, *Dictionary of Concepts in History*, New York: Greenwood Press, 1986.

[34] Robert A.Rhoads. "*The Global Quest to Build World-Class Universities: Toward a Social Justice Agenda*", New Directions for Higher Education, 2014.

[35] Ronald Barnett. *The Future University Ideas and Possibilities*, London: Routledge, 2012.

[36] Schadel Bach. *Philosophy in Germany* 1831–1933, Cambridge, Cambridge University Press, 2012.

[37] Terry Eagleton & Brian Wickered. *From Culture to Revolution*, London: Sheed & Ward Ltd., 1968.

[38] Weintraub Karl. *Visions of Culture*, Chicago, 1966.

[39] William Raymond. *Culture*, Glasgow Fontana Press, 1986.

[40] William Raymond. *Key words: A Vocabulary of Culture and Society*, New York, 1976.

后　记

2018，江南的三月，春寒料峭，阴晴不定。孟春时节，杨柳已经吐绿，梅花还未尽落。每天看书、写作、核对文献，晨昏颠倒。偶尔离开电脑去舒展一下肩周，泡一壶茶，看窗外桃花烂漫，又如何禁得住"何时，人在武陵微醉"的期盼与唏嘘？虽然知道有些花到了季节一定会开放，你只需等着去赏花就好，但绵绵春雨不免会将你的期冀化成春天的薄雾。伫立雨中，张枣的诗涌上心头："望着窗外，只要想起一生中后悔的事，梅花便落满了南山。"视力下降，白发滋长，却已经无所谓后悔，于我，过去，现在以及未来，笑对每一个必然到来的日子。

感谢我的同学丽娟、敬红夫妇。本书最初的文稿大部分完成于海南临高。遭遇了海南最寒冷的冬天，幸而你们的陪伴和照料温暖了我的书稿。

感谢我的师长。风笑天老师关注着我的书稿从立项到结项的每一段进程。近30年来，每有我人生中的大事去问风老师的意见，他的指点总是清晰明确、他的声音总是亲切温暖；张应强老师欣然答应作序，字里行间依然饱含对我的鞭策。平日里，他发的微信朋友圈总是真诚坦荡，一如他做人做事做学问的品格。无论我毕业了多久，无论我身在国内国外，师长们对我的关怀、提点和帮助从未减少、从未远去。

感谢我的学长。数十年如一日，刘同舫师兄坚守以学术为志业的情结与决心，坚持以原创性学术成果作为求真求善的人生打开方式。我为他的每一项成就而由衷高兴，也深为他的学术使命感所激励和引领。

感谢我的家人和亲人，感谢爱我的人。你们不曾时时在我身边，却从来不曾离我远去。你们不曾常常联系我，却从来不忘每年给我发来生日祝福。所有我需要你们的时候，你们都会给予我最深切的支持和最及时的帮助，无论精神上还是物质上。

感谢岁月的馈赠。本书选题的意念源自在墨尔本大学教育研究院青年研究中心做访问学者期间。2015年3月初我到达墨村，不久在和导师Johanna Wyn教授的交流中，我对"墨尔本模式"（Melbourne Model）产生兴趣。借助墨大图书馆丰富的馆藏、快捷的文献传递对其进行了较全面深入的研究，并深感珍视大学声望、守护大学精神对世界一流大学发展的重要性。2015年10月，我从南半球看到国务院发布的《统筹推进世界一流大学和一流学科建设总体方案》,希望国内著名大学担负道德领导的理想情怀更加强烈,便起意梳理大学道德教育理念的演进逻辑。时光荏苒,一晃访学回国已满五年。忘不了收到从新西兰传递而来的新书的欢欣,忘不了坐在塔斯马尼亚大学 Moris Molie 图书馆午后暖阳中翻书的惬意,忘不了置身于悉尼歌剧院中的惊叹,更是常常怀念墨大图书馆外的草坪、回廊,还有塔楼中传出的低吟浅唱……

感谢生活的磨砺。2020 年,是我大学从教的第 30 个年头。半生读书、教书,我的理想和理想的我都是能够在大学里给青年学子"深刻而高贵的教育","通过一种伟大而平凡的手段去实现一个伟大而平凡的目的"——使人成为有德之人。刚刚逝去的 2020 年,无法忘却、无法诉说,当然也无法停下继续求索大学道德教育理念的脚步。无论如何,我依然热爱大学教师职业,依然珍视教学相长的快乐,依然坚守内心的道德信念,依然捍卫学术尊严,依然仰望遥远的星空。

本书作为国家社科基金后期资助项目的最终成果,在结项和出版过程中,有些波折,终于能够成为现在的样子,要感谢人民出版社赵圣涛编辑付出的心血,还要感谢期间给予我大力帮助的各位师友。

感谢我的研究生们帮助整理资料。感谢所有关心支持我的新老朋友。

感谢西南政法大学对本书的资助。

依托自己在墨大访学期间搜集的大量英文原版文献资料,也得益于国内外师友的帮助,本书竭力校正了不少二手文献的以讹传讹。特别感谢在美的徐振南博士、在澳的付俊博士,正是他们不厌其烦地帮助查对资料,本书才能尽可能详尽准确地标注国外学者的信息,弥补了缺憾。虽然大学的理想和理想的大学之间往往难以契合,但怨天尤人终是无益。唯有皓首穷经、躬身践履、日行一善,方能不负岁月、无愧我心。当然,书中仍有不少错漏之处,责任由本人承担。

倏然那年三月三,北方,有望远亭。蓝天丽日下,蓦然回首,有浅笑盈盈。

Somewhere beyond right and wrong, there is a garden……I will meet you there.

2021 年上巳节于毓秀湖畔

责任编辑:赵圣涛

封面设计:毛　淳　王欢欢

版式设计:周方亚

责任校对:吕　飞

图书在版编目(CIP)数据

文化哲学视域下大学道德教育理念的演进逻辑/郑忠梅 著. —北京:
　人民出版社,2021.5
(国家社科基金后期资助项目)
ISBN 978－7－01－023193－8

Ⅰ.①文… Ⅱ.①郑… Ⅲ.①大学生-德育工作-研究-中国 Ⅳ.①G641

中国版本图书馆 CIP 数据核字(2021)第 034059 号

文化哲学视域下大学道德教育理念的演进逻辑

WENHUA ZHEXUE SHIYUXIA DAXUE DAODE JIAOYU LINIAN DE YANJIN LUOJI

郑忠梅　著

人民出版社 出版发行
(100706　北京市东城区隆福寺街 99 号)

中煤(北京)印务有限公司印刷　新华书店经销

2021 年 5 月第 1 版　2021 年 5 月北京第 1 次印刷
开本:710 毫米×1000 毫米 1/16　印张:17
字数:310 千字

ISBN 978－7－01－023193－8　定价:69.00 元

邮购地址 100706　北京市东城区隆福寺街 99 号
人民东方图书销售中心　电话 (010)65250042　65289539